北大国际经贸丛书
Peking University international economics and trade collection
王跃生◎主编

国际市场营销
International Marketing

吴侨玲 张新生◎编著

中国发展出版社
CHINA DEVELOPMENT PRESS

图书在版编目（CIP）数据

国际市场营销/吴侨玲，张新生编著．—北京：中国发展出版社，2012.5
（北大国际经贸丛书/王跃生主编）
ISBN 978-7-80234-771-7

Ⅰ.国… Ⅱ.①吴… ②张… Ⅲ.国际营销—高等学校—教材 Ⅳ.F740.2

中国版本图书馆CIP数据核字（2012）第064287号

书　　名： 国际市场营销
著作责任者： 吴侨玲　张新生
出 版 发 行： 中国发展出版社
（北京市西城区百万庄大街16号8层　100037）
标 准 书 号： ISBN 978-7-80234-771-7
经　销　者： 各地新华书店
印　刷　者： 北京广益印刷有限公司
开　　本： 700mm×1000mm　1/16
印　　张： 21
字　　数： 320千字
版　　次： 2012年5月第1版
印　　次： 2012年5月第1次印刷
定　　价： 40.00元

联 系 电 话：（010）68990630　68990692
网　　址： http://www.develpress.com.cn
电 子 邮 件： bianjibu16@vip.sohu.com

总　序

在当今的经济全球化时代，任何国家的经济发展都与外部世界息息相关。一方面，一国的经济发展很大程度上受着世界其他国家和地区经济发展的影响，而本国的经济发展，也或大或小地影响着世界经济的发展，一损俱损，一荣俱荣；另一方面，一国经济发展是否顺利，又取决于其是否能够积极、合理地利用外部条件（诸如全世界的资源、市场、资金、技术等等）服务于自身经济发展，同时尽量避免外部因素对自己的不利影响。在与外部世界的这种合作与竞争中，趋利避害做得好，可以集全球之力造福于本国经济与人民，否则就可能坐失良机，或者南辕北辙。这实际上就是对外开放利益之所在。开放宏观经济学的福利效应分析已经从理论上证明了这种开放利益的存在，而中国改革开放30年的经验，以及中国在亚洲金融危机和此次全球金融与经济危机中的表现，更从实践上证明了对外开放、趋利避害的要义。

要在全球化的开放世界中进退自如、趋利避害，当然要了解和掌握对外经济活动的知识与思想；要走上世界经济舞台参与国际竞争，更要懂得国际经营与国际竞争的原理与方法，否则将如“盲人骑瞎马，夜半临深池”，碰得头破血流。这也就好像要走上武林的江湖，必须先隐身名山，苦苦修炼武学秘籍和各派功法一样。

实际上，一个国家参与国际经济活动，加入经济全球化竞争的绩效，正是由其理解和掌握相关思想、原理、知识和方法的状况决定的。一些国家，盲目对外开放，不顾自身情况在短期内开放资本市场、开放资本项目、开放离岸业务，似乎这样做才是符合开放经济学思想的。殊不知，这只是对开放经济学的一知半解，并未懂得其真义。因为，任何市场的开放，都是有条件和基础的。不具备这些条件和基础，盲目开放，无异于自杀。也有一些企业，盲目走出去实现国际化，似乎只有走出去才表明自己的时代眼光。这也是知其然而不知其所以然。因为，根据直接投资原理，一个企业的国际化是有着明确条件的，诸如核心竞争力、垄断优势等等。不具备这些条件就一味走出去，只能是血本无归，不断交学费。我们在历次金融危机中都不难发现上述那样国家的影子，我们在当今中国企业国际化的热潮中也经常能够看到上述那样企业的例子。而我国之所以能在历次大小金融风暴中基本保持稳定，也与我们没有在不具备条件时就盲目开放有关。

然而，在全球化时代，开放是迟早的事。我们庆幸没有不顾条件过早开放，避开了金融危机，并不等于说我们不开放资本项目、资本市场，不尝试人民币的国际化和汇率自由化，不鼓励企业参与国际竞争就是对的。实际上我们也由于不开放而失去了许多。譬如，在全球经济不平衡当中，作为发展中国家的我们却充当国际债权人，把辛辛苦苦流血流汗换来的外汇廉价地借给别人；我们也让外资在我们这里安稳地赚取至少双位数的平均利润，而把我们的钱投到国际资本市场获取2% ~3%的利益，甚至赔得血本无归。

因此，在经济全球化和一体化的大趋势中，任何国家和企业都不可避免地迟早要加入这一进程。而要想在对外开放中趋利避害，立于不败之地，学习和掌握开放经济下国际经济、贸易、投资、营销等等方面的知识、原理、思想和方法是必不可少的。开放经济学有一整套系统完整的理论和方法，有许多专门知识和原理，诸如“国际经济学”、“国际投资与资本流动”、“国际贸易理论与实务”、“跨国公司与跨国经营”、“国际市场营销”等等，无论对于一国的宏观经济开放，还是对于微观企业的国际化和国际经营，都有极其重要的意义。某些时候，一旦掌握这些原理与方法，可以收到立竿见影之效。

北京大学国际经济与贸易系及其前身北京大学经济系世界经济专业，设立于1959年，是在当时的周恩来总理亲自关怀与指示下成立的，是国内大学中最早设立的有关世界经济和开放经济的系科，今年正逢成立50周年。50年来，本系培养了一大批懂得国际经济知识、掌握开放经济原理的人才，这些人才实际上也为30年前我国对外开放准备了最初的人才基础。最近十几年来，我们在教学研究和参与社会实践过程中，深感社会对于国际经贸知识和开放经济理论的强烈需要。特别是近10年来，随着中国加入WTO，中国经济全面对外开放，成为世界经济中最重要的部分之一，中国企业也面临走出去实现国际化的迫切任务。社会各界对国际经贸理论、思想、原理和方法产生了巨大需求，迫切需要了解和掌握基本的国际经贸原理与方法，为从事国际经济活动服务。正是基于对社会需要的认识，北京大学国际经济与贸易系与中国发展出版社合作，编写出版这套《北大国际经贸丛书》，服务于我国对外开放和经济发展大业。

本丛书的各位作者，都是现任教于北京大学国际经济与贸易系的教授、讲师和毕业于本系的经济学博士。他们多年从事各自学科的教学研究，对相关理论和原理理解透彻，研究卓有建树。同时，他们也积极参与国际经贸方面的社会实践，对相关领域的实际情况非常熟悉。在丛书撰写中，针对社会各界的不同需要，我们特别强调理论与实践的结合，原理与案例的结合。避免采用过于艰深的理论表述和模型推演，注重以平实、通俗的语言，深入浅出地介绍相关学科最主要、最基本的原理，并将这些原理用于解释国际经贸现实，让读者易读好懂、具有实感，用最少的时间和精力获得最大的收益。

当然，限于时间、精力，以及各位作者的偏好不同、风格各异，丛书的水平和风格也肯定会参差不齐，有所差异，各位作者对相关问题的观点也可能不尽相同。我们觉得，这应该不妨碍本套丛书基本目标的实现。而且，保留这种观点与风格的差异，更有助于读者获得多样性的感受，满足多样性的需求。这也是符合北大所一贯秉承的“思想自由、兼容并包”学风的。

最后，要特别感谢中国发展出版社在本丛书策划、出版中所给予的帮助与支持。

王跃生

于北京大学燕北园

目　录

第一篇　国际市场营销总论

第二篇 国际市场营销调研

第三篇 国际市场营销方式

第一篇

国际市场营销总论

第1章
国际市场营销概述

1.1 国际市场营销的产生

1.1.1 市场营销的概念

市场营销是指企业为满足市场需求并获得利润而进行的一切与市场有关的经营和销售活动。

市场营销一词是从英文的“Marketing”翻译而来的，它有两层意思：一是指经济行为或实践活动，即市场营销；二是指一门学科，即市场营销学。一般说来，自从有了市场，也就有了市场营销。所以，市场营销是与市场同时产生和发展起来的。但是，市场营销学从经济学中分离出来形成独立的学科，则是20世纪初的事情。美国市场营销学家菲利普·科特勒说：“市场营销学是一门年轻的学科，又是一门古老的学科。”所谓“古老”，是指反映市场营销活动的营销思想和营销策略，在许多文明古国有关的古代史料中均有记载；所谓“年轻”，是指反映市场营销活动客观规律的独立学科——市场营销学，却是近几十年来才逐步形成和发展起来的。

市场营销学的形成和发展，大致经历了以下三个阶段。

(1) 形成阶段（19世纪末至20世纪20年代）

这个时期，世界主要资本主义国家先后完成了工业革命，生产得以迅速发展。当时，市场的基本趋势是卖方市场，企业主要是增加产量，降低成本，以满足市场需求。在这一阶段，就企业的经营思想而论，营销学家总的称之为“生产观念”阶段。但是，产品结构与市场需求结构并不都是一致的，有的行业或企业由于采用先进技术，实行科学管理，使劳动生产率得到极大的提高，开始出现生产增长超过需求增长的势头。这种市场供求状况，要求企业家和经济学家重视并研究商品的销售问题。于是，市场营销学作为独立的学科便应运而生。

这时的市场营销学与现代市场营销学大不相同。主要表现在：一方面，当时的研究仅限于销售渠道、推销技巧等方面；另一方面，研究工作很少涉及企业开拓市场的实践活动。

（2）实践阶段（20世纪30年代至第二次世界大战结束）

这时，世界主要资本主义国家先后经过两次技术革命，工业生产迅速发展，以致生产严重过剩，商品销售困难，企业纷纷倒闭，终于爆发了1929～1933年资本主义世界经济大危机。这时，企业面临的已经不是卖方市场，而是严重的供过于求的买方市场。企业面对这种市场形势，主要问题已经不是如何增加产量、降低成本，而是如何把产品推销出去。市场营销学家为了帮助企业推销商品，开始着重研究推销方法和推销技巧。为解决商品销售问题，市场营销学家提出了“创造需求”的概念，从而将市场营销学的研究工作大大推进了一步。综观这一阶段，市场营销学已经在商品销售的实践活动中得到广泛应用。

但是，无论是从理论上看还是从实践上看，这一阶段都有很大的局限性。首先，从理论上看，由原来的生产观念转变为推销观念虽然是一大进步，但它仍然局限在“企业生产什么，就卖什么”的原则上，而不是以市场为导向来进行生产和经营。其次，从实践上看，市场营销仍然被局限在流通领域，还未能对潜在的市场需求进行研究，也没有将研究的范围扩大到生产领域。

（3）发展阶段（20世纪50年代至今）

这个时期，也就是二战结束后，一方面由于美、英、法等参战的主要资本主义国家很快就将军事工业转向民用，与此同时第三次技术革命又深入发展，因此劳动生产率大大提高，工业生产迅速发展，社会产品急剧增加，市场趋势进一步发展为供过于求的格局；另一方面，这些国家吸取了20世纪30年代经济大危机的教训，采取了许多刺激消费的措施，实行了高工资、高福利、高消费的政策，刺激人们的购买力，使市场需求对质和量都提出了越来越高的要求。商品市场供给与需求的这种新趋势，使卖方市场转变为买方市场。市场营销的概念随之发生了根本的变化，企业的经营思想也发生了革命性的变革，即由以往的“推销观念”转变为“市场观念”。

显然，这种变化是由当时的市场形势所决定的。市场观念认为，只重视产品的推销是不够的；企业的生产者要研究消费者的需求，发现消费者的需求，满足消费者的需求，企业在满足消费者需求的过程中获得利润。根据这种理论和营销观念，市场是生产过程的起点，而不是生产过程的终点。这样，市场营销学就突破了流通领域，深入到生产过程中。

1.1.2　国际市场营销的产生

国际市场营销是市场营销在空间上的拓展，是企业进行跨国界的经营销售活动。国际市场营销是随着国际经济交往的发展而发展起来的。从 20 世纪 20 年代开始，人们就把市场营销理论应用于出口贸易。第二次世界大战以后，国际分工深化，国际经济上相互依赖性加强，经济交往日益发展，国际合作不断扩大。国际经济关系的这种变化，不仅对企业的经营活动产生直接影响，而且对营销理论研究提出了新的要求。于是，在 50 年代末和 60 年代初，人们把市场营销学中行之有效的基本原理，运用于国际经济活动中，经过总结、加工、整理，便形成了国际市场营销理论。其后，国际市场营销理论不断完善，逐步形成独立的专门学科。

1.2　国际市场营销的性质

1.2.1　基本概念

国际市场营销（International Marketing）简称国际营销，是指企业超越本国国境进行的市场营销活动。国际市场营销的目的及其达到目的的手段与国内营销一样，都是通过满足顾客需求来实现企业利润的。因此，与国内营销者的任务一样，国际营销者也要首先确定市场需求，然后制定出适当的产品、价格、渠道和促销策略。

然而，国际市场营销的过程比国内营销更加复杂。国际市场营销人员必须应对许多与国内环境迥异的国外环境。这些差异可能包括偏好、需要、经济水平、市场结构、经商方式、法规及许多其他因素。其中的任何一个因素都有可能使一个公司的国内营销方式在国外市场失效、达不到预期目标或者违反国外市场的当地法律。因此，企业在进入或扩大国际市场时，需要认真对待这些差异。在营销过程中，营销管理人员应该制定在其他国家从事营销的有效方式并了解必须适应的各种差异。营销过程中，企业必须进行和必须调整以兼顾国际市场差异的商务活动包括：

- 对市场和潜在市场进行分析
- 策划和开发在一揽子市场调研中发现的消费者想要的产品和服务
- 通过那些能够提供消费者所要的服务和便利的渠道进行产品分销
- 通过对产品和服务的促销，包括广告和人员推销，帮助消费者了解那些产品和服务，说服消费者尝试满足其需求的新改进的不同方式
- 制定既反映产品或服务对消费者合理的价值（或实用价值）又反映令人满意的利润或投资回报率的价格
- 销售前后向客户提供技术和非技术支持，以保证客户的满意，从而为今后可能的销售铺平道路，这些销售对公司的生存、发展和永存是十分必要的

1.2.2 国际市场营销的特殊性

虽然国际营销与国内营销在任务、目的及达到目的的手段方面都相同，但两者也有不同之处，这就是国际营销的“跨国”性质。国际营销是指企业在两个以上的国家所从事的经营和销售活动。如果企业只在本国营销，则它所从事的营销活动就是国内营销，而如果它在两国或多国营销，这时候它所从事的营销活动就属于国际营销了。举例而言，如果海尔集团的产品只在中国销售，它所从事的营销活动就是国内营销；而当它的产品出口到美国或者更多的国家，这时它就是在从事跨国界的营销活动，即国际营销活动。另一种情况是，虽然海尔集团不向美国出口产品，但是它在

美国设厂生产并就地销售产品，这时它所从事的营销活动也属于国际营销范畴。

海尔集团一开始就雄心勃勃，其目标是建立全球化的大型企业，并且将海尔这个品牌做成国际认可的品牌。其在美国卡罗来纳州建厂主要是为了生产本土化，降低成本，从而进一步打开美国市场。事实证明，海尔集团的做法非常成功，在卡罗来纳州建厂后仅仅一年时间，它在美国市场的销售就得到了大幅的增长。

1.2.3　国际营销与国内营销的区别

国际营销的跨国性质决定了其与国内营销有以下几个方面的不同：第一，国际营销者与国内营销者所面临着完全不同的环境因素，如中国企业向美国出口或在美国设立工厂生产，它在那里所面临的经济发展程度、语言和价值观念、政治制度和法律体系等与国内截然不同。对企业而言，这些因素是“不可控因素”，各国均不相同。不可控因素的不同使各国在需求、竞争、经营惯例和习俗等方面也不相同，从而会不同程度地影响企业的经营决策。第二，国际营销与国内营销在营销组合方面也有所不同。营销组合因素是指产品、定价、渠道和促销等，这些因素对企业而言是可控因素。在每一个国外市场上，企业提供的产品、采取的定价方式、依靠的分销渠道和利用的促销手段等因素都会有所不同。第三，当企业在许多国家开展营销活动时，国际营销需要进行多国协调和控制，母公司和分散在世界各国的子公司的营销活动必须融为一体。

1.2.4　国际化与全球市场

实现业务国际化是企业不断发展的一种积极选择，它可以是企业按部就班、有条不紊地实施公司发展的一整套计划，也可以是因为企业察觉到了新的市场机会或者感到竞争威胁而进行的一种必要的选择，例如，因国内市场竞争激烈、价格疲软、政府控制等原因，企业国内的机会变得越来越少，或者，因为企业发现国外对本企业的产品的需求越来越大。业务国际化能使企业的产品打入国际市场，满足国外市场对企业产品的需求，获得更多的客户，实现企业利润最大化。经营国际化可以使企业不受国内众多经营周期的影响，使企业的生产经营更加稳定。企业经营国际化，能促进国内产品和服务的出口，刺激国民经济的发展，也能提高国内企业的地位。

为了加强对国际市场的渗透，进入目标市场，公司传统上是以出口开始，然后在海外建立一个销售子公司，最后才是在海外建立生产设施。有些公司将许可经营作为最初的市场进入战略加以使用，而有些公司则在较后的战略阶段加以使用。有时也可能建立战略联盟。企业无论采用哪一种方式，都应该在实施前进行认真考虑，并对优势和劣势进行仔细分析。

公司可以在不同的目标市场采用不同的国际化模式。这些模式包括出口、建立海外销售子公司、许可经营及建立海外生产子公司。在其他国家建立销售子公司和生产设施方面，国际营销与国内营销一样也经常采用合资企业的形式。业务国际化不只是大公司的需要，中小型公司也同样有这样的需要，但它们采取的方式可与大公司截然不同。小的跨国公司最初可以只在几个国家从事国际营销，而不是试图一下子将其产品和服务推入全球市场。他们可以将精力集中在距离较近的国际市场。例如，大部分第一次出口的美国公司都希望加拿大成为其最初的出口市场，因为美国企业向加拿大出口没有语言障碍，与加拿大有着相同的企业文化背景，又同属北美自由贸易区。因此，对于美国的小公司来说，加拿大是最具吸引力的市场，至少可以说，最初的情况是这样。在加拿大取得成功后，这些美国公司的下一个目标将会是进军像西欧和亚太地区这样遥远的市场。有一些小的跨国公司，或是因为它们的国内市场狭小，或是因为它们需要将全球化作为对模仿自己产品的竞争者保持领先的方式，所以专门在那些尚未被竞争者注意到的缝隙市场上进行营销活动。

1.2.5　国际营销管理

国际营销管理面临着三个基本选择：第一，是否要从事国际营销活动；第二，一旦决定在国际市场上开展业务后，哪些特定市场将成为自己的服务对象；第三，企业必须选择如何去为这些市场服务，即采取什么方式和方法使产品到达国外消费者手中。最后一个选择实际上涉及营销的基本组合决策，它包括了市场细分、市场进入战略、产品、价格、渠道、促销等内容。

国际营销管理涉及的不只是对国外市场的营销管理，而且还涉及在国外市场开展的营销活动。其中包括：经营海外的营销和销售设施，在国外建立生产或组装设施，进行许可经营的准备、结成其他种类的战略联盟以及从事易货贸易等。总的来看，这些方面涉及内容广泛的国外市场进入战略。其中，出口营销是国际营销的一个主要方面，因此，出口营销被看成是另一种重要的市场进入模式。用于实现预定目标的营销方式和工具，经过有计划和协调一致的结合后被称之为营销计划或营销组合。

营销的真正目标是拥有市场，而绝不只是生产或销售产品。当公司拥有市场时，它会开发专门服务于那个市场的产品。一个很好的例子就是英特尔公司（Intel）和它的微处理器。英特尔公司开发了对于依靠芯片而不是半导体的计算机来说最基本的东西，并创造了新的产品种类。这些新产品，它一直可以拥有，并且只要它的技术领先于竞争对手，就可以一直保持这些产品的领先地位。

营销计划是由互相作用和互相关联的一系列活动组成的，因此可以将其视为一个体系。公司以实现自己目标的方式去从事营销活动，进而适应环境。不管是国内营销还是国际营销或是出口营销，开展适合于经营环境的营销活动是营销管理的本质。

专栏1-1　北欧航空公司：一个顾客驱动型的公司

北欧航空公司（SAS，Scandinavian Airlines，也称为斯堪的纳维亚航空公司）是一家由北欧三国——挪威、丹麦及瑞典——联合组成的航空公司。总部设于瑞典斯德哥尔摩。北欧航空成立于1946年。母公司为SAS集团（SAS AB）。北欧航空是“星空联盟”（STAR ALLIANCE）的创始成员之一。

服务理念

北欧航空矢志不渝地为乘客提供全方位的优质服务，舒适、开放、

简洁、体贴是北欧航空一贯奉行的服务理念，这一理念体现在每一个细节中：从设计精美的菜单到随意舒适的公务舱自助餐区，从丰富多彩的机上娱乐节目到专为乘客活动背部肌肉而架设的健身杠，以及可以看到风景的洗手间，点点滴滴都映射着北欧人那份独有的殷情好客。北欧航空的飞行常旅客计划（EuroBonus）是为了奖励经常乘坐北欧航空的乘客，并为他们提供专门服务的一种计划，现已拥有会员300多万人。该计划从1996年到2003年连续七年，荣获最佳国际飞行常旅客大奖。为了最大限度地满足不同乘客的需求，北欧航空公司率先推出超值经济舱，使乘客能以更经济的价格享受更高品质的舒适。

以顾客为中心的营销策略

北欧航空由于坚持前总裁简·卡尔松早在20年前奉行的经营理念和策略，业务一直都很成功。卡尔松在1981年接管公司时，公司已连续两年亏损。当时，为了扭转局面，他启动了一个使北欧航空成为一个顾客驱动型公司的方案，那就是发现商务常旅客的需求和偏好，并想方设法满足他们的需求和偏好。

鉴于其他航空公司也在试图吸引同一个细分市场的顾客，如提供宽敞的座位、免费饮料和其他便利设施等，如果北欧航空想成为常旅客偏爱的航空公司，那么它就必须找到一种能使其变得更富有吸引力的办法。

卡尔松的第一个计划是重视旅客与航空公司一线人员（如机票代理、机组人员）最初 15 秒钟的接触。此举主要是为了让顾客对公司有一个整体的印象。能够满足顾客需要的一线人员是公司里最重要的人。经理人员的作用是帮助一线人员把他们的工作做好，而总裁的作用则是帮助经理人员支持一线人员。

第二个计划是努力增加公务舱旅客的比例。公务舱的机票收入比经济舱要高，比打折机票高得更多。这方面的创新是，除非旅行者专门要求经济舱机票，否则公司从一开始就将所有的机票都作为公务舱机票销售。而这个计划必须使顾客的飞行经历物有所值才能有效。

除此之外，北欧航空公司还努力使旅客检票及领取登机牌的系统更快捷，并将住在北欧航空公司开办的旅馆的旅客行李直接从旅馆送往机场托运，而且记住常旅客的一些偏好。

这个计划的结果令人难忘。北欧航空公司运载的公务舱旅客比例比其他任何一家欧洲航空公司都高。此外，它的旅客满意度也非常突出，客运量和收入都得到提高，利润也增加了。

由于 9 · 11 事件和 SARS（非典），乘飞机旅行的人数大幅度减少。同时，打折的航空公司迅速占有了更大的市场份额。北欧航空因此陷入经营困境，2001 年、2002 年和 2003 年，公司出现了巨额亏损。

面对这种形势，北欧航空公司及时调整了它的营销策略。它除了继续关注商务旅客外，迅速将业务拓展至包括休闲旅游市场。由于这两个目标群体现在对价格都很敏感，作为回应，北欧航空公司有选择地进行了机票降价计划，并且为了增加经济舱座位而取消了商务舱。

面对竞争对手继续瞄准和自己一样的细分市场，比如英国航空公司（British Airways）向这一细分市场的旅客增加了头和身体可以完全向后靠的座位，北欧航空公司继续改善它的机群和服务，引进新飞机以增加运力和舒适度。

北欧航空公司的经验显示，当公司全体人员都朝着满足目标顾客群的目标努力时，顾客的满意度和公司的利润都能得到提高。

资料来源：Carlzon, 1987; The SAS Group Annual Report 2000; other published material.

1.2.6 相似与差异

国际营销经理人员的任务是提出和实施营销计划，从而使公司能够用尽可能完全实现目标的方式去适应其环境。所有的市场，无论是国内的还是国外的，都有相似性和差异性，但是营销学的概念却是普遍适用的。诸如产品生命周期这样的营销基本概念和诸如市场细分这样的传统营销工具，在世界各地都一样适用。各种各样的环境因素，如社会、经济、政治和法律因素都是相同的。解决营销问题的主要方法也是相同的，即根据公司的环境，考虑使用各种营销方式去实现公司的目标。因此，国内营销管理的经验被转换成国际营销或出口营销管理经验的情况会时有发生。

按照更细的分类，人们将会注意到，有些因素在国内环境中是不存在的。例如，尽管国内和国际营销活动都是在法律环境中进行的，但是法律环境的组成部分是不同的；某些法律和法规在某些国家可以找到，但是在别的一些国家就找不到；国与国之间的税负和关税大不相同；诸如配额、外汇控制等对贸易的各种限制也大不相同。

各国的政府机构和银行系统相差甚远，并且常常对营销活动产生影响。而这些影响与法律环境的影响又有可能受到政治体制性质的影响。另外一些公认的环境差别是由语言、宗教、风俗、传统以及其他的文化差异引起的。地理上的距离和气候的变化以及基础设施所产生的差别就更不用说了。因此，分析和解决国际营销问题，除了具备解决国内营销问题所需要的技能外，还需要具备其他的技能、背景知识和洞察力。

1.3 企业从事国际营销的原因

从企业角度来看，从事国际营销的主要原因有以下几点。

(1) 延长产品的生命周期

如果产品在本国已经处于生命周期的衰退期，而在其他一些国家却还正处于介绍期或增长期，这时将本国处于衰退期的产品打入处于介绍期或增长期的国外市场，就可以得到延长该产品生命周期的效果。例如，20 世纪 70 年代末，黑白电视机在日本已经进入衰退期，可是在中国却还处在成长期。日本电视机厂商利用当时中国政府开始放松对家电产品进口限制的机会，将其马上面临淘汰的黑白电视机出口到中国这个庞大的市场，从而使黑白电视机的生命周期延长了好几年，使日本电视机生产企业的研究和开发投入获得良好回报。

(2) 实现规模经济效益

企业进入国际市场可以扩大产品的销售量，使产品的单位成本下降，使研发费用在更大的营业额基础上进行分摊。

(3) 避开竞争激烈的国内市场

当国外市场竞争激烈程度低于国内市场时，企业到国际市场另辟蹊径，反而能够得到比国内更多的生存和发展空间。例如，由于我国计划经济时期重复建设，生产能力过剩，国内市场供过于求，产品大量积压，导致了国内市场竞争异常激烈的局面。从电视机、洗衣机、空调等家用电器，到服装、鞋帽、食品、饮料等几乎所有行业，价格战此起彼伏，企业因此只得到国外市场上去进行“消化”。在这种情况下，企业去国际市场寻找生存和发展的机会是一种必然的选择。

(4) 国外市场潜力巨大

市场是由人口和购买力等因素构成的，因此，任何一个国家的国内市场都要远远小于世界市场。美国的市场规模堪称世界第一，但它的人口也只占世界总人口的5%，它的购买力只占世界的1/4。美国的市场规模与世界市场相比尚且如此，其他任何一个国家的市场规模就更微不足道了。因此，企业愈来愈重视国际市场也就不足为奇了。

1.4　企业开展国际营销的好处

由于国际营销不仅仅是出口，它还包括在国外设厂生产和投资活动，所以开展国际营销具有以下好处。

(1) 避开关税、配额等贸易壁垒

目前国际贸易中的保护主义仍然严重，我国许多产品的出口都因进口国的关税、配额等贸易壁垒而受到限制。然而，如果将生产移至市场国，就可以避开重重限制而打入市场。此外，还可以将生产移至无贸易限制的第三国进行，并以该国作跳板，将产品销往目标市场。例如，我国棉纺制品出口受到欧美等国的配额限制，而发达国家对那些同类产品生产比较落后的国家往往无配额限制。因此，在某些发展中国家设厂生产，并将产品出口到发达国家，成为我国纺织品行业中不少企业饶过贸易壁垒、扩大出口的重要手段。

(2) 有利于企业找到新的市场

产品在国内市场上已相对饱和的企业可在国际市场上找到新的发展机会和市场，有时在国外还可以找到更为有利的生产同样产品的条件，如有的国家政局稳定，人工费用低，技术人员多，居民购买力强，投资条款优惠。国际公司当然愿意到这样的国家去投资设厂。有的跨国公司就提出“哪里的成本低，就在哪里生产商品”，他们的目标是在全球基础上谋取收益和市场份额，而绝不是在狭隘的地区市场或国内市场上追求最高的利润。

(3) 有利于利用国外的资金、技术和管理经验

通过出口产品换取外汇，可以用于从国外引进先进技术。通过合资、独资等形式到国外生产，可以利用国外的资金，学习和掌握国外合营者或同类企业的先进技术和管理经验。国际市场上的竞争对手通常要比国内更强，企业开展国际营销必须用国际标准，使产品在质量、品种、包装服务等方面都能达到国际水平，这就要求企业不断提高其生产技术和经营管理水平。

(4) 提高竞争力

充分利用国外的劳动力资源和廉价的原材料，进一步降低成本，提高竞争力。

【讨论与思考】

1. 举例说明国际市场营销的好处。
2. 举例说明国际市场营销与国际贸易的异同。
3. 举例说明国际市场营销与国内营销的异同。

第 2 章 国际市场营销场所

国际市场营销是跨国界的营销活动，国际市场是进行国际营销的场所，而国际市场营销所研究的内容是与国际市场的状况分不开的。因此，企业营销人员对国际市场的了解越全面、越深入，开展国际营销活动时就越自由、越主动。本章主要介绍国际市场的形成、特点和发展趋势，以及我国企业在进行国际市场营销时所面临的机遇与挑战。

2.1 国际市场的形成

国际市场，亦称世界市场，是在世界范围内国际分工和经济联系而进行商品、劳务、技术等交换的场所，是国际经济体系的一个重要组成部分。

国际市场的形成是与国际贸易的发展分不开的。据史料记载，早在公元前，国际贸易就以多种形式存在着。如著名的“丝绸之路”就是中国与西亚乃至欧洲国家进行贸易往来的重要渠道。在公元初期，地中海沿岸国家的商品往来也达到了相当繁荣的程度。但那时，国际性的市场还远未形成。原因在于，当时世界各国基本处于奴隶社会和封建社会，生产力水平低下，自给自足的自然经济占据统治地位，用来进行国际交换的剩余产品也不充足；更为主要的是，国际市场的形成要以运输的发展为前提条件，而当时的运输主要靠畜力、人力和运载量不大的帆船，运输周期长，且风险较大。在那种条件下，国际贸易的商品只能以体积小、重量轻、价值高而且数量不大的奢侈品为主，如丝绸、香料、茶叶、宝石等。到 11 世纪以后，随着意大利北部、黑海和波罗的海沿岸城市的兴起，国际贸易的范围也随即扩大到地中海、黑海和波罗的海沿岸。但总体来看，直至 16 世纪以前，国际贸易的地理范围仍然很狭小。16 世纪前的这一阶段，可大致认为是国际市场的雏形阶段。

一般认为，国际市场产生于16世纪，最终形成于19世纪。国际市场的产生有以下标志：

①欧洲一些主要国家的统一的国内市场的形成。国内市场是国外市场发展的基础，统一的国内市场的形成，为对外贸易的发展提供了条件。

②资本主义工场手工业生产方式的确立。从14世纪开始，资本主义生产方式的萌芽就开始出现在地中海沿岸的一些著名城市中。到16世纪中叶，封建社会开始瓦解，资本主义工场手工业生产方式得到确立，社会分工不断深化，生产力水平有较大的发展，大批商品被生产出来，除在国内市场销售外，还需要发展对外贸易，开拓国外市场。

③地理大发现和殖民贸易的兴起。地理大发现标志着殖民贸易的兴起。随着地理的大发现，欧洲新兴资产阶级开始强占和掠夺殖民地，黄金、白银、香料及其他工业原料源源不断地从殖民地涌入欧洲，而欧洲的手工业产品也随着殖民船队流向其他各洲。这一时期，大西洋、印度洋和太平洋逐渐成为国际贸易的主要运输线路，国际贸易交换商品的规模和范围有了相当大的发展，统一的国际市场开始形成了。

19世纪以前的国际市场基本上以殖民贸易为基础，其特点是对外贸易建立在国家垄断的基础上，以国家的实力为后盾，这显然不是一种完善的贸易方式。而且，当时的资本主义工场手工业是以手工劳动为基础的，技术水平较低，劳动生产力低下，社会分工和商品生产无法满足国际市场对商品的巨大需求，国际交换也受到很大的限制，因此国际市场还未最终形成。

国际市场的最终形成是在19世纪后半期，其特征是：

①欧美各主要国家以国家强制力保证资本主义经济的发展，并加紧在世界范围内争夺殖民地。

②英、法等欧洲国家及美国先后进行了产业革命，用机器大工业代替工场手工业，使生产力得到了根本性的提高，大量廉价商品被源源不断地生产出来。由于国内竞争激烈，大规模地开拓国外市场已成为必然。

③在产业革命的影响下，运输工具也有了划时代的进步。火车、轮船的出现，大大便利了国际及洲际商品货物的运输，国际贸易的周期和风险缩小了，规模却因此而成倍扩大。

这样，国际分工和商品交换在交通工具现代化和廉价商品大量涌现的基础上得到了深化和发展，并遍及世界各主要国家。因此，统一的国际市场最终形成。

19 世纪末到第二次世界大战期间，是国际市场的发展阶段。在这个阶段，以电力的发明和使用为标志的第二次科学技术革命的发生，极大提高了生产的社会化程度。伴随着资本主义世界经济体系的形成，国际市场得到了进一步发展。第二次世界大战结束后，由于第三次科学技术革命的发生和以核电力、电子技术、石油化工为代表的新型工业部门的建立，国际市场发展达到前所未有的新高度。具体表现在国际市场规模扩大化和国际市场内容多元化两个方面：

①国际市场在二战结束后规模迅速扩大，以出口贸易额为例，1950 年整个世界贸易额达 607 亿美元，到 1960 年世界贸易额达 1290 亿美元，1970 年为 3150 亿美元，1980 年为 20014 亿美元，1992 年达到 33557 亿美元，到 20 世纪末，世界贸易额超过 6 万亿美元，是 1950 年世界贸易额的 100 多倍。

②国际市场内容多元化表现在以下两个方面：第一，市场主体多元化。按照经济发展水平，可将不同国家的市场分为发达国家市场和发展中国家市场。发达国家市场主要包括以美国为首的西方发达资本主义国家。发展中国家市场可分为石油输出国市场、中等收入国家市场和低收入国家市场。此外，近些年来，在区域集团化的趋势下，不同形式的经济组织或国家集团纷纷建立，如欧洲共同市场（欧盟）、北美自由贸易区、东盟自由贸易区、南锥体等。这些自由贸易区或共同市场，一般对外实施保护，对内开放市场，俨然以超国家的方式存在。第二，市场客体多元化。当前的国际市场已不再是单一的商品市场，它还包括资本市场、技术市场、劳务市场、房地产市场、信息市场等多种市场类型。虽然其他市场所占比重已经有了相当大的提高，特别是资本市场，每年国际资本交易额约相当于国际贸易总额的 25 倍，但是国际间的商品贸易仍然是构成国际市场的主要方面。

2.2 国际市场的特点

随着国际市场的形成和发展，当代国际市场出现许多新的特点。认识这些特点，对于从事国际市场营销的企业来说是至关重要的。以下介绍这些主要特点。

2.2.1 世界市场占有率不平衡

在世界贸易的地区分布中，发达国家占重要地位；在发达国家中，美国地位下降，德国与日本地位急剧上升。在发展中国家中，以制成品为主的国家和地区所占比重上升。从出口市场看，具体情况如下。

①发达国家在世界市场中占据明显优势。经济合作与发展组织（简称OECD）成员国1991年在世界市场占的比重是75%，即发达国家在世界贸易中所占比重高达3/4，而发展中国家在世界贸易中所占的比重还不足25%。

②主要发达资本主义国家市场占有率也不均衡，存在着此消彼长的状态。美国在世界市场的占有率从1950年的18%下降到1990年的11.6%。日本在世界市场的占有率急剧上升，从1950年的1.4%上升到1985年的9.95%，1990年略有下降，占9%。德国统一后，在世界市场上的地位迅速上升，由1950年的3.5%（联邦德国），上升到1990年的12.5%，跃居资本主义世界首位。

③发展中国家原料出口市场占有率下降，制成品市场占有率上升。

2.2.2 发达国家是当前世界贸易的主体

①从发达国家出口的地理分布看，发达国家的主要出口对象是发达国家，约占其出口总额的2/3。

②从发展中国家出口的地理分布看，虽然发展中国家之间的贸易往来增长较快，但是发达国家仍然是发展中国家的主要出口地。

2.2.3　世界市场上商品结构的重大变化

①世界贸易中初级产品地位下降，制成品地位急剧上升。其原因之一是国际分工加深，使得中间产品增多，促使制成品国际贸易发展迅速；其二是初级产品价格长期偏低，影响国际贸易的发展；其三是随着科技发展，单位制成品所用的初级产品减少，回收率不断提高，从而使初级产品在国际贸易中所占比重不断下降。

②随着科技发展，新的产品大量出现，产品更新换代速度加快，制成品大约每 10 年更新 80%。

③在制成品的贸易中，机电产品、运输设备所占比重急剧上升。在初级产品贸易中，石油所占比重急剧上升，占整个初级产品的 55% ~60%。此外，发达国家几乎在世界所有大类产品贸易中都占据主要地位，就制成品而言，发达国家约占 80%，其他初级产品（石油和热带产品除外），发达国家约占 60%。发达国家与发展中国家出口的主要商品也有很大差异，发达国家出口商品多样化，而发展中国家出口商品比较单一。

2.2.4　国际贸易方式多样化

随着国际市场的扩大，国际贸易方式也在不断地变化，并呈现多样化的趋势。目前，除常见的进出口业务外，还有包销、代理、展卖、寄售、拍卖、招标和投标、期货交易、补偿贸易、租赁贸易等多种方式。

2.2.5　国际市场日益向法制化、条约化、规范化方向发展

当今世界，由于国际贸易规模越来越大、内容越来越复杂、发展越来越快，以及国际市场变大、竞争日趋激烈、垄断性增强，加之贸易保护主义盛行，因此，国际贸易法规、国际条约和国际惯例就越来越成为维护国际贸易各方当事人正当权益的重要工具。在国际贸易中，交易的磋商、支付、运输、保险等条件的选择，合同的签订与履行，索赔与理赔，都要参照有关条约的规定及相关国家的国内法与国际惯例办理。从事国际市场营销的企业应熟知这方面的法规，以便维护自己的正当权益。

2.2.6 经营趋向垄断化、集中化

这主要是以跨国公司为标志的生产国际化的结果。据统计，当前世界国民生产总值的1/3，世界贸易的1/3，都控制在跨国公司手里。在现代资本主义经济中，垄断并非一定采取过去那种大企业吞并或挤垮小企业的办法，而是使其依附于自己，成为自己的卫星企业，小企业只在一定程度和一定范围内保持着独立性。

2.3 国际市场的发展趋势

从事国际市场营销，不仅要了解国际市场的过去和现在，还要了解国际市场今后的发展趋势。只有了解了国际市场的发展趋势，才能更好地制订适应国际市场发展需要的长期营销战略，做到趋利避害、扬长避短，从而有效地开拓未来的国际市场。

2.3.1 世界产业结构的变化趋势

①发达国家产业结构进一步软化，发展中国家制造业的比较优势将逐渐显露出来。发达国家利用科技优势，降低资源和劳动力在投入要素中的比重，迅速提高有形产业的劳动生产率，并将闲置出来的资源和劳动力转向高科技、高附加值的工业部门和服务行业，使产业结构进一步软化。而多数发展中国家由于实施了鼓励工业化和制成品出口政策，并且接受了由发达国家转移出来的许多制造业部门，使工业生产能力大幅度提高，其第二产业在劳动生产率上占据明显优势，比较优势在国际市场上显示出来。

②产业结构进一步细化。随着经济向高层次发展，大众的需求也将更加广泛，为了适应这种增长的需求，需要更多地运用新科技和新工艺的力量来推动新部门和新产品的出现。

③一国的产业结构将不仅受本国生产力和政府产业政策的制约，还要越来越多地受到跨国公司的跨国经营以及政府间协调的影响。跨国公司在东道国的经营固然受东道国法律、政策的约束，但东道国出于吸引外资的

需要，经常不得不放宽对跨国公司的限制。这就使跨国公司有更多的权力决定资金、技术等生产要素的国际配置，并通过这些要素在公司内部进行国际性转移，影响国际产业结构的调整。

2.3.2　国际市场的发展趋势

①国际市场规模仍将继续扩大，国际贸易中高技术密集型产品的比重将有较大幅度的提高。由于各国力图使本国产业升级换代，加之新科技的应用使对初级产品的应用相对缩小，从而使初级产品在国际贸易中的比重进一步下降。

②国际市场中商品的流向将有所变化，发展中国家的制成品出口将与发达国家形成均势。

③国际市场结构将出现更大的变化。自 20 世纪 80 年代以来，在国际产业结构变动和区域一体化的影响下，国际市场的结构已经发生了重大变化。进入 90 年代以来，随着欧洲统一大市场、北美自由贸易区、南方共同市场、东盟自由贸易区等区域共同市场的建立，其他各种形式的经济合作及建议也随着相互依赖的加深而不断出现。今后，在国际产业结构变化的要求下，国际市场将步入区域集团化的历史过程。在统一的国际市场之下，将不可避免地形成若干相对独立的区域市场，这将对国际市场营销产生深刻的影响。

④跨国公司在国际市场中的作用将不断加深。跨国公司目前主要作为发达国家对外直接投资的行为主体，通过其跨国的要素配置和生产经营活动来对国际市场产生影响。今后在很长时间里，跨国公司都将是国际市场中最为活跃的因素。

【讨论与思考】

1. 试说明国际市场是如何形成的。
2. 举例说明国际市场出现的新特点。
3. 试说明国际市场的发展趋势。

第3章
国际市场营销环境

国际市场营销是跨国界的营销活动，国际营销与国内营销最大的区别在于企业营销的外部环境发生了显著变化。国际营销活动是在一个非常复杂、瞬息万变、不可控制的国际环境中进行的。因此，要顺利地进入国际市场，成功地开展国际市场营销活动，企业就必须首先分析国际市场营销环境，并不断地调整其营销策略来适应国际营销环境。

3.1 国际市场营销环境概述

3.1.1 国际市场营销环境概念

美国著名营销学家菲利普·科特勒将市场营销环境定义为“影响企业的市场和营销活动的不可控制的参与者和影响力”。对于上述定义，我们可以理解为：市场营销环境是指影响企业营销活动的所有外部力量和机构的总和。而国际市场营销环境则是指影响企业跨国经营活动的所有外部力量和机构的总和。

3.1.2 国际市场营销环境的构成

国际市场营销环境依照以下性质划分。

（1）按照内容划分，可分为宏观环境和微观环境

宏观环境是指那些给企业带来营销机会和环境威胁的主要社会力量和社会条件，包括社会文化环境、经济环境、政治法律环境、技术环境、自然环境和金融环境等。

微观环境主要包括企业本身的状况、供应者、中间商、竞争者、顾客和公众，它们影响着企业的经营水平。微观环境受宏观环境中各种因素的

制约和影响。

（2）按照对企业营销活动的影响划分，可分为环境机会和环境威胁

环境机会是指营销环境中对企业营销有利的各种因素的总和，实质上是指市场上存在着“未满足的需求”。消费者需求的不断变化和产品市场生命周期的缩短，引起旧产品的不断被淘汰，并要求开发新产品来满足消费者的需求，从而市场上出现许多新的机会。例如，战争给生产武器的商家提供了机会，政府对外开放政策为外国资本的流入提供了机会，居民生活水平的提高为高档消费品的生产商提供了机会。企业应对市场机会作出恰当的评价，并结合自身的资源和能力，及时将市场机会转化为企业机会。

环境威胁是指营销环境中对企业营销不利的各种因素的总和。这种环境威胁主要来自两方面：一方面，是直接威胁着企业营销活动的环境因素，如政府颁布《环境保护法》对造成环境污染的企业就构成了巨大的威胁；另一方面，企业的目标、任务及资源与环境机会相矛盾。如人们对自行车的需求转为对汽车的需求，使自行车厂的目标和资源同这一环境机会形成矛盾。自行车厂要将“环境机会”变成“企业机会”，需要淘汰原有产品，更新全部设备，必须培训、学习新的生产技术，这对自行车厂无疑是一种威胁。汽车的需求量增加，自行车的销售量必然减少，给自行车厂又增加一份威胁。企业应及时识别所面临的威胁，正确评估其严重性和可能性，以便制定应变计划，化险为夷。

3.1.3　国际市场营销环境的特点

（1）客观性

企业进行国际市场营销活动，是在不同国家或地区的经济、文化和政治法律等外界环境条件下进行的。这些外界条件是客观存在的，是不以企业意志为转移的。企业只要从事国际市场营销活动，就不可能不面对这样或那样的环境条件，也不可能不受到各种各样环境因素的影响和制约。为此，企业应尽早做好充分的思想准备，随时应对各种不同环境的挑战。

（2）差异性

国际市场营销环境的差异性，主要体现在人口、经济、社会文化、政

治、法律和自然地理等方面，不同的国家、民族和地区之间存在着广泛的差异。这些差异对企业营销活动的影响，显然是不相同的。由于外界环境因素存在差异性，企业必须采取不同的营销策略才能应付和适应这种差异。

(3) 相关性

国际市场营销环境中的各个影响因素都是相互依存、相互作用和相互制约的。例如，企业开发新产品时，不仅会受到经济因素的影响和制约，更会受到社会文化因素的影响和制约。再如，价格不仅受市场供求关系的影响，而且还受到科技进步及财政政策的影响。因此，企业应充分注意各种因素之间的相互作用。

(4) 动态性

国际市场营销环境不是静态的，而总是在变化的。因此，它是一个动态的概念。市场营销环境的变化程度是不同的，有的变化快，有的则慢；有的变化大，有的则小。例如，科技、经济等因素的变化相对快而大，因而对企业营销活动的影响相对短且跳跃性大；而人口、社会文化、自然因素等变化相对较慢较小，对企业营销活动的影响相对长而稳定。因此，企业的营销活动必须适应环境的变化，不断地调整和修正自己的营销策略，否则，很容易失去市场机会。

(5) 不可控性

影响国际市场营销环境的因素是多方面的，也是复杂的，并且是企业所不能控制的。例如，一个国家的政治法律制度、人口增长以及一些社会文化习俗等，企业不可能随意改变，而只能通过调整自己的营销策略去适应它们。

3.1.4 企业国际市场营销环境意识

(1)“适者生存”的意识

国际市场营销环境是企业从事跨国经营活动的约束条件，它对企业在国际市场上的生存和发展，有着极其重要的影响。现代营销学认为，企业经营成败的关键，就在于企业能否适应不断变化着的市场营销环境。由于生产力水平的不断提高和科学技术的进步，如今企业外部环境变化的速度，远远超过企业内部因素变化的速度。因此，企业的生存和发展，愈来愈取决于其适应外界环境变化的能力。

“适者生存”既是自然界演化的法则，也是企业营销活动的法则。如果企业不能很好地适应外界环境的变化，则很可能在竞争中失败，被市场淘汰。但是，强调企业对所处环境的反应和适应，并不意味着企业对环境是无能为力或束手无策的，只能消极地、被动地改变自己以适应环境，而是应从积极主动的角度出发，能动地去适应营销环境。这也就是说，企业可以以各种不同的方式增强适应环境的能力，避免来自营销环境的威胁。

(2)“变不利因素为有利因素”的意识

面对外部环境的变化，企业不但要及时调整营销策略，避免来自营销环境的威胁，更重要的是，要改变自己的惯性思维，在变化的环境中寻找新的机会，将对企业的不利因素转变为对企业的有利因素。例如，美国某制鞋公司派两名推销员到南太平洋某岛国去推销该企业生产的鞋子，到达后却发现这里的居民没有穿鞋的习惯。于是，一名推销员给公司发了一份电报，称岛上居民不穿鞋子，这里没有市场，随之打道回府；而另一位推销员给公司的电报则称，这里的居民不穿鞋子，但市场潜力很大，只是需要开发。他让公司运来一批鞋送给当地的居民，并告诉他们穿鞋的好处。逐渐地，人们发现穿鞋确实既实用又舒适而且美观。渐渐地，穿鞋的人越来越多。这样，该推销员通过自己的努力，打破了当地居民的传统习俗，改变了企业的营销环境，获得了成功。这个案例说明，面对同样的外部环境，由于营销者的认识不同，环境对企业的影响也不同。

3.2 国际市场营销的经济环境

国际市场营销是跨国界的营销活动，而且是在一个非常复杂、瞬息万变的国际环境中进行的。为了国际营销活动能够顺利进行，并使营销的最终目标能够实现，企业首先要研究分析国际营销的外部环境，而外部环境中最重要的则是经济环境，又分为两个层次。

第一个层次是世界经济环境，主要是指国际贸易体系（贸易方向、商品结构、国际收支、贸易政策、区域性经济贸易联盟等）和国际金融体系（汇率、国际金融机构、国际支付制度和储备体系等）。由于国际营销是跨国界的经营活动，随着商品和货币的国际转移，它必然要受到国际贸易体系和国际金融体系的制约。

第二个层次是国别经济环境。企业进入某国市场，必然要研究该国的经济环境及其对营销决策的影响。本书对经济环境的研究和分析以第二个层次为主，即研究和分析东道国的经济环境，主要是指市场规模和经济特性两大类因素。

3.2.1 市场规模

市场规模的大小决定企业是否进入该市场。如果市场规模太小、潜量不大，就不值得去开拓；如果市场规模足够大、潜量可观，企业才会进一步考虑该市场的其他特性。

大多数产品的市场规模都与人口和收入有着密切的关系，甚至主要由其决定。此外，各国的消费模式千差万别，也在相当程度上决定着某一产品的市场规模。因此，我们重点分析人口、收入和消费模式对市场规模的影响。

(1) 人口

人口是构成市场的主要因素之一，许多产品的消费量与人口数量有关。

①人口总量。许多生活必需品的市场规模与该国人口总量相关，譬如在衡量许多保健用品、食品、服装、药物和其他日用品的市场规模时，人口数量是首要指标。一些价格低廉或具有特殊用途的产品，如软饮料、教育用品、体育用品等，其市场规模也直接受到人口总量的影响。

②人口增长率。人口增长率即人口发展趋势，它影响到未来的市场规模。人口增长意味着更多新家庭的组成和对产品需求的增加。但是人口增长速度过快，会抑制经济发展，限制人均收入，最终会导致市场规模萎缩；人口增长速度过低，则对食品、玩具等与儿童有关的产业产生直接威胁。各国的人口增长率存在很大差异。欧洲的一些国家，如德国、英国、意大利、西班牙、瑞典、法国、芬兰等，年均人口增长率低于0.5%；而

另外一些经济落后的国家，如肯尼亚、刚果、冈比亚、也门等，年均人口增长率均高于3%。一般来说，经济愈发达，人口增长率愈低；经济愈落后，则人口增长率愈高。

③人口年龄结构。不同的年龄层次对商品有不同的需求，从而形成了婴儿市场、青年人市场和老年人市场等。老年人和青年人的需求有很大差异，譬如在老年人比重较高的地区，助听器的销售就多；在年轻人比重较高的地区，化妆品、时装的销售量就大。此外，发达国家出现的人口老龄化趋势引起提供老年人用品和服务的“银发产业”的快速发展。

④人口性别结构。男性和女性的差别，不仅在市场需求方面体现出来，而且两性的购买动机和购买行为也有所不同。由于女性多操持家务，大多数家庭生活用品由女性采购，而且儿童用品也可归入女性用品市场；而男士则是汽车、人寿保险等的主要购买者。

⑤人口分布。人口分布状况对产品需求、促销方式、分销渠道都产生不同的影响。人口密度越大的地方，对商品的需求量就越大；相反，人口稀少的地方，对商品的需求量就少。例如，美国人口最稠密的地方是大西洋沿岸、五大湖边缘和加利福尼亚沿海地区，这些地区也是美国最大城市的所在地。该地区对汽车的需求量明显高于其他地区，而且还是贵重皮货、化妆品和艺术品的大量集散地。企业一般都希望在人口密度较大的地区从事营销活动，因为这些地区购买力比较集中，企业在促销、分销渠道等方面都比较容易收到较好的效果。当然，其他企业也可能在同类地区经营，因而竞争可能比较激烈。

（2）收入

仅仅有人口还不行，还要有经济收入才能构成市场，因为它们决定了购买力。例如，目前中国的人口已经超过13亿，是美国人口的5倍，但由于中国的人均收入低，据统计，2010年美国的人均国内生产总值为4.8万美元，而中国人均国内生产总值仅为4600美元，即不足美国人均国内生产总值的10%，所以中国的消费品市场规模远远小于美国。因此，在分析一国市场规模时，除了分析其人口因素外，还必须分析其收入。对收入的分析可以从收入分配、人均收入和国民生产总值三方面入手。

①收入分配。收入分配是否均衡对于营销有着重要的影响。在许多国家，收入的分配是很不均衡的。例如，巴西、肯尼亚和墨西哥的低收入阶

层占人口总数的20%，其收入占国民收入的比重分别为2%、2.6%和2.9%，而这三个国家中占人口总数20%的高收入阶层则分别获得了66.6%、60.4%和57.7%的国民收入。这说明这些国家存在着收入分配方面的两极分化现象，有些人过着十分富足的生活，而另一些人则过着贫困的生活。在收入分配上两极分化的国家，往往形成两个截然不同的消费市场，处于两极的人口具有不同的购买力，表现出不同的需求特征，这就要求企业采取不同的营销策略。

国际通用的衡量收入分配均衡程度的标准是“基尼系数”。联合国有关组织判断收入差别的标准为：基尼系数在0.2以下表示收入绝对平均；0.2~0.3表示比较平均；0.3~0.4表示相对合理；0.4~0.5表示收入差距较大（0.4为联合国警戒线）；0.6以上表示收入差距悬殊。

②人均收入。人均收入是国民收入总量除以总人口的比值。这个指标大体上反映了一个国家人民生活水平的高低，也在一定程度上决定了商品需求的构成。一般而言，人均收入增长意味着购买力增强，从而对消费品的需求就大，反之就小。因此，要用国民收入和个人收入两个指标来综合测定市场潜力。例如，1983年科威特人均国民收入超过18000美元，而印度约为260美元。通过这组数字的比较，可以断定科威特市场的吸引力应为印度的70倍。但是，同年，印度的国民生产总值又比科威特大7倍，人口比科威特多600倍。这一例子虽然过于特别，但也说明了评估市场潜力时，应对国民生产总值和人均国民收入两方面进行分析。

③国民生产总值。国民生产总值是衡量一个国家或地区总体经济实力与购买力的重要指标。对于某些产品来说，用国民生产总值这一指标来衡量一国的市场规模比用人均收入要好得多。例如，比利时的人均收入大约是印度的34倍，但印度卡车、公共汽车、水泥和钢铁消费量却是比利时的3倍，收音机是比利时的5倍，这说明使用人均收入指标来就上述产品比较两国市场的大小是不合理的，然而用国民生产总值指标却可以说明问题。因为印度国民生产总值大约是比利时的2倍。然而，在衡量另外一些产品（如电视机、私人轿车等）的市场规模时，人均收入指标可能更有用处。可见，究竟使用哪个指标更可行，取决于产品的特性。

(3) 消费模式

除了人口和收入之外，消费模式也会影响一个国家的市场规模。一国消费者用于购买生活必需品的支出占全部消费支出的比重，表示了该国的经济发达程度。德国统计学家恩格尔在 19 世纪中叶发现，随着消费者收入水平的逐步提高，生活必需的食物支出在消费总支出中所占的比例（称为“恩格尔系数”）会逐步下降，这就是著名的“恩格尔定律”。食品支出的比重从一个侧面反映了生活水平的高低。不同国家的恩格尔系数是不同的，对产品的选择就大相径庭。此外传统的消费习惯和消费方式的革新，对于产品的选择、定价方法的选择、渠道的选择、促销方式的选择等都会有很大的影响。如信用卡的流行造成划卡消费、分期付款等支付方式的逐步普及。由此可见，消费模式在很大程度上影响甚至决定了某些产品在各国市场规模的大小。

3.2.2　经济特性

在研究一国的经济环境时，除研究该国市场规模大小之外，还要研究该国经济中影响企业营销的一些特性，如自然条件、经济活动的特点、基础设施以及城市化程度等。

（1）自然条件

一个国家的自然条件是指该国的自然资源、地形和气候条件。各种因素对市场营销活动都有着直接或间接的影响。

①自然资源。自然资源是指一国自然界提供给该国的各种形式的财富，如矿产资源、森林资源、土地资源、水利资源等。企业到某国去投资或从事营销，必须了解该国的经济地理条件。如果该国对本企业产品需求很大，但缺乏必要的生产资源，那么企业只能向其出口；如果不仅需求大，而且必要的生产资源很丰富，企业就有可能前往投资建厂，在当地生产，然后就地销售。可见，一国自然资源丰富，往往是吸引外国企业前来投资建厂的重要原因。

企业营销人员了解一国的自然资源状况，有助于判断该国未来经济发展前景。例如，澳大利亚因为丰富的矿产资源而使其经济在 20 世纪 60 年代得以迅速发展。中东许多国家正因为丰富的石油资源而成为经济上的暴发户。

②地形。地形是指一国领土的表面特征，由平原、山脉、江河、湖

泊、森林、沙漠等因素构成。地形会影响市场的划分和产品的配送。譬如，高山可以将一个国家分成若干个独立的市场。如南美的安第斯山脉将许多国家分成几个区域，尽管这些区域在政治上都属于同一个国家，但营销人员发现这些不同区域从文化上和经济上划分都属于截然不同的市场，因为不同区域的人具有不同的购买力、不同的消费模式和不同的需求。再如，地势平坦的国家或地区容易有便捷的交通运输，有利于企业的营销活动；地形独特的国家或地区（如喀斯特地貌形成的溶洞），却可能开发旅游资源。

③气候。自然条件中的另一个因素是气候，反映某国家或地区的气温、干湿度以及刮风、下雨、降雪等条件。各国气候条件的差异会影响到国际营销决策。特殊的气候差异可能导致特别的市场需求，提供独特的营销机会。例如，向热带国家出售的汽车里应有空调装置，向寒带国家出售的汽车里应装有暖气设备。一些美国制造商发现，在美国运转良好的建筑设备，在撒哈拉使用时，必须对设备进行许多改进和精心保养，否则就难以适应那里炎热而干燥的气候。

购买耐用消费品（如空调和除湿器）有时既会受到收入的影响，也会受到气候的影响。例如，对于高收入的瑞典人而言，买一台空调轻而易举，但是因为瑞典所处纬度较高，北极穿越其北部国土，因此气温较低，7月份大部分地区的平均气温为15℃~17℃，所以瑞典人一般不会买空调。相反，低收入的阿尔及利亚人十分需要空调，但是由于他们收入有限，所以就不可能买。

以往欧洲许多国家的居民家庭、商场、办公楼等场所，甚至相当多的旅游饭店都没有空调。近年来，由于温室效应导致全球变暖，特别是2003年欧洲遭遇了百年不遇的酷热天气，使得欧洲空调销量激增，这给包括中国等国生产空调的企业带来了扩大出口的机会。

2010年气候异常，作为韩国腌制泡菜的主要原料的白菜价格持续上涨，有的地方价格甚至是以往的4倍。这让韩国很多普通家庭吃不上泡菜，被当地媒体称为“泡菜危机”。针对“泡菜危机”，韩国政府放下了过去的架子，开始取消过去的进口禁令。2010年10月1日，韩国总统府宣布临时取消对白菜30%的进口关税，紧急从中国进口160吨白菜。

专栏 3-1　大雪袭击欧洲，雪地靴、雷锋帽卖断货

数场横扫欧洲的大雪让普通百姓皱起了眉头，却让保暖用品商家心里乐开了花。据国外媒体报道，自 2010 年 12 月以来，来自中国的雪地靴和雷锋帽已经在欧洲卖断了货。

在匈牙利首都布达佩斯的唐人街，中国的雪地靴热销。当地商店经理宋辉说，2010 年入冬以来，布达佩斯下雪非常频繁，一下雪，老百姓就过来买，中国的雪地靴尤其受欢迎，往往到货一个星期就卖光了。

受宠的不仅是雪地靴，极具中国特色的“雷锋帽”也在欧洲风行开来。在波兰，随着下雪，气温降到了零下 20 摄氏度，于是很多当地人都选择“雷锋帽”御寒。

专门销售雷锋帽的义乌商户黄根福说，雷锋帽两边和前端有毛绒能盖住耳朵和额头，因而可以让头部充分保温，再加上为应对大雪，现在雷锋帽都是用防水材料制作，因此十分畅销。

“很多人还把戴这种帽子当作一种时尚。”黄根福说，“现在欧洲客商的需求量很大，一位波兰客人一次就订了 1 万顶雷锋帽。”

黄根福说，做外贸的厂家一般都是先接订单再做货，没有库存。他的加工厂一天能生产 5000 顶雷锋帽，一做出来就发货，但还是供不应求。由于欧洲暴雪，到中国采购雪地靴的量确实很大，很多采购商都是上来就问厂里符合出口标准的货有多少，他们全要。面对纷至沓来的补货订单，他们根本无力招架。

“下雪那段时间，一天就有 10 多个外贸代表要现货。”黄根福说，为了赶上这波寒潮，欧洲客商不惜血本，“以前一般都是走海运，要一两个月的时间，而现在现货都空运了，3~7 天就到货。”

资料来源：义乌小商品网，2011 年 1 月 21 日。

专栏 3-2　气候变暖严重威胁法国葡萄酒产业

受气候变暖的影响，法国的葡萄酒产业正面临危机。法国一家农业研究所的专家曾表示，该国葡萄酒酿造业已受到气候变暖的影响，主要体现在葡萄收获期提前、葡萄酒质量下降等方面。

2009 年 8 月 11 日，法国一家环保组织在《世界报》上撰文介绍了法国葡萄种植的严峻形势，并呼吁政府在年底丹麦哥本哈根气候变化大会上力促各方达成新协议。

法国绿色和平组织和包括葡萄酒生产商、葡萄酒工艺学家等在内的 50 多位业界人士也撰文表示，法国的葡萄酒产业目前正处于危险之中。例如，在葡萄酒的主产地波尔多，近几年气候变暖不仅导致酷暑、冰雹等异常天气频发，也造成一些新生害虫，这些都影响了葡萄的生长。

他们指出，任何微小的环境变化都能对葡萄酒的味道产生影响，如果人们再不采取措施减缓气候变化，法国将不再适合种植葡萄。为此，他们呼吁法国总统萨科齐和环境官员于今年年底在丹麦首都哥本哈根举行的气候变化大会上推动各方达成协议。

作为传统的葡萄酒生产和消费大国，法国 2008 年的葡萄酒消费量名列全球第一位。气候变暖使法国的葡萄酒产业面临危机，但是为了满足国内对葡萄酒的需求，法国必须增加葡萄酒的进口，这会给世界其他国家的葡萄酒生产企业提供扩大出口的机会。

资料来源：新华网，2009 年 8 月 12 日。

（2）经济发展阶段

一个国家所处的经济发展阶段不同，居民收入高低不同，消费者对产品的需求不同，从而直接或间接地影响到国际市场营销。例如，经济发展水平较高的国家，其分销渠道偏重于大规模的自动零售业，如超市、购物中心；而经济发展水平较低的国家，则偏重于家庭式或小规模经营的零售业。因此，对处于不同经济发展阶段的国家，应采取不同的市场营销策略。

世界各国经济的发展大致可归纳为下列五个阶段。

第一阶段：传统社会。处于传统社会阶段的国家，生产力水平低，未能采用现代科技方法从事生产，人们的知识文化水平很低，大部分人为文盲或半文盲，甚至有些地方尚处在自给自足的经济状态中。这是一个十分有限的国际营销市场。

第二阶段：起飞前准备阶段，是向经济起飞阶段的过渡时期。在此阶段内，现代的科学技术知识开始应用在工农业生产方面，各种交通运输、通讯及电力设施逐渐建立，人们的教育及保健亦受到重视，只是规模还小，不能普遍施行。这些国家通常会出现收入和财富分配不均的情况，贫富悬殊，中产阶级不多，因此进口产品的种类和档次差异很大。

第三阶段：起飞阶段。起飞阶段的经济大致已形成了经济成长的雏形，各种社会设施及人力资源的运用已能维持经济的稳定发展，农业及各项产业逐渐现代化。这类国家工业发展具有一定规模，国民生产总值增长较快，工业占国民生产总值的比重越来越大。这些国家往往需要进口先进的机器设备等，以完善自己的工业体系，对工业制成品的进口逐渐减少或限制。

第四阶段：成熟阶段。紧随起飞阶段的是趋向成熟阶段，在此阶段内，不但能维持经济的长期发展，而且更现代化的科技手段也应用于经济活动中。同时，处在此阶段的国家，都能多方面地参与国际市场营销活动。在这些国家中，消费者的购买动机注重产品特性和质量，喜欢高质量、无需修理、高档成熟的产品。这些国家进出口量都大，进口产品各种各样，包括原料、半成品、劳动密集型产品、奢侈品等，是国际营销规模较大的市场。

第五阶段：高消费时代。高度消费时期的经济阶段，注重永久性消费产品及各项服务业的发展，个人收入猛增，公共设施、社会福利设施日益完善，整个经济呈现大量生产、大量消费状态。在这些国家中，整个社会“富有”和“贫穷”的人数极少，大多数消费者属于“中产阶级”。消费者偏重理智动机，极少情绪动机，因此产品必须既经济又可靠。

大致说来，凡属前三个阶段的国家可称为发展中国家，而处在后两个阶段的国家则称为发达国家。当然，不是每个国家的经济发展都必须依次经过这五个阶段，有的会跳过一两个发展阶段；并且，各个国家每一发展阶段持续的时间长短也不尽相同。

(3) 基础设施

基础设施主要包括能源供应、交通运输、通讯设施以及各种商业基础设施。基础设施状况对国际营销活动的意义在于它影响企业在当地市场经营与销售的组织方式与效率，具体表现在：不同国家在运输模式、运输能力和运输效率上的差异，会影响到企业实体分配的模式与路线的选择；当地市场上各种能源的可获性及其成本，会影响企业的生产运营成本；通讯设施状况，则会影响产品促销策略及企业营销机构设置；各种商业基础设施（如银行、广告公司、咨询公司、市场调研公司等）的发展水平与效率，对企业在当地市场的营销效率产生直接影响。

(4) 城市化程度

城市化程度指的是一个国家的城市人口占全国人口的比重，它是一国经济发展水平的重要象征。目前，全世界总的趋势是城市化程度愈来愈高。2002 年全世界城市化程度平均为 47.4%，绝大多数西方发达国家的城市化程度都在 70% 以上，如澳大利亚为 91.5%、英国为 89.6%；但发展中国家的城市化程度则大大落后于发达国家。企业了解一国的城市化程度后，可以明确该国城市人口和农村人口在该国人口中所占的比例，从而分别适应这两部分人口的购买力和消费习惯。例如，农村人口的消费习惯是省吃俭用，购买力弱；而城市人口则购买力强，倾向于追求生活质量，自然市场就大。

(5) 通货膨胀

通货膨胀一直是各国政府最为关注的问题之一。一般而言，发达国家的通货膨胀率较低，如 1992 年美国等西方主要发达国家的通货膨胀率皆低于 8%；而大多数发展中国家的通货膨胀率较高，通常都达到两位数，如 1992 年拉美国家通货膨胀率平均达 169%。企业要到这些国家从事营销活动，就必须了解高通货膨胀率造成的影响。

首先，一国发生通货膨胀，人们的实际工资下降，购买力下降，需求也会下降，从而影响东道国的市场需求；其次，通货膨胀意味着东道国的币值不稳，币值不稳则直接影响到产品的成本控制和盈利的获得，从而使企业进行国际营销的风险增大；再次，通货膨胀率在各国之间的差异，还会影响到企业产品和资金的国际转移。因此，国际企业应对东道国高通货膨胀率的做法通常是，或暂时推迟进入该东道国市场，或从该东道国市场抽走资金。

专栏 3-3　**新加坡的投资环境**

作为亚洲“四小龙”之一的新加坡，在短短 30 多年间创造了举世瞩目的经济奇迹。除了天然的深水港和优越的地理位置之外，新加坡自然资源极其缺乏，某种程度上讲，并不具备发展经济的必要条件。然而从 20 世纪 60 年代中期经济腾飞开始，新加坡经济年增长率一直保持在 8% 左右。新加坡的经济发展很大程度上依靠外资的作用。1992 年，外来投资占社会总投资的比重高达 81%，制造业方面的投资中 89% 来自外资。其投资环境可概述如下。

新加坡的人口中 78% 为华人，因而它吸收了中国儒家的伦理思想：服从权威和勤劳工作。这种伦理思想构成是新加坡政府“家长式”管理得以有效实施的牢固基石。新加坡实施的政府严厉管制下的市场经济是世界上独一无二的经济体系。这种经济体系有效地把市场这只“看不见的手”与政府的宏观调控紧密地结合起来。在过去几十年中，政府所取得的成就赢得了人民的信任和支持，政局非常稳定。

新加坡的经济一直保持着很高的增长率，尤其是 20 世纪 80 年代，新加坡的经济增长达到历史最高峰，平均增长率在 8% 左右，1988 年达 11.1%。进入 90 年代，虽然经济增长速度有所减慢，且呈递减趋势，但仍然有 5% 以上的年均增长率。另外，物价稳定，通货膨胀率维持在 1% ~3% 之间，汇率也基本保持不变，约为 1 美元兑 1.66 新元。

在基础设施方面，新加坡位于交通极为便利的马六甲海峡，因而有着优越的地理位置和天然的深水港。新加坡是世界上最繁忙的港口之一，自 1986 年起，进出新加坡港的船只和吨位连续数年居世界第一位。在空运方面，新加坡是东南亚航空转运中心，有两个机场，其中樟宜机场在世界上排第 13 位。新加坡的通讯设施是世界上最先进的，100% 采用数据网络，1990 年即实现了通讯的综合化。新加坡处于欧亚及南太平洋海底电缆的汇合处，电传、文传、国际直拨电话连接世界各大城市，国内通讯也很发达。

新加坡的法律环境以完备、严厉、透明和紧密联系实际为主要特征。新加坡在经济方面进行了全面立法，如知识产权保护法、专利权保护法以及国际商务往来等方面的法律。新加坡经常调整其经济法规，尤其是与外商投资有关的法律，目的是不断适应国内和国际形势，改善投资环境并保护投资者利益。

国外的经济实体可以自由地在新加坡建立自己的企业，开展经济活动。在所有权方面，对外商无特别要求；也不规定外来投资者必须购买本地生产的原材料或生产产品出口的百分比，外商可自由地获取必要的生产要素和进行融资活动，并自由地支配所生产产品的销售市场。新加坡对外汇交易和资本流动及技术转让也没有限制。另外，为优化产业结构，新加坡经济发展委员会与贸易发展局、金融管理局及国家科技局，一起为外来投资以及本地企业的经营提供了一些优惠政策，如为企业采用新技术和新技能等给予投资折让、风险资本、R&D费用免税等。

3.3 国际市场营销的社会文化环境

国际营销与国内营销的最大区别在于营销环境的差别，而营销环境的差别又主要表现在各国文化背景的差异性上。生活在不同国度的人们，在语言文字、宗教观念、信仰、风俗习惯上有极大的区别。中国人喜欢红色，认为红色大吉大利，所以逢喜庆日子总喜欢穿红色的衣服，并喜欢以红色的家居装饰用品烘托喜庆气氛。甚至中国的股市上涨也是用红色表示，而下跌则用绿色表示（美国股市正好相反，上涨是用绿色表示）。这一习俗甚至反映到葡萄酒的销售上。比如，奥地利的白葡萄酒久负盛名，在其国内和欧洲市场上很受欢迎。然而，奥地利葡萄酒出口企业却发现中国消费者不大接受白葡萄酒，他们更喜欢红葡萄酒。尽管奥地利营销人员不遗余力地宣传其白葡萄酒的独特品质、美妙口感以及对人体的健康功效等作用，但是效果还是不够理想。

而生活在同一国度的人，由于所处的阶层或群体不同，价值观念也不同，风俗习惯和审美观也各有不同。例如，来自德国不同地区的德国人在语言、传统以及风俗等方面的差异是很显著的。来自德国的什列斯威—霍尔斯坦和巴伐利亚的人如果使用方言，那么尽管都是德国人，交流起来仍会有很大的困难。即便在丹麦和挪威这样的小国，人口只有500多万，文化差异仍然存在。例如，来自丹麦西部日德兰半岛的居民在与哥本哈根及其周围地区的丹麦人交流时会有困难。所有这些因素都会极大地影响企业的国际市场营销活动。

3.3.1　文化的性质

文化因素对消费者行为会产生重要影响，因为它是一个人的需求和行为最基本的决定因素。由于国际营销中那么多的成功都取决于对文化的了解，所以人们不禁会问：文化到底是什么？对于人类学家来说，文化长时期代表着人的生活方式、通过学习获得的行为模式、态度、物质东西的总和。总之，文化可以通过学习掌握，可以代代相传，具有一定的强制性，并且不是一成不变的。文化的特征表现在以下几个方面。

（1）文化可以通过后天学习获得

文化不像人的肤色、头发等是与生俱来的，而是通过后天学习获得的。例如，东方人吃饭习惯用筷子，西方人习惯用刀叉。如果将一个西方人家庭刚出生的孩子放到东方人家庭中抚养，这个西方的孩子也会养成用筷子的习惯。同样，将东方人的孩子放到西方国家的家庭中抚养，长大以后，他也会习惯用刀叉，而不会用筷子。

（2）文化具有可继承性

文化是在长期历史发展中形成的，并保留在一个民族的现实生活中。其形成过程说明文化具有继承性。没有文化的继承，就没有文化的积累。

（3）文化具有一定的强制性

法国社会学家埃米尔·杜尔干（Emile Durkheim）曾说："没有人强迫我与本国人说法语，但我却不可能有其他的选择，否则只会以悲惨的失败告终。"正是文化的强制性，约束着不同国家和民族文化，能够在较长时期内保持相对的独立性和差异性。

（4）文化是不断变迁的

一方面文化具有一定的约束力和强制性，保持着自身的特征，但是另一方面，不同国家和民族的文化特征并不是一成不变的，而是随着时间的推移发生变化。通常这种变化很慢，但有时外界的压力会导致文化发生快速变化。例如，当伊朗国王失去权力，宗教领袖控制了政府后，当地文化发生了从西化向原教旨主义的伊斯兰教转变的较快变化。此外，国家之间、地区之间的信息沟通和贸易往来和不断加强的文化交流，也促进了不同文化之间的渗透和借用。例如，西装在世界许多国家商务活动中成为标准服装；代表美国快餐的麦当劳、肯德基在世界许多国家得到了青少年群体的青睐；世界各地的青年人对牛仔装的喜好基本相同。为此，国际营销人员有必要了解各国文化的变化情况。

3.3.2 文化适应

各国的文化千差万别意味着，国际企业在进行国际营销活动时，所面临的文化环境也是千差万别的。企业面对千差万别的原则，就是接受各国文化环境不同的现实，去适应不同的文化环境。但在实践中，这一原则并不容易做到，企业往往向目标国家灌输自己的文化，即让目标国家适应自己国家的文化。如中国人在国外宴请客户时，会按国内的习惯不停地敬酒以示友好，直到把对方灌醉为止，这对外国客人来讲，无疑是强人所难，无法理解。每一种文化都是独一无二的，在国际市场营销中，我们应该记住一句话："文化没有对与错、好与坏之分，只有差异。"

针对上述类似现象，美国学者詹姆斯·李（James A. Lee）曾在 1966 年首次提出"自我参照准则"的概念。这个概念的含义是"无意识地参照自己的文化价值观"。也就是说，在国际营销活动中，经营人员只要一遇到具体情况，就会很自然地用母国的价值观作为理解和解决这种具体情况的标准。

为此，詹姆斯也提出了一套消除"自我参照准则"的方法，具体分为以下四个步骤：

①按照本国的文化特点或习俗来确定业务问题或营销目标。

②按照目标国家的文化特点或习俗来确定业务问题或营销目标。

③将上述两个步骤的结果进行比较，找出"自我参照准则"存在或表现在何处。

④剔除“自我参照准则”的影响，重新确定业务问题或营销目标。

现以销往美国的方便面为例，说明消除“自我参照准则”的“四步骤法”。

①方便面是当今中国城市上班族的主要食品之一，对方便面要求符合中国饮食的传统要求，即色、形、味俱佳。因此，中国生产的方便面既要有能引起食欲的颜色，又要有好看的形状，更要有香喷喷的味道。

②美国人对食品的要求是营养全面充足、方便食用。

③将上述两步骤的结果比较后，发现两国消费者对食品的要求有本质上的不同。若把中国消费者喜欢的色、形、味俱佳的方便面销往美国，未必得到美国消费者的青睐。

④重新考虑方便面，按照美国消费者的体重、食量、营养习惯，生产营养成分全面而且营养量充足的方便面，而不强调方便面的色、形、味。

专栏 3－4　文化差异对国际营销的影响

在做国内业务时，我们往往不会特地去考虑文化的作用。但是，在与国外市场打交道，甚至是与那些文化同我们自己的文化差异并不大的市场打交道时，这种做法显然是行不通的。

对于国际营销人员而言，缺乏文化意识就会面临失去市场的风险。例如，美国的一家高尔夫球制造商试图在日本销售四个一包的高尔夫球。在日语中，单词“4”的读音听上去也像单词“死”的发音。因此，数字“4”被认为是不受欢迎的，凡是包装成四个一组的货物在日本都不太好销。又如，一名移居香港的北美经理选择了一个很大的办公室，位置紧挨着副总裁的办公室。中国的客户到他的办公室拜访会感到很不舒服，因为他们觉得那间办公室风水不好，会给生意带来晦气。风水反映了一种信念：人和他们的活动会受到工作场所和住宅的布局和朝向的影响，风水的目的是为了实现与环境的和谐一致。那位经理对办公室的选择反映了他的文化背景，他想通过拥有一间宽敞并且紧挨副总裁的办公室来提升自己的身份和影响。但是对于中国人来说，因为办公室缺乏与自然的和谐，所以是不吉利的。所幸的是，那位经理对中国的文化价值很敏感，很快就换了办公室。

3.3.3 文化对国际营销的影响

国际市场营销人员在向外国市场销售产品和服务时，肯定会遇到文化差异带来的各种问题。因此，了解商业文化、经营态度以及做生意的方法，会有助于这些问题的解决。如果不以灵活的态度去接受或容忍诸如洗浴方式、饭菜味道、衣着式样和思维方式等习惯，那么那些身在异邦的企业营销人员就很难取得满意的经营成果。下面是文化对国际营销产生影响的一些例子。

（1）文化对产品的影响

在国外市场销售产品时，文化对产品的式样、设计、风格和色彩等方面会产生明显的影响。日本的高技术坐便器具有座位加热、水浪、暖空气烘干等功能，但是由于坐着上厕所的人必须用右手操作设备，所以这种坐便器在阿拉伯国家并不好卖。而有一家中东公司，它生产的坐便器与日本的产品相似，但用左手冲洗，于是这家公司在最富有的国家中就发现了市场。

（2）文化对广告的影响

文化还会对广告的主题产生影响。广告在产品销售中发挥重要的作用。例如，万宝路公司的烟草广告在美国和欧洲一直很受欢迎并取得了成功，因为他们为万宝路形象代理人塑造了一种强壮的男性形象。但是这个方法在香港并不成功，因为生活在香港的男性对于骑马走在乡村大道上的男子形象并不认同。这个广告之后被改为反映一个香港式的万宝路男子，变身为一个精力充沛、更年轻、穿着更整齐的牛仔后取得了较好的效果。又如在促销钻石的时候，电视广告在一个浪漫的背景前拍摄一对矫揉造作的男女，这个广告在欧洲国家和美国十分奏效，但是在日本就不是很有效。但当电视广告的主题变成另一幅画面——一个穿着普通职业装的男人，把一个钻戒送给他的妻子，妻子非常愉悦地对丈夫说，在她身上花这么多钱真傻——这时，日本的钻戒销售骤然大增。另外，广告设计要照顾到目标市场的阅读模式，这一点非常重要。如一家生产洗洁剂的公司在中东开展营销活动，他们所有的广告片都是：脏衣服搁在左边，肥皂搁在中间，洗干净的衣服放在右边。由于中东人习惯从右往左阅读，许多潜在客户误解了广告信息，以为是肥皂把衣服弄脏了。

(3) 文化对谈判的影响

谈判方式也会受到不同文化的影响。美国的谈判者通常更喜欢直接陈述，极力捍卫自己的立场，逐点达成协议，在书面合同中包含所有的意外情况并推进解决问题的进程。而日本的谈判者通常则喜欢不着急不着慌，首先逐渐了解潜在的合作伙伴，避免争论和冲突，希望将协议作为一个整体来考虑，需要在他们之间频繁地合作。假如不能认识到这些差异，也不能为这些差异留出余地，那么不信任的情绪会造成达不成本来会对双方都有利的协议。又如，拉丁美洲的商人很讲究友谊，即便如此，他们也不愿意把经营同个人生活扯在一起。相反，日本人喜欢把工作与个人生活结合起来，他们很讲礼节，时而谈生活，时而谈工作，慢条斯理，常常使美国人和欧洲人失去耐心和冷静。为此，急于求成的营销人员在与日本人打交道时必须学会控制自己的心态。

(4) 文化对习惯的影响

工作时间也会受到文化的影响。意大利像其他南欧国家一样，早上的上班时间较晚。一位美国公司的资深行政官视察在意大利的分工司，他没有听取常驻这里的美国经理的忠告，召集员工早上 8 点开会。结果只有在此长驻的美国经理一人准时出席。为此，大家都非常恼怒：意大利员工为外人召集他们在一个完全不能接受的时间开会而感到恼怒；那位美国公司行政官则为他的意大利员工不按他说的话去做而恼火；而那位美国经理却因尴尬而恼火。

馈赠礼品也受到不同文化的影响。世界上大多数国家流行馈赠礼品，但在美国就不流行，甚至还会遭到谴责。世界各国都在试图区分礼品与贿赂之间的关系，简单的办法是规定一个金额范围，但这也很难界定。比如，在德国，超过 40 美元的礼品就为贿赂；但在另一个国家里，为了签订一个肉类加工厂合同，东道国企业在完全合乎法律手续的条款中规定，要对方企业捐款 100 多万美元建设一个儿童医院。

(5) 文化对决策过程的影响

在某些国家，如果一位经理在决定如何做一件工作时向下属征求意见或者给下属太多自由，那么他就会被看成没有干自己应该干的或是软弱无能。来自欧洲国家、加拿大和美国的许多经理和专业人员期望一定程度的个人自由、斟酌决定权以及责任，而如果安排他们为来自一个强调高度集体主义和集体合作的国家的人工作，他们很可能会得不到这些东西。当在美国拉斯维加斯赌场的日本业主试图使用日本人的管理技巧，特别是用日本人通过意见一致的方式来做决策时，他陷入了麻烦。这种方法在日本可能很管用，但在快节奏的赌场环境下却太慢。

专栏3－5　颜色、文化和消费

色彩是一种拥有情感和心理特征的可视符号。国际营销人员必须牢记，特定的颜色在各种文化中并不一定具有相同的含义和重要性。例如，中国的年轻人选择明亮而轻快的颜色，年长者则喜欢比较素而深的颜色；黄色是皇家的颜色，象征着庄严和神秘，以前黄色是不允许大众使用的，除了宗教目的，直到现在黄色也没有大量使用。紫色在日本是贵族的颜色，但是在缅甸和拉丁美洲国家却象征死亡。哀悼的颜色在日本是白色而在伊朗是蓝色，所以这些颜色在这些国家的营销推广中是不可能被接受的。绿色在埃及代表着民族主义，所以出口到该国的产品使用绿色时必须非常谨慎。

颜色是企业可以使用的营销措施之一。玫瑰不管叫什么名字仍旧是玫瑰，但是玫瑰的颜色可能不同。日本的消费者喜欢白色，而香港的消费者喜欢红色。有证据显示，在购买汽车的时候，颜色与价格和质量一起成为消费者主要考虑的三个因素。

在国际B2B广告中，使用适当的颜色对产品成功与否影响极大。Clarke和Honeycutt（2000）的一份研究，比较了颜色在法国、美国以及委内瑞拉的商业广告中的使用情况。调查结果发现：在委内瑞拉红色、橙色和绿色使用较多；但是在美国和法国黑色和褐色使用的比例更高；美国比法国和委内瑞拉使用更多的黑白广告。这些发现与先前的色彩偏好理论不同，说明文化可能会对广告的商业色彩选择产生影响。

颜色是国际企业用来在消费者心目中建立、维持以及调整品牌形象的众多营销工具之一。这方面最好的例子是胶卷行业。柯达胶卷的包装是黄色的，富士的包装是绿色的，柯尼卡的包装是蓝色的。这些颜色的使用使消费者能很快辨认出品牌。美国 Lanham 法案将产品的颜色作为商品进行保护，由此可见，颜色传递含义的重要性。

但是，国际营销人员可以在多大程度上利用颜色去向消费者传达他们理想的形象，并强化这些形象呢？

颜色选择的效果

Wagner 色彩研究所的创始人 Wagner 认为，色彩是与某种形象相关联的。例如，蓝色与健康、信任和安全相关联；灰色与力量、排他性以及成功相关联；橙色表示便宜。这些相关性可以解释，为什么银行喜欢在它们的标识上使用蓝色或者灰色而不是橙色。Wagner 建议一家在美国有 350 家分店的热狗餐厅，在其餐厅建筑物的颜色上增加一点橙色，以此来向消费者传递连锁店销售便宜热狗的信息。做出这些变动以后，这家连锁店的销售额增长了 7%。

颜色的联想和意义

颜色既影响人的行为，又影响人的生理。有证据表明，红色通常与兴奋、刺激相关；橙色与哀伤、不安和烦恼相关；蓝色与温柔、甜美相关；紫色与高贵、庄严相关；黄色与愉快、欢乐、愉悦相关；黑色与权力、强大、专横相关。

最近，施乐（Xerox）公司发起了一场改变形象和重新定位的活动。在这场活动中，公司的标志和商标均由绿色改成红色。其原因就是为了改变自己在消费者心中只是一个复印机公司的传统印象，让消费者了解施乐不仅是一个制造复印机的公司，还是一个业务范围涉及打印机、扫描仪、传真和图像设备的多元化技术公司。

文化和色彩偏好

有研究证明，来自不同文化背景的人对颜色有不同偏好，同时还找出了在颜色含义和联想方面的各种文化差异。一项研究要求来自四种不同文化背景的受访者（中国、日本、韩国和美国），从八种颜色中找出一种与经常用来描述消费品的 13 个单词联系最紧密的颜色。结果显示了跨文化的异同点。四种文化都将蓝色与优质相联系，将红色与爱情相联系。来自中国、日本和韩国的国民把紫色与奢侈相联系；相反，美国人将紫色与廉价的东西相联系。四个国家都将黑色与奢侈和权力相联系。

虽然对颜色的反应被认为是高度个性化的，但是对颜色的共同偏好是存在的。例如，成年人最常选择的颜色是蓝色。但是，也有例外的情况。据1988年的一项研究报告表明，美籍非洲人喜欢的颜色范围是在红、蓝、黑三种颜色之中，而白人则喜欢蓝色和绿色；除了塞内加尔人和南非的特兰斯凯人外，蓝色是大多数人的首选颜色；在印度，橙色被认为是最神圣的颜色。

对于国际营销人员来说，意识到文化对颜色的影响是很重要的。如果颜色或者颜色的组合在不同的文化背景下具有不同的含义，那么对品牌、包装的颜色采取客户化的策略会使市场受益。相反，如果颜色的含义在不同的偏好中是相似的，那么采取标准化的策略则更可行。

资料来源：杰拉尔德·奥尔巴姆、埃德温·杜尔、杰斯珀·斯特兰斯科夫著，张新生、吴侨玲译：《国际营销和出口管理》（第5版），中国人民大学出版社2007年版。

3.3.4 世界各国的文化习俗

如同世界上任何两个国家的文化环境都不完全相同一样，作为文化环境重要组成部分的文化习俗在世界各国也是千差万别的。国际企业面对东道国的文化习俗可采取如下几种不同的态度。

①必须遵守的文化习俗，是指那些必须适应的习惯或行为。如在西方国家，既不能随便询问男士的收入，也不能随便询问女士的年龄。

②不必遵守的文化习俗，是指那些可以同当地人一致，但并不是必须遵守的行为或习惯。国际企业对东道国的多数文化习俗都可以持此种态度。如在非洲进行营销活动的国际企业人员，大可不必也穿当地人的那种非洲大袍。

③应回避的文化习俗，是指那些不让外人参加的行为和习惯。如伊斯兰教徒在进行宗教活动时，非伊斯兰教徒的国际企业人员不要参与该活动，否则会引起不必要的麻烦或事端。

以下介绍一些与国际营销有关的主要国家的文化习俗。

(1) 欧洲、北美洲国家的文化习俗

欧洲居民中99%为白色人种，北美洲大多数居民为欧洲移民，因此大多数居民也是白色人种。欧美国家居民多信奉基督教或天主教。欧洲人和北美人在文化习俗上有许多相似之处，因此有下述共同的文化习俗。

女士优先是欧美礼仪中的重要原则；对别人的称呼多用“先生”、“太太”、“小姐”；比较熟悉的人见面时常拥抱、亲吻。

圣诞节是欧美各国最重要的节日。除此之外，比较重要的节日还有复活节、母亲节、父亲节、情人节、愚人节。

白色象征纯洁，黑色象征肃穆，蓝色、红色象征吉祥。

个人经历、个人年龄、个人婚姻、个人收入都属于个人隐私，旁人不能询问，否则会被认为不礼貌并遭对方拒绝回答。

在公共场合大声讲话、喊叫、争吵、吹口哨、唱歌的人，被认为是缺乏修养的人。

在欧美国家，特别是发达国家，除非是挚友，否则未经预先约定就贸然拜访别人的家是不受欢迎的。

受邀到欧美人家中做客时，带上鲜花或其他精美小礼物如巧克力、葡萄酒送给主人是一种有礼貌的表现，次日专门用信函或电话对主人表示感谢，则更有礼貌。

欧美人认为“13”这个数字是非常不吉利的，因此十分忌讳。另外，欧美人认为星期五也是不吉利的，因此在该日谨言慎行。

①美国的文化习俗。

美国人乐观、热情、向上，非常讲求实际，崇尚个人主义，把“个人自我实现”视为人生的重要目标。

美国人生活节奏快。与人打交道不拘礼节，比较随便，喜欢别人直呼其名。喜欢体育运动和娱乐，特别喜欢橄榄球、篮球、游泳和流行音乐。

美国人时间观念强，守时。

美国人三餐都很简单，但强调营养，快餐是典型的美国饮食。

美国人法律意识强，遇有纠纷，喜欢诉诸法律解决。

②英国的文化习俗。

英国人素有绅士风度，与人交往中，即使处于不利处境，仍高度诚实。

英国人孤芳自赏，保守，冷漠，感情不外露，对新事物十分审慎。

英国人讲究礼貌，就是在家人之间也经常使用“请”、“谢谢”等词，请客人饮茶则表示尊敬。

英国人看重自己的私生活，因此人与人之间的相互应酬活动很少。英国人爱足球。

英国人一日四餐，不大讲究吃。

英国人在商业活动中，不按时交货几乎成了平常事。

与英国人闲谈，最好的话题是天气和皇室成员，最敏感的话题是皇室丑闻和大英帝国的衰败。

在英国，一般不提及厕所，非要提及时要用“洗手间”（washroom）、“休息室”（restroom）等说法。

③法国的文化习俗。

法国人民族自尊心很强，因此与外国人打交道时坚持使用法语。法国人为人冷漠，因此要与法国人建立友谊需要较长时间的努力。

在法国还有一种不成文的习俗，即客人身份愈高，迟到的时间愈长。

法国人不论男女都讲究穿戴。因此，外国人拜访法国人时最好也如此。

法国人处理商业事务，多从自己的利益出发，自行其是。比如，合同对自己有利时，会要求对方严格遵守合同；对自己不利时，则会单方撕毁合同。

④德国的文化习俗。

德国人对工作认真负责，一丝不苟，讲求效率，遵守时间和交货期。处理人与人之间的关系时较刻板。十分看重对方是否信守诺言，是否准时赴约是德国人判断对方是否守信的简单判断标准。

德国人不喜欢直呼其名。拜访德国人时，要穿正规的西服，而且切记不要把手放在口袋里。德国人视浪费为罪恶，与德国人相处的外国人若有此习惯，则会遭到德国人的讨厌和反感。

⑤意大利的文化习俗。

意大利人热情奔放，情绪多变，组织性不强，效率不高，喜欢争论。对产品喜欢价廉而不太关注品质、交货期等。意大利企业领导人在企业内部独断专行，与企业外部的人打交道也不够民主。

意大利人崇尚时髦、潇洒，因此生活最求豪华，讲究穿着。

意大利是个内向社会，与外国企业做生意的热情不高。

⑥荷兰的文化习俗。

荷兰人文化素养高，喜欢清洁卫生，讲求秩序，性格坦率，开诚布公。他们善于做生意，也善于与外国人相处。

⑦比利时的文化习俗。

比利时人喜欢社会交际，因此常将生意和娱乐活动结合在一起进行。

比利时的南方人和北方人，历史上结怨颇深。因此，与比利时人谈话时应避开这一敏感话题。

⑧北欧国家的文化习俗。

北欧国家又称斯堪的纳维亚国家，指挪威、瑞典、丹麦、芬兰、冰岛五国。这些国家的居民普遍讲究文明礼貌。他们工作态度严肃认真，居民购买力普遍较高。因此，消费水平很高，喜欢高质量的产品，不喜欢讨价还价。

(2) 亚洲国家的文化习俗

亚洲民族构成复杂，主要人种为黄色人种，其次为白色人种，还有少数棕色人种。亚洲是世界三大宗教（佛教、伊斯兰教、基督教）的发源地。这三大宗教对亚洲的政治、经济、文化都有深刻的影响。

①日本的文化习俗。

日本人内向，勤奋，富有进取心，崇尚集体主义，喜欢忠于某一集体并为之工作。因此，日本人把工作视为生活的重要组成部分。

日本人多信奉佛教。

日本人十分重视礼貌，比如，接受或递给别人名片时，一定要站立，而且要用双手。日本人十分讲究清洁卫生。

日本人慢条斯理、善于忍耐。对待别人，特别是对待外国人多奉行“逢人只说三分话”的准则。

日本人传统的问候方式是深鞠躬。

日本社会等级观念颇强，因此，对年长的人和社会地位高的人，要十分尊重和有礼貌。

日本人酷爱棒球。

日本的中元节（仲夏）和年节是两大节日。人们有互相祝贺和送礼的习惯，但不论是节日送礼，还是平时拜访友人送礼，礼物不可太贵重，主人要再三推辞后再接受礼物。另外，主人不可当着送礼人的面打开礼物。

到日本人家中做客，男客人要盘腿而坐，妇女则跪坐在双腿上。就餐后上绿茶是主人辞客的表示。

与日本人闲谈，最好的话题是日本文化、食品、旅行等；家庭、第二次世界大战、个人财产等是不宜谈论的敏感问题。谈话中过多地赞美对方，反而使对方感到不舒服；谈话中也不要对别人的外貌评头论足；日本人对残疾人很尊重，谈话时忌谈对方的生理缺陷。

日本男子在家中休息时，多穿民族服装和服，而妇女多半在婚礼等隆重的社交场合才穿和服。

日本人十分忌讳与“死”发音相同的“4”字。因此，日常生活中避免接触“4”，如送礼不能是4件，商品不能将4件包装在一起，住旅馆不住4号房间等。

②“亚洲四小龙”的文化习俗。

“亚洲四小龙”中的中国香港、中国台湾和新加坡基本上是以华人为主的社会，韩国是受中国儒家文化影响颇深的国家，因此儒家的忠孝、仁义、礼仪、勤俭、吃苦耐劳、家长制等特点在这些国家或地区根深蒂固。然而第二次世界大战后，这些国家或地区采取了对外开放政策，因此也接受了一些西方文化，如重视科学、提倡民主、时间观念强、进取心强、追求金钱、崇拜财富等。因此，这些国家或地区成了东西文化交汇的地方，居民受教育程度普遍较高。多信奉佛教或基督教、天主教。

香港属华人地区，受儒家文化影响很深，但由于曾经长期受英国统治，西方文化对香港的影响也很大，人们具有浓厚的个人主义倾向，盛行拜金主义。消费方面崇尚名牌，人们常以穿着打扮来确定对方的身份高低。

台湾民众进取心很强，追求财富的欲望也很强，较自私和保守，喜欢在朋友熟人之间交往，不太关心社会。

新加坡人口中以华人为主，集体主义很强。国内大大小小的事务都有一套严密的法律进行制约。因此，人们遵纪守法，社会风气良好，犯罪率很低。

韩国在文化背景上接近日本，因此集体主义较强，家长作风严重，等级观念较深。如家长凌晨出外散步离家前，全家人也要跟着起床给他行礼送行。韩国人往往视工作单位为自己的家庭，视上级为父兄。另外，韩国重男轻女，西方女士优先的原则在韩国行不通。韩国人见面时也行鞠躬礼，而且此礼持续时间的长短根据对方的态度冷热而定。韩国人见面一般称其头衔，而不直呼其名。韩国人也忌讳“4”这个数字。

③东南亚地区的文化习俗。

印尼人在上下级之间俨然父子关系。

印尼人喜欢谈自己的家庭，但不爱谈政治和宗教。印尼人多数信仰伊斯兰教。

印尼人认为摸别人的头是不礼貌的。

印尼人忌讳用左手接触别人的身体或收赠物品，这是因为他们认为左手是不干净的。

马来西亚人的问候方式是两人的两手接触后，把手收回放到胸前。马来西亚人视黄色为王公贵族的专用颜色，因此正式场合普通人不能穿黄色衣服。

马来西亚人在社交礼仪中也不能使用左手，原因与印尼人一样。另外，也不能将酒、小刀、猪肉作为礼物送给别人。

泰国是全世界最大的佛教国家，佛教对社会的经济、文化有极大的影响。

泰国人善于微笑，对外国人坦率而友好，双方建立友谊比较容易。

与印尼人一样，在泰国摸别人的头是不礼貌的，礼仪中也不使用左手。

泰国人十分讲究清洁卫生，客人进屋要脱鞋、席地而坐。泰国人见面时要行双手合十礼，而且双手的高度要根据对方的年龄和地位而不同。

④印度的文化习俗。

印度是一个多民族、多宗教国家，而且存在种姓制度，由于这三者而引发的纠纷与社会动乱连年不断，这三者也是人们不宜谈论的敏感话题。

牛在印度被视为神圣的，因此印度人不杀牛，不吃牛肉，不穿戴牛皮革制品，否则会惹出大麻烦。

印度人见面时行双手合十礼问安。男人不论在正式场合还是非正式场合都不能碰女人。印度妇女在公开场合可以露出肚脐，但不能露出脚。

(3) 大洋洲国家的文化习俗

大洋洲主要包括澳大利亚和新西兰。这两个国家都是由英国移民形成的年轻国家，因此其文化习俗与西方特别是英国相似。

①澳大利亚的文化习俗。

澳大利亚人讲求平等和准时，因此人与人之间交往或办事要用协商的口气。

澳大利亚人非常喜欢体育运动和娱乐，最喜欢的是橄榄球和赛马。

澳大利亚男性见面时习惯握手，女性见面时往往亲吻。澳大利亚男女在正式场合都穿正式服装，即男性穿西装打领带，女性穿长裙。出席澳大利亚人举行的家庭晚宴时，最好带上鲜花或巧克力之类的礼物。拜访澳大利亚家庭前，要先用电话联系。

澳大利亚人不喜欢第一次见面就送礼物，也不喜欢第一次见面就谈生意。

澳大利亚的公共场所、商店、家庭庭院，夜间必须灯火通明，这是必须遵守的规定。

②新西兰的文化习俗。

新西兰人比较拘谨、含蓄，但友好而又礼貌。新西兰人也讲究平等和准时。

新西兰人吃饭一般分餐，而且吃饭时不谈话。饭后一边饮咖啡一边谈话，谈话时间一般以 1 小时为宜。

新西兰人与澳大利亚人一样，男女在正式场合都要穿正式服装。

(4) 拉丁美洲国家的文化习俗

拉丁美洲文化是当地文化与地中海文化的结合产物，大多数国家使用西班牙语或葡萄牙语。大多数国家的居民信仰天主教。拉丁美洲人对自己的国籍非常自豪，在拉丁美洲人们认为财富比人的肤色更重要。

在拉丁美洲国家从事国际营销活动，总的来说要放慢节奏，而且交易量不宜过大。在拉丁美洲国家进行国际营销活动主要依靠友谊，而建立友谊不能急于求成，必须慢慢建立。营销业务也要慢慢进行，切忌催逼。

拉丁美洲国家中，无论是个人、家庭还是社会，都与教堂有着密切联系。因此，人们对某些食品、服装和行为是否接受，往往受宗教的影响。

这是国际企业确定产品策略时不能忽视的一点。

（5）非洲国家的文化习俗

非洲是一个多民族、多种族的大洲。相对于其他大洲，非洲文化更多一些土著气息。大多数非洲国家的居民热情奔放，集体主义较强。女性社会地位低下，不能与男性交往，特别是陌生的男人。因此，在不少非洲国家，男性不宜向女性问路或打听事情。另外，非洲国家早婚现象严重，如在尼日利亚和喀麦隆两国，有 26% 的妇女结婚时不足 15 岁。

非洲各国的礼仪五花八门，有的甚至让人费解。如坦桑尼亚人见面时，先拍拍自己的肚子再鼓掌，最后相互握手；喀麦隆的撒可尼拉人，在客人进门入座后，主人将一条活蛇套在客人的脖子上，以表敬意；在埃塞俄比亚，贵宾到达后，女主人将生牛肉片在热水中烫熟后，一片片地喂进客人嘴中，而客人对这种礼仪只能接受不能拒绝，否则就是不礼貌；在毛里塔尼亚，贵宾到达后，主人就牵来骆驼，当场挤奶煮给客人喝，以表示尊敬。

非洲北部诸国如埃及、突尼斯、摩洛哥、阿尔及利亚、利比亚、毛里塔尼亚等国的居民多信奉伊斯兰教，因此教徒每天要进行五次祈祷，祈祷时其他一切活动都要停下来。在这些国家根据宗教规定，妇女要严格回避陌生的男人，甚至对被邀请到家中做客的陌生男人也要回避。因此，男客人不要沿用西方国家的习俗对女主人问候、祝愿，更不能送礼物给女主人或给女主人拍照，否则将铸成大错。由于宗教的原因，这些国家的居民不吃猪肉，也不使用或食用猪身上的东西，如猪皮、猪鬃制成的用品如皮鞋、皮包、皮箱、刷子或食物。另外，也不吃奇形怪状的动物，如虾、蟹、海参、鳝鱼、甲鱼等。

非洲中部的一些国家如科特迪瓦、津巴布韦、赞比亚等国的居民多信奉原始的拜物教。中非共和国居民至今每个家庭都崇拜某一种自己选定的动物，对该种动物倍加爱护。非洲南部地域最大、人口最多的国家是南非共和国，该国 2/3 的居民为当地黑人，1/3 的居民为白种人、黄种人、混血种人。该国的文化习俗，特别是与国际营销活动有关的文化习俗基本上与西方国家相似，特别是与西欧国家相近。

埃及人正式用餐时忌讳交谈，否则被认为是对神的亵渎行为。下午 3 时以后埃及人忌讳针，既不卖针，也不买针，也不用针缝制衣物。埃及人经常对别人说“请等5分钟”，实际含义是让别人耐心等待，等待的时间超过半小时也是常有的事；若对别人说“请等1小时”，实际含义是这次约见到此结束，下次何时再见另行约定吧！

苏丹人自古有文身和文面的习俗，认为这样可增加美观并辟邪，因此男孩在四五岁、女孩在十岁左右就要在身上或面上文上各种图案。苏丹人热情好客，友人相遇进行问候时，要从个人开始问，然后问家属，然后再问亲戚和朋友，历时达数分钟。邀请别人喝咖啡是苏丹人尊敬别人的一种表示。因此，拒绝这种邀请就是一种失礼、不尊敬对方的行为。

埃塞俄比亚人见面时要按照本人、家庭成员、家畜、农作物收成的程序逐项问候。埃塞俄比亚人普遍早婚，农村尤甚。一般十岁多一点就结婚，而且采取抢婚这一形式。届时新郎用布将新娘从头到脚蒙起来，然后背上新娘就向家里跑，一路上新娘脚不能沾地，头不能露面。

毛里塔尼亚人见面问候时，除了问候对方外，还要问候羊、骆驼、牛牲畜好不好。毛里塔尼亚除少数城市人外，大多数人一生中仅在出生、婚嫁、死亡等人生重大转折时洗澡。

（6）中东地区的文化习俗

中东是欧、亚、非三大洲的交汇地区。大多数居民为信奉伊斯兰教的阿拉伯民族，大部分地区讲统一的阿拉伯语。伊斯兰教在这一地区的社会生活中有着巨大而深刻的影响。

阿拉伯人十分殷勤好客。社交中以茶或咖啡招待客人，但不宜超过三杯。阿拉伯人在进行商业谈判时，若有客人来访，主人会中断谈判去招待客人，直到客人离去才恢复谈判。由此可见，阿拉伯人时间意识淡薄，对一笔生意要花很长时间才能作出决定。

阿拉伯人认为一见面就谈生意是十分不礼貌的，双方在谈生意之前必须先建立友谊。因此，不止一次的闲聊和造访是外国企业人员与当地人建立友谊必须遵守的习俗。而且，双方初步建立友谊之后，仍要耐心等待，以便让对方进一步了解。阿拉伯人谈生意时讨厌限定最后期限的做法，认为这是不礼貌的。

上述习俗反映了阿拉伯人的一种根深蒂固的商业习惯，即阿拉伯人做生意时，特别是大生意时，愿与熟人打交道而不愿意与陌生人打交道。为此，近些年来在中东地区出现了“联系人”这一特殊中介职业。

伊斯兰教徒一天要做五次祈祷。一到这个时间，行驶的汽车也要停下。因此，在这个时候进行拜访或与他们谈生意是违反教规的，应绝对避免。

伊斯兰教历的 9 月是斋月，教徒在这个月的白天要绝对禁食。因此，在此期间不能邀请教徒吃饭或喝茶，也不能送食品给教徒。

阿拉伯人严禁崇拜偶像。因此，就连送洋娃娃这样的人偶给阿拉伯人，也会引起他们的反感。

伊斯兰教允许男子有多个妻子，在中东地区不能询问当地人有几个妻子。

在中东地区，妇女出门要用大袍将身体全部包裹起来，只露出两只眼睛，这是伊斯兰教规的规定，不容违反，也不容外人讥笑。

阿拉伯人认为左手是用来洗澡和上厕所的，是不洁的，因此不能用左手递东西给别人。

3.4　国际市场营销的政治环境

企业进行国际市场营销时，经常要受政治环境的影响。国际市场营销的政治环境有广义、狭义之分。广义的政治环境是指整个国际政治体系和格局，而狭义的政治环境是指企业目标市场国的政治环境。一国的政治环境主要包括：政府与政党体制，政府政策，民族主义以及政治风险等。企业在进入目标市场之前，必须对其政治环境进行细致考察，以了解可能遇到的阻力和风险。

3.4.1　政府和政党体制

(1) 政府的类型

政府是国家权力机关的执行机关。政权的构成大致可分为君主制和共和制两种。

君主制是以君主为国家元首的一种统治形式。在这些国家里，国家最高权力名义上或实际上属于君主。君主制国家又可分为君主专制制和君主立宪制两类。在君主专制制国家里，君主独揽国家的最高权力；在君主立宪制的国家里，君主的权力受到宪法的限制。君主立宪制又可分为议会制和二元制。实行议会制的国家有英国、荷兰、西班牙、泰国等，最高权力不是由君主直接支配，而是由政府掌握行政大权并对议会负责。二元制君主国家是由政府和议会分掌权力，政府不对议会负责，而对君主负责，君主是最高统治者，君主任命政府部长，并享有全部的执行权。君主的权力只受宪法的限制，其行为不仅不受议会约束，而且还可以解散议会，否决议会的决定。二元制君主国家有约旦、尼泊尔、摩洛哥等。

共和制国家可以分为议会制共和国和总统制共和国。议会制共和国以议会为国家政治活动的中心，议会是国家最高权力机关，政府向议会负责，意大利、芬兰等属于此类国家。在总统制共和国里，总统既是政府首脑又是国家元首，总统任命政府，政府只对总统负责，美国是总统制共和国的典型。

（2）政党制度

政党制度指国家通过政党行使国家权力、干预政治、进行政治活动的方式、方法和程序的总和。政党制度包括政党如何组成，如何执掌政权、干涉政治等内容。政党制度可分为一党制、两党制和多党制。一党制国家只有一个政党掌握政权，或虽有几个政党，但只有一个执政党。一党制在第三世界国家比较普遍。一党制国家的执政党对政府的决策起决定作用。两党制源于英国，以英国和美国最为典型。自 20 世纪 20 年代以来，英国政府一直由保守党和工党轮流执政。两个政党对国际贸易的态度截然不同，工党主张限制性政策，保守党则主张自由贸易政策。在多党制国家里，没有一个政党具有独立控制政府的能力，多党联合组成的政府由于难以协调立场，政策会经常发生变化。此外，与两党制相比，多党制政府更迭频繁。多党制源于法国，以法国和意大利最为典型。

一个企业要想掌握目标市场国的政治环境，就必须了解目标市场国现政府的构成及其主张，并尽可能了解其政治发展的长远目标。要认真研究执政党的主要政策倾向，特别注意他们对外商和外国政府的态度。不仅要研究具有代表性政党的基本主张，还要研究整个国家的政党体制，因为每一个政党的主张都会对政府的政策起到影响作用。

3.4.2　政府政策的长期性

政治动荡不定、瞬息万变，必然会给国际市场营销造成一种不确定的、十分不利的影响。因此，国际营销企业在进入一个目标市场之前，必须首先考虑该目标市场国政策的稳定性。

政府结构的变化以及政府首脑在各党派中的更换会引起政府政策的不稳定。政府政策的稳定性直接影响企业经营战略的长期性。尽管政府政策始终处于某种渐变状态，但企业首要关注的是一国对外政策的根本性变化。这种根本变化可以定义为不稳定性。国际营销中造成政治环境不稳定的情况有以下几种：

①政权的频繁更替。

②社会不稳定（骚乱、游行或其他示威游行活动）。

③政府危机（反对力量企图颠覆政府）。

④内战或来自邻国的武装进攻、政治暗杀、政变。

⑤文化分裂。

⑥宗教对立。

一旦出现这些变化，政府包括贸易政策在内的政策指导思想就会发生变化。如果是性质完全不同的新政府上台，则各项政策都会发生巨大变化，贸易政策当然也不会例外。所以说，政局是否稳定直接影响政府政策的连续性，目标市场国政府政策的连续性和稳定性对于从事国际市场营销的企业极其重要。从连续性看，如果一国政府更迭频繁，可能订立的合同还未执行完，政府就已经换了。新政府可能同意也可能不同意前任政府所作的承诺，这样执行合同就会遇到很多困难。从稳定性看，如果一国政府的政策急剧变化或不可预测，企业就很难做出营销决策。这是因为即使一国政府对外国产品实行控制政策，使国际营销变得困难，但其结果是可知的，国际市场营销人员仍可以采取针对性的措施。而当政府政策不可知时，情况就变得复杂了，国际营销人员就很难应对。

3.4.3　民族主义

民族主义的主要宗旨是保护民族经济。尽管政党和政府的更替会引起一国政局的不稳定，但当今世界影响国际营销关键的政治因素应是强烈的经济民族主义，它对国际市场营销的影响更为持久。经济民族主义认为，一国的经济发展要更多地依靠本国自己的经济力量，要特别维护本国民族工业的发展。

为了保护和发展本国经济，一国政府往往出于自身利益对国际贸易采取不同的态度。当外国营销企业的贸易符合该国的国家利益，就会受到鼓励和保护，否则就会受到干涉和限制，如受到关税和非关税壁垒的限制。

总之，没有任何一个国家会容忍外国公司对其市场的无限渗透。一旦出现这种情况，进口商品就会遭到该国的强烈抵制。即使在外国企业较少的美国，国会也颁布一些条款，限制外商的进入。

民族主义对外国企业的影响，无论是在发达国家还是在发展中国家都是一样的，只是激烈程度不同而已。在进入目标市场时，企业必须重视研究该国政府为维护本国利益所采取的一些具体政策，同时还必须注意产品的政治敏感性。通常，生活消费品比工业用品更为敏感，最终产品比原材料更为敏感，劳动密集型产品比资本密集型产品更为敏感。企业要根据自己产品的政治敏感度来采取相应措施。

3.4.4 国家之间的关系

国际营销企业所属国与目标市场国之间关系的好坏，往往直接影响到企业市场营销的成败。一般情况下，当两国政治关系友好时，贸易会增加；关系恶化时，贸易会减少，甚至会中断。国家之间的关系会随着时间的推移而发生变化，有时甚至会发生巨变。为此，企业必须密切关注国家之间政治关系的发展。例如，1960 年以前，古巴是美国公司国际市场营销的一个主要目标，但卡斯特罗一上台，这些营销活动马上就中止了。又如中美建交以后，中美贸易发生了很大的变化。美国许多跨国公司先后进入中国市场。可口可乐公司当年进入中国市场，就是凭借卡特政府的政治作用。与此同时，中国产品也开始大量进入美国市场。

3.4.5 政治风险

政治风险是指目标市场国的政治变革或经济政策的变动对一个企业的

利润水平造成不利影响的可能性。例如，2011 年的利比亚战乱使中国公司在那里的投资蒙受至少 200 亿美元以上的巨大经济损失。2011 年末以来，围绕伊朗核计划的局势骤然升级，伊朗局势的恶化已经成为国际政治安全局势的最大风险。伊朗问题不排除会演变成为全球经济所面临的最大风险。自 2011 年下半年发生动荡以来，叙利亚局势近来又发生急剧变化，大有山雨欲来风满楼之势。所有这一切都会给国际市场营销带来很大的影响。

一般而言，具有稳定性历史的国家的政治风险较小，反之，政治风险较大。政治风险通常涉及外汇管制、进口限制、贸易壁垒、价格控制、雇工干扰、国有化等。

为了避免或减少政治风险，企业在进行国际市场营销时，既要了解政治环境可能带来的风险和阻力，也要看清企业所销售的产品是否会引起政治性的保护或排斥，对政治事件的反应尤其要灵敏。

3.5　国际市场营销的法律环境

对于国际营销企业而言，仅仅了解国际市场营销的政治环境还不够，这是因为一个国家政府对外来产品和投资的态度往往是通过法律来体现的，法律具体地规定了企业竞争和经营等行为的“游戏规则”。为此，国际市场营销人员了解从事国际市场营销活动的法律环境是非常重要的。这可以从 2004 年 9 月 16 日在西班牙埃尔切市发生的焚烧中国鞋的恶性事件中看出。此次事件的发生在很大程度上是由于温州企业经营模式以及不遵守当地的法律法规造成的。像大部分欧洲国家一样，西班牙规定周六、周日禁止营业，而在西班牙的华商不仅平日营业时间长，而且周六、周日也照常营业，这不仅违法，也“抢”了当地经销商的生意，因此引起对手的极度不满，这也是西班牙埃切尔发生“烧鞋”事件的重要原因之一。

3.5.1　法律环境的构成因素

从事国际市场营销所面临的法律环境主要由三部分构成：一是本国法规，二是国际法规，三是东道国法规。

（1）本国法规

许多国家为了保护国内市场，增加国内就业机会，都制定了明确的法律规定。从事国际市场营销的企业要了解国内对企业出口的相关法律法规，如出口控制、外汇管制等。

我国从事国际营销的企业，必须了解并遵守我国政府颁布的关于经营、贸易、投资等方面的法规，如《合同法》、《专利法》、《商标法》以及有关进出口许可制度的各种法规。此外，还必须了解我国近年来先后颁布的一系列有关境外投资方面的法律和法规，如《关于在国外开设合营企业的暂行规定》、《境外外汇管理办法》、《中华人民共和国外汇管理条例》、《结汇、售汇及付汇管理条例》以及《境外投资财务管理暂行规定》等。

（2）国际法规

国际法，是调整交往中国家间相互关系，并规定其权利和义务的原则和制度。国际法的权利和义务的承担者一般是国家而不是个人，其主要依据是国际条约、国际惯例、国际组织的决议以及有关国际问题的判例等。尽管当今世界还没有一部统一的国际法律来调整国际上的经济行为，但是国际法依然在国际商务中扮演了重要的角色。在这方面，最重要的法规是世界贸易组织（WTO）所通过并由各国执行的各项规定和条例。尽管这些规定和条例并不直接对各个企业发生作用，但是它们提供了一个较为稳定的国际市场环境，从而间接地促进了企业的国际营销活动。市场营销人员必须遵守这些法律规范。

目前对于国际市场营销活动影响较大的国际经济法，主要有以下几个方面的立法：规范缔约国企业具体商业行为的法规，如《联合国国际货物销售合同公约》、《国际贸易条件解释通则》、《跟单信用证统一惯例》；保护工业产权方面的《保护工业产权的巴黎公约》、《专利合作条约》、《欧洲专利公约》、《国际商标注册的马德里协定》、《商标注册条约》。此外，一些区域性或国际性的保护消费者利益和保护公平竞争的条约和协定也影响着企业的国际营销活动。

专栏 3-6　世界贸易组织的作用

世界贸易组织于 1995 年 1 月 1 日问世。其最初的一个重要任务是完成关贸总协定没有完成的工作。有关金融服务、电讯、运输以及其他服务贸易的谈判有待于签订协议，这远不像结束谈判就万事大吉那么简单，因为基本原则必须制定出来，并且必须得到贯彻。

世界贸易组织内部有一个争端解决机制，这个机制的运作过程使世界贸易组织充当了世界贸易法庭的角色。争端解决机制有四个步骤：

①世界贸易组织将两个发生贸易纠纷的国家送回谈判桌。

②60 天后，如果问题仍然得不到解决，WTO 会任命一个 3 人专家组来对案子进行裁决；该专家组有 6 ~ 9 个月的时间来发布裁决结果。

③该专家组的报告会被上诉到另一个 3 人专家组，由他们对此案进行裁决；上述专家组有 60 天时间做出裁决。

④上诉中失败的一方必须遵守 WTO 规定或与另一个国家谈判补偿问题。如果双方（涉案国家）不能就补偿问题达成协议，申诉国会使用关税进行报复。

似乎很明显，WTO 是为了安排足够长的时间让双方通过谈判解决争端而建立了这个机制。

以下案例符合 WTO 的范围：

①美国对用捕捞海龟的渔网捕捞的海虾实行进口禁令，1998 年 WTO 按照一项技术细节对美国的这项禁令进行否决。但是，WTO 专家组也赞同各国推迟考虑执行 WTO 的规定的权利，以便保护健康、安全或者环境。

②1999 年，WTO 在欧洲人提出抱怨后裁决：国外销售公司——美国公司使用的国外征税庇护所，构成了非法出口补贴。

③美国人抱怨说，中国电子产品出口商通过从政府那里获得 8% 足额退税的好处相当于非法出口补贴。

(3) 东道国法规

影响国际市场营销活动最经常、最直接的因素，是目标市场国即东道国有关外国企业在该国活动的法律规范。各国的法律制度各不相同，这就意味着，企业与多少个国家打交道，就要面临多少种不同的法律制度。但世界各国的法律制度可分为两大体系：英美法系和大陆法系。两者的法律依据、法律结构和对一些法律问题的解释存在很大差异，因而对企业的市场营销影响很大。

英美法，又称为普通法或不成文法。它是以英美两国为代表并包括受其法律传统影响的一些国家的法律。英美法最重要的特点是以传统导向为主，即对某一案件的判决是以过去对类似案件的判决为主要依据的，或者说过去对某一案例的判决理由，对以后类似案件的判决有约束力，即所谓“先例约束力”原则。所以英美法又称为判例法或习惯法。由此可见，在英美法系国家，从事国际营销的人员遇到法律纠纷时，研究在相似案例情况下的法律判决先例至关重要。

英美法系形成于英国，以后扩展到美国及其他曾受英国殖民统治的国家和地区。目前世界上属英美法系的国家和地区大约有26个，除英国和美国外，主要包括加拿大、澳大利亚、新西兰、爱尔兰、印度、巴基斯坦、马来西亚、新加坡和中国的香港地区。英国的苏格兰、美国的路易斯安那州和加拿大的魁北克不属于英美法系，而属大陆法系。

大陆法，又称为成文法，是指欧洲大陆各国及受其影响的其他一些国家的法律。大陆法起源于罗马法，在内容上继承了罗马法的基本原则，在形式上采取了古罗马成文法典的形式。大陆法最重要的特点就是以法典为第一法律渊源，即在对某一案件进行判决时，以系统的、条理化的、详尽的法律条文，而不是过去的判决案例为主要依据。大陆法系旨在制定出针对所有可能的法律问题的法律条文，以适应各种不同的事实和情况。因此，这种法律条文必然是比较笼统或具有弹性的，以便法官可以根据具体事件做出适合当时情况的解释。所以，尽管法律条文本身似乎很具体，但同一法律的应用可能会产生不同的解释，对于那些不熟悉东道国法律条文的国际营销人员来说，存在着很大的不确定性。

大陆法是目前世界上最普遍采用的法律体系，大多数欧洲大陆国家，如法国、德国、比利时、荷兰、意大利、瑞士、西班牙、葡萄牙及其前属殖民地国家，整个拉丁美洲，以及非洲、亚洲（日本、土耳其、中国）的大部分国家，均采用大陆法系。

3.5.2　两大法系的其他区别

除了上述基本特征的区别外，对一些具体的法律问题，两大法系的解释也有很大不同。例如，根据英美法，工业产权的所有权是按“使用在先”的原则确定的；而大陆法则按“注册在先”的原则确定。在大陆法系国家里，某些协议必须经过公证或注册后方有强制执行力；而在英美法系国家，同样的协议，只要能提出证据证明其存在，就可以认为是有约束力的。

由此可见，法律体系的差别会给企业的国际市场营销带来很大影响，所以企业要了解目标市场国的法律基础，搞清它是属于英美法系还是大陆法系。此外，企业还应熟悉各国具体的商事法律规定。

3.5.3　解决国际经济贸易争端的途径

由于各国的政治、经济、法律环境以及风俗习惯不同，在国际市场营销中，出现争端是很难免的。一般情况下，发生法律纠纷有三种情况：一是发生在政府之间；二是发生在公司与政府之间；三是发生在两家公司之间。政府间的纠纷可诉诸国际法庭，而后两种纠纷则必须由其中一方所属的国家法庭进行审理或仲裁。因此，采取适当的方式，公平合理地解决争端，是国际营销得以顺利进行的保证。

（1）法庭和法律的选择问题

国内法律只适用于一国之内的营销。当两个不同国家的当事人之间发生贸易争端时，最重要的问题是要明确诉诸哪种法律。如果交易双方没有关于裁决事项的协议，一旦发生纠纷，国际营销人员就将面临两种选择：要么，以签订合同所在地的法律作为依据；要么，以合同履行所在地的法律作为依据。一般来说，如果合同中没有写明以何地法律为准，则多以签订合同所在地的法律为准。但是，为了降低不确定性，国际营销人员在签订合同时应该写明裁决方式。

（2）诉讼问题

有很多原因促使企业不愿在法院打官司。除了花费大、耗时长外，还有以下一些原因：

①害怕名声受到损害，以至影响公共关系。

②害怕受到外国法院的不公正待遇。

③害怕泄密。

因此，在发生国际贸易争端时，企业往往愿意通过较为和平的方式（协商、调解和仲裁）解决问题。

(3) 仲裁问题

仲裁具有裁决快、费用省的特点，而且由于仲裁过程秘密并且不存在敌意行为，因此，对商誉没有破坏性影响。正是由于仲裁具有调节特点，国际商务中大约1/3的案件在裁决之前就通过当事人直接对话解决了。由于仲裁者不以法官面目出现并且经验丰富，通常仲裁的结果比较公正，也容易被当事人接受。仲裁期间，允许当事双方一面争议一面继续做生意，所以避免了更大的损失。仲裁的依据不是法律条文，而是基于对事实的公道处理，争执双方因此不必诉诸对方的国家法庭。正因如此，仲裁在解决国际贸易争端中正在发挥越来越大的作用，它已成为解决贸易争端中广受欢迎的措施。

仲裁的程序简单、直接。如果国际企业希望对未来争端通过仲裁解决，那么只需在合同中注明仲裁条款即可。不管怎么说，仲裁仍是解决贸易争端的最佳选择，据国际商会称，其裁决只有8%遭到异议或得不到执行。

3.5.4 东道国法规对企业营销组合决策的影响

由于各国法律体系极其复杂，这里只讨论它们对国际营销组合的直接影响。

(1) 对产品决策的影响

由于产品的物理和化学性能关乎消费者的安全问题，所以各国都对产品的安全性能、纯度、功能等方面有严格的要求。例如，美国政府规定了严格的防污染法，向美国出口的汽车，必须装有防污染装置，并要达到美国政府的汽车排放控制标准。

在产品的包装、标签、商标等方面，企业也必须了解东道国的特殊要求。例如，比利时政府规定只能用八边形褐黄色玻璃瓶盛装药剂，用其他容器盛装的药剂不得进入该国市场。有关标签的法律要求更严格。一般来说，标签上须标明产品的名称、生产商或经销商的名称，产品的成分和使用方法、净重或毛重、原产地等。但各国会有不同的要求和侧重。企业在哪个国家从事营销，就必须遵守当地政府的规定。

有关商标的法律要求也不一致。虽然世界主要大国都是“巴黎公约”或其他国际商标公约的成员国，这方面的要求比较统一。可是，英美法系国家与大陆法系国家关于商标所有权的法律处理截然不同。前者实行“使用在先”，而后者则实行“注册在先”。因此，企业必须了解在什么地方和什么情况下会发生侵权问题。

(2) 对定价决策的影响

许多国家采取控制物价的做法，但各国的控制范围有所不同。总的来说，欠发达国家对价格控制得较为严格，而发达资本主义国家则一般鼓励企业在定价方面进行自由竞争。当然，发达资本主义国家在定价方面的做法也有区别，如法国政府对许多商品实行价格限制，而日本只对大米一种商品实行价格控制。

(3) 对分销渠道决策的影响

各国的法律对于分销渠道的规定较少，因而企业在选择东道国分销渠道时自由度较大。但是，当企业与东道国经销商或代理商签订或中止某一协议时，出口企业必须了解东道国关于分销合同的法律条文，以避免造成损失。

(4) 对促销决策的影响

在国际营销中，关于广告的争议最多，而且广告也最易受到控制。大多数国家都以法律的形式对广告加以管理和限制。例如，新西兰有关广告的法律条令不少于33个。各国对广告的管制有以下几种形式：一是对广告信息进行限制。例如，德国不允许企业在广告中使用“比……好”或“最好”一类比较性词句；在阿根廷，企业在做药品广告之前，必须经过公共卫生部的批准。二是限制为某些产品做广告。例如，美国法律禁止在电视上做烟草和酒类广告；芬兰法律禁止在报纸上和电视上做酒精饮料广告、减肥药品广告等。三是对广告媒介进行限制。有些国家的法律规定不允许以电视或无线电作为广告媒介。四是对广告课税。如西班牙对电视广告征税，秘鲁对所有户外广告均课以8%的税。

从上述情况可以看出，各国的法律对国际企业营销组合各方面的决策都有影响，营销人员对这些法律应有所了解，至少应该知道哪些重要的营销决策最易受到法律的影响和制约，以便在制定这些决策时，求得精通该方面法律的律师的帮助。

3.6 国际市场营销的科技环境

对于国际营销企业而言，科学技术水平的高与低，将直接或间接地决定其国际市场营销活动的成败。然而，由于各个国家（或地区）经济发展的历史不同、水平参差不齐，其科技发展水平及应用程度也不尽相同，对企业的国际市场营销活动必然产生巨大影响。

3.6.1 20世纪科技环境回顾

科学是人类对于自然、社会和思维等现象认识的结晶，技术是人类为实现社会需要改造客观世界所采用手段的总和。科学、技术与生产的结合、统一是新技术革命的特征之一。作为推动社会生产力发展的主导力量，科学转化为社会生产力的周期日益缩短，科学技术在社会化大生产中的作用呈几何级数递增。二战以后，高新技术发展不断深化，微电子技术、电子计算机技术、原子能技术和生物技术在整个经济结构中的含量急剧上升，新技术革命进入了加速发展的新阶段。人类明确地认识到科学技术是第一生产力。

20世纪，科技的发展和运用促成新的市场机会。与此同时，新技术也使某些行业遭到环境威胁或毁灭性打击。一些旧行业受到冲击甚至被无情地淘汰，新的消费市场不断替代旧的需求，例如，激光唱片技术夺走了磁带市场，复印机伤害了复写纸行业，电视机的普及冲击了电影行业等。

20世纪，新技术的发展和运用赋予了企业改善经营管理的能力，同时，新技术的发展和运用改变了零售业的结构和消费者的购物习惯。20世纪，现代网络技术的出现，使“网上营销”成为营销方式的重大变革，企业借助网络、电脑通讯和数字交互式媒体的共同作用，进行广告宣传、市场营销研究和推销商品等活动。网络技术的出现，令消费者轻轻松松在家购物不再是梦想，消费者可以在这个空间获取信息、自由购物，看似虚拟的空间，却开辟了实实在在的竞争新领域。20 世纪 90 年代以来，涵盖广泛的网络商业热闹非凡，商品销售、电子银行、广告、咨询、拍卖、房地产和旅游服务等业务蓬勃开展，预示了一场方兴未艾的全球经济革命。尽管全球经济下滑，但电子商务却得到了迅猛发展。

3.6.2　科技发展对国际营销的影响

科技是一种带有破坏性的创造性力量，当一项新技术给一些行业和企业带来增长机会的同时，也可能严重威胁另一些行业和企业的生存。比如，信息技术革命带来了全球经济一体化，推动知识经济发展的同时，也改变了传统工业经济时代的营销模式和竞争策略。因此，企业在制定营销策略时，必须关注科技发展带来的变化。科技发展对企业营销的影响是多方面的，主要体现在以下几个方面。

(1) 对顾客需求的影响

由于技术革命推动世界经济飞速发展，人民生活水平迅速提高，消费需求由低层次的生理需求向高层次的精神满足转变，从对物质需求向精神需求转变；消费需求日趋个性化；对服务水平和产品的质量有更高的需求；信息技术革命使得一对一服务成为可能。

(2) 对产品策略的影响

①知识经济时代，知识成为经济的核心要素，产品的价值由传统上以物质价值为基础变为以知识含量为基础进行衡量。因此，利用技术革命对产品实行技术创新，提供产品的技术含量是企业的重要竞争策略。

②国际市场一体化和竞争激烈化，使得企业要在国际市场立于不败之地，必须利用新技术不断地对产品进行创新以及不断地提高质量。

③技术发展日新月异，产品的设计、开发和使用周期缩短，时间成为产品策略成败的关键。

(3) 对交易方式的影响

科技革命特别是信息技术革命，使得全球经济呈现出网络化、数字化的特征，以实物交换为基础的传统交易方式被以数字交换为基础的无形交易所代替。

网络化和数字化技术使得世界各地市场被无形地连接在一起，在不同地区市场之间进行交换是透明的，不受地理位置和时间约束。信息的交换变得非常容易，而且成本低廉。通过网络获取国际市场信息，开展国际营销变得异常简捷。同时，国际营销中的交易活动也变得更加灵活、直接，通过网络与国外市场交易如同在国内市场交易一样便捷。因此，信息技术发展推动了交易的全球化、直接化和便捷化，开展国际营销必须充分利用世界性网络进行信息交换和沟通，降低国际交易的费用和交易风险。

（4）对营销管理的影响

国际营销是在国际市场上进行的营销活动，企业面对的国际环境和因素比国内市场要复杂得多，因而传统的国际营销管理受地理位置和时间约束，一般采取松散型管理，而且对不同市场都必须设立相应的机构和配套组织，所以开拓国际市场成本相当高，而且控制风险相当大。而信息技术革命带来全球通讯便捷，使得远程办公、远程会议和远程管理成为可能，而且随着信息成本不断下降，这种现代化的管理模式和方式越来越易于操作，而且可以大幅度压缩传统的旅行费用和额外开支。可见，国际营销的迅猛发展与信息技术革命是紧密相连的。

（5）对竞争战略的影响

科技革命的加速发展，使企业在获取巨大利润的同时，需要大量投入并承担巨大的风险。因此采用高新技术开拓国际市场的企业，一般都注重与相关企业建立战略合作联盟。如此一来，传统的单纯竞争形式变成了既是竞争对手又是合作伙伴、既相互依赖又相互竞争的形式，如美国的英特尔公司为开拓存储器市场就与日本的富士通公司联合开发研制，共同享受成果。同时由于知识经济的发展，国际市场的竞争由传统的对资本等低层次资源占用的竞争，转变为对知识、生产占用和利用能力的竞争。

【讨论与思考】

1. 企业应以怎样的心态对待环境影响？
2. 经济环境应从哪几个方面进行分析？
3. 经济环境对市场营销的影响怎样？

4. 为什么学习国际营销还要研究国内法？
5. 请比较国际经济贸易争端几种解决方法的优缺点。
6. 浅析美国的法律环境。
7. 从政治角度浅析中国企业进入美国进行国际营销的利与弊。
8. 举例说明为什么文化因素对消费者行为的影响最深远、最持久？
9. 讨论世界各大洲文化习俗的特点。

案例研究 3-1　雅芳产品股份有限公司（A）

美国化妆品巨人——雅芳产品股份有限公司（Avon Products, Inc.）以前曾认为中国是其在亚洲进行营销努力的基础。雅芳公司通过数年来的努力和发展使其在中国的业务成为在亚洲利润最丰厚、市场发展最快的业务。1998 年 4 月 21 日，借着庆祝一个节日的机会，公司高级职员从纽约总部以及亚洲各地赶到广州欢聚一堂。当会议正在进行时，雅芳公司的中国业务部主任 William Pryor 被人从自己的座位上叫去接一个电话。接完电话回来的时候，他给大家带回了毁灭性的消息：中国政府刚刚宣布立即禁止所有的直销业务。

在 113 年的时间里，雅芳只使用直接销售，而对传统的零售业务毫无经验。因此，他们自 1990 年开始在中国进行的大量资金投资以及中国市场预期的增长潜力，瞬间危在旦夕。虽然雅芳过去在中国连续 8 年获得利润，但是禁止直销产生的影响超过了可能失去中国市场本身。雅芳公司曾计划利用中国作为生产基地来开展它的出口活动，以加强它作为全球公司的地位。对于总部在美国的公司来说，禁令不只是显示了规章制度的不确定性对在中国的外国企业来说仍然是一个主要的问题，而且还引发了雅芳对它在全球市场采用的战略方式的反思。

公司与其竞争者

雅芳产品股份有限公司是由戴维·麦克内尔（David McConnell）于1886年创立的，当时叫做加利福尼亚香水公司，1939年正式改为雅芳产品股份有限公司。20世纪90年代后期，公司在超过135个国家经营业务，并拥有一支多达230多万名独立代表的销售队伍。这些被称为雅芳女士的代表，每年要处理6.5亿份客户订单，创造20多亿美元利润。

雅芳产品股份有限公司是当今全球美容和相关产品的最大直销商。除了护肤产品领先者的身份，它还是服装珠宝制造商，经销大量服装、礼品、饰物、收藏品、家庭娱乐产品。在雅芳的产品中，化妆品占总销售额的60%。以年利润48亿美元的业绩，雅芳在《财富》杂志1998年评出的500家最大的美国公司中排名第293名。

雅芳的远景目标是：在全球范围内成为一个最能够理解和满足女性对产品、服务、自我完善需要的公司。这个远景目标影响着公司的研究、产品开发、营销和管理实践。

雅芳是在最具竞争性的消费品市场中从事经营的。其目标市场是那些处在两个不同的细分市场并且年龄范围很广的女性，从十几岁的少女到40多岁的中年女性。雅芳护肤系列的目标市场是大众市场的低端产品，提供价格适中、每天使用型的产品。这个系列产品的目的是吸引不想太多介入护肤疗法的顾客。雅芳认为，护肤对于某些顾客来说是最初的措施，因此，它希望这些顾客最终将转向使用它的高端产品。低端护肤产品的主要竞争者是玉兰油（Oil of Olay）、露得清（Neutrogena）、旁氏（Ponds）、碧柔（Biore）、奥玫（Almay）等。在彩妆品方面，众多的其他竞争者包括美宝莲（Mabelline）、封面女郎（Cover Girl）、奥玫、露华浓（Revlon）、欧莱雅（L' Oreal）、玉兰油。雅芳的其他产品，如Anew，目标指向优质产品市场中较低端的产品，这方面的竞争者有雅诗兰黛（Estee Lauder）、兰蔻（Lancome）、克里斯汀·迪奥（Christian Dior）以及倩碧（Clinique）。国内以及国际上的两个主要直销竞争者是安利公司（Amway）和玫琳凯公司（Mary Kay）。

雅芳一直在进行努力研究，这些研究产生了许多新发明和新产品。通过这些努力，雅芳开发出了各种高端产品。它的科学家开发了一种名为A-new的新产品，这是一种含a羟基酸的护肤霜，有抗衰老的作用，超过了其他产品所能提供的功能。雅芳生产的Bio Advance是第一个使用稳定的视黄醇（一种维生素A）的产品，Collagen Booster（一种胶原蛋白辅助药剂）促进了维生素A的利用。20世纪90年代，美国食品和药物管理局批准了雅芳产品股份有限公司使用“Parsol 1789”来抵抗长波紫外线造成的损害。雅芳在其新产品抗衰老日用霜（Age Block Daytime Defense Cream）中使用了这种原料。雅芳在世界范围内有19个实验室用于开发产品和包装。除了自己的研究人员和独立的专家外，雅芳还利用焦点小组来评估潜在的新产品，并让公司雇员先行使用产品。

1996年雅芳耗资3000万美元用于广告宣传活动，重点宣传公司成功的核心、新产品的形象雅芳女士。经过设计，雅芳公司现在变成一个在所有市场都拥有始终如一、形象优良的当代产品的公司。它在广告宣传活动中使用了像时装设计师Josie Natori和奥林匹克金牌得主Jackie Joyner－Kersee这样的名人。雅芳公司脱离了成熟、家庭主妇似的形象，转变为现代、练达、充满魅力的偶像。其结果是塑造了又一个类似美国其他诸如露华浓、美宝莲、封面女郎品牌中充满活力的美女形象。同样在这次广告活动中，雅芳公司20年来第一次在电视上做广告，并且于1997年4月开始在互联网上做直销业务。它的网站现在每月吸引30多万访问者。

雅芳公司把保持其竞争地位归因于几个因素，其中包括漂亮的产品设计、高质量的产品、公道的价格、良好的公司和产品形象、富有创造性的产品、质量担保、对产品满意的承诺等因素。而雅芳女士为顾客提供的个性化、友好的服务，则被认为是其关键的竞争优势。

雅芳公司不要求其销售代表先花钱购买业务用品箱和存货。作为政策，公司试图避免让销售代表使用生硬的销售方式或赤裸裸的施压策略。公司正在努力通过雅芳女士和一些绅士来创造一个随意的、易接近的、友好的形象。吸引并保持一支有效的直销队伍，是雅芳公司取得成功的一个很重要的因素。对于那些喜欢与顾客交流的人来说，雅芳女士的职位为女性在具有弹性、简单和压力小的工作中成为自己的老板提供了机会。对于那些希望进入到责任更重的工作岗位上的妇女来说，公司也为他们提供了职位以及在组织中升迁的机会。在财富500强中，雅芳公司是为数不多的在董事会中拥有6名女性的公司之一。

公司强调它的国际特征。在董事会主席和首席执行官的领导之下，政策是由一个叫做全球业务委员会的高级管理团队来制定的。委员会的成员包括雅芳业务经营单位的首席执行官、首席财务官和首席行政官，以及负责全球营销的总裁。公司将其业务按地区分成五个业务经营单位（OBUs）：美国；亚太；墨西哥、中美洲、南美洲；巴西—哥伦比亚；欧洲。每一个业务经营单位在各自的地区内都设有总部。

雅芳在海外

雅芳公司 1954 年在委内瑞拉开始了其第一个海外业务。在委内瑞拉获得的成功激发了公司进一步扩张的热情。1957 年它将触角伸到欧洲，1963 年触角伸到澳大利亚，1969 年伸到日本，1977 年伸到马来西亚，1978 年伸到菲律宾和泰国，1982 年伸到中国台湾，1988 年触角又伸到印度尼西亚。从 1990 年至 1998 年，雅芳公司打入了 18 个新市场，这些市场主要在亚洲，其中包括中国在内。雅芳的产品通过其在 45 个国家的子公司，以及其在 89 个其他国家的其他营销渠道进行分销。

雅芳公司销售收入的 65% 以上是来自其海外业务，其海外生产和销售的增长超过了在美国本土的生产和销售。20 世纪 80 年代和 90 年代早期，亚洲国家的收入增长导致那里对美容产品的需求增加，从而促使公司在该地区进行业务扩张。此外，劳动力中越来越多的亚洲女性对外表给予注重也增加了雅芳的顾客。分析家将雅芳在国外市场，特别是在发展中国家的市场取得的成功，归因于它向很少有机会在外面工作或找到工作的女性提供了挣钱的机会。需求的增加以及对直销感兴趣的女性越来越多，构成了公司发展的重要因素。

对于雅芳来说，海外业务仍然是其发展的首要任务。亚洲 1997 年爆发的经济危机并没有使雅芳感到惊恐。相反，它却计划利用有利的汇率变化在菲律宾和中国投资 6500 万 ~7500 万美元用于建厂。它深信，亚洲遇到的金融问题是短期的，而公司在亚洲却是长期的。

全球战略和产品

雅芳是“思维全球化、行动当地化”公司的一个典范。这就是，雅芳通过在世界范围内选择最具成本效益的生产场所以及经营规模，来实现生产、物流和营销方面的规模经济效益。产品变化会增加成本，因而变化仅仅局限于公司提供服务的各个市场所需要的产品。大体说来，雅芳在追求利润和市场份额的过程中，不断地权衡标准化产品节省成本的潜力和差异化市场需求之间的关系。雅芳在45个国家中拥有生产设施，其产品覆盖了135个国家的市场。

20世纪90年代开始，雅芳开发了包装和营销方面变化非常有限但可以在几个市场同时销售的“全球产品”系列，以满足不同国家的需求。雅芳的全球产品通常先在美国开发，并且在美国这个大市场进行实验。然后，产品在市场上可销售的潜力才得到雅芳公司的全球产品委员会和全球市场研究部门的确认。创造成功的全球产品的一些标准包括：在雅芳至少6个主要市场中的市场存活能力、在每一个市场中成为三个最著名的品牌之一的潜力以及创造至少7500万美元年销售额的潜力。雅芳的大部分全球产品事实上同时在50~60个市场上销售。

20世纪90年代推出的Avon Color、Avon Skin Care等八种全球产品系列均取得了很大的成功。这些产品已经分别占雅芳1996年和1997年美容品、香水及化妆品总销售额的26%和39%。开发全球产品将继续成为雅芳的一个重点。

中国市场和经商的总环境

自20世纪70年代末实行改革开放政策以来，中国市场已经得到了迅速的发展。在随后的20年中，外国企业增加了在中国的投资和营销活动，以期在这个拥有13亿消费者的国家里获得捷足先登的优势。

虽然缺乏可用来进行经济预测的准确信息，但是许多经济学家和企业都深信，从长期来看，中国是一个非常有前途的消费市场。20世纪90年代初，当雅芳还在考虑对在中国开展营销作出实质性承诺的时候，中国每年的人均收入水平还低于400美元。然而，中产阶级队伍正在发展，他们拥有很高的可自由支配的收入。到了20世纪90年代中期，诸如上海这样的大城市的消费者将多达80%可任意支配的收入花在娱乐、衣服及化妆品上。根据美国商务部的统计，随着许多企业家、私营公司中的专业人员、乡镇企业中的工人变得越来越富裕，1996年中国的零售额达到了2970亿元。

中国人的共同文化背景在某种程度上使得产品的标准化和协调可以实现。然而，经济发展水平、基础设施、消费者购买力、分配、运输物流方面存在的地区差异导致了中国各地市场的诱人程度也参差不齐。令外国公司感到庆幸的是，中国人常常认为国外制造的产品质量更好，并且是显赫地位的象征。

对在中国的外国公司而言，一个主要的挑战就是规定的不确定性。新的法律、对法律的重新解释、中央政府各职能部门之间的不协调以及中央与地方规定的不同，意味着风险持续存在。2001 年，中国国家邮电总局宣布了一项赋予其投递国际特快邮件特权的法律。而对外经济贸易合作部指出，国务院 1995 年的一道命令给予像 DHL、FedEx、UPS 这样的外国货运代理以投递国际快件的权利。与此同时，中国某些地方的邮电局却设立路障，并没收递送的邮件。另外还有一个例子，作为对资本投资的鼓励，政府在某个特定时刻曾经对进口的资本设备实行税收优惠政策，而在 1996 年又废除了这些鼓励性措施，而后在 1998 年又恢复了这些措施。

化妆品及护肤品市场

护肤品在中国有着悠久的历史，但是它们的使用在改革开放之前并未受到鼓励。伴随着改革和现代化建设，女性又开始使用化妆品和护肤品。中国的化妆品销售从 1990 年到 1995 年增长了 40%，每年达到 15 亿美元的水平。上海的一家百货公司发现，化妆品部面积的分配如下：10% ~18% 用于销售香水、60% ~70% 用于销售护肤产品、20% 用于彩妆品、0.5% 用于身体护理品。1996 年，70% 的化妆品是通过国有企业或合作社销售的。1998 年，生活在大城市的女性中有 80% 在大型购物中心购买化妆品，16% 是在普通的百货公司或超市购买。化妆品销售增长的一个重要因素是将更加昂贵、迎合高层次消费者的国际化妆品牌引入中国。

尽管受到外国品牌的侵袭，本地优质品牌仍旧主导着市场。中国本地大约有 2800 家生产化妆品的工厂，其中超过 90% 的工厂规模都很小。在这 2800 家公司中，470 家拥有部分的国外直接投资。化妆品进口的官方记录是每年大约 2300 万美元，但是在中国南方还存在大量未记录下来的走私业务。两项加在一起，大约有 300 种品牌在中国销售，其中最大的 28 种占据市场的主要地位。外国品牌主要是年轻消费者的选择，而老人或者比较保守的人则偏好国产品牌。其他畅销的外国品牌包括雅诗兰黛、克里斯汀·迪奥、兰蔻和娇韵诗（Clarins）。

外国品牌的营销策略与在美国使用的包括提供免费礼品的营销策略相似。然而，虽然化妆品公司在美国通常提供五件免费礼品，但是在中国就需要提供七件。中国制造的化妆品的主要优势是它的价格比较低廉。中国对重要的化妆品征收相当于到岸价格 120% 的税率。

直销在中国

直销在中国还是一个相对较新的概念。1990 年，雅芳在中国首开直销之先河，安利和玫琳凯紧随其后。中国政府起先对直销知之甚少，因此实际上没有对它进行控制或管理。出于以下几个原因，在中国从事直销是一个非常有前景的机会：

- 直销是劳动密集型的，而中国拥有丰富的劳动力供给。
- 直销依赖于个人关系进行推销，而非依靠大量的大众广告（大众广告并不能到达大多数的中国消费者）。
- 不像传统的零售业，直销的运输或者递送并不完全依赖于很发达的基础设施，中国缺乏很发达的基础设施。
- 直销允许中国长期受到压抑的企业家精神和创业机会得以发展，特别是为女性创造了挣钱的可能性。
- 直销非常灵活，财务上保守的中国人不必拿他们主要的工作来冒险。
- 直销依赖于个人的关系网，这种关系网早就渗入中国的文化之中。
- 中国拥有一大批财务状况稳定的人士，50 多岁就退休了，但是他们有兴趣寻找更多能够改善他们退休生活的活动。

进入中国市场：雅芳到家

虽然雅芳在一些国家拥有 30 多年的国际经验，但是进入中国市场并在中国市场经营给它提出了新的问题，也给它提供了获得成功的机会。20 世纪 70 年代后期，雅芳在香港设立了区域总部，并在中国采购大量的礼品和装饰品。自那个时候开始，雅芳与中国就有了间接的联系。20 世纪 80 年代中期，雅芳首次通过在北京的官方渠道试图开辟中国市场，但是这个尝试由于政策环境等问题而告失败。1990 年，雅芳对中国采取了短期、谨慎的态度。通过其在香港的关系，雅芳与广州一家国有化妆品公司的一个工厂建立了合资企业。雅芳购买了那家合资企业 60% 的股份。据估计，有 600 万人居住在距离工厂半径 160 公里周围，这使工厂成为雅芳女士订货和发货的便利场所。在中国的业务一夜之间获得成功。雅芳在第一个 30 天里就卖掉了据估计是供应 6 个月的存货。

在中国开展业务的第一年里，雅芳售出了 100 万套化妆品和护肤品。

1991 年销售额达到 400 万美元，远远超过了它最初 150 万美元的目标。1992 年，销售额增长到 800 多万美元，有 8000 名女士在为雅芳工作，其中许多人挣的收入比普通女士多 12 倍。当时，雅芳通过其在广东附近的 10 个连锁分店来经营业务，但是后来雅芳女士覆盖的地区向南方扩大到海南岛并向东北延伸。中国在市场发展方面成了雅芳最优先考虑的地方。

1994 年，雅芳在中国的销售额增长到 2000 万美元。当时，雅芳正在建立并且培训一支由 7 万名女性组成的销售队伍，并在中国南方地区设立 15 个销售分店。也是在那一年，雅芳在上海开设了分销中心，作为其业务向中原挺进的第一步。1995 年，雅芳在中国的销售额攀升到 4000 万美元，并且预计还会继续增长。

1996 年，雅芳在中国拥有 40 家分店及 2.7 万名销售代表，在中国的总投资达到 3500 万美元。在中国销售的所有产品几乎都是使用当地的原材料在中国生产的。雅芳同时还计划再投资 3500 万美元与一家国有工厂建立一个新的合资企业，这将使它在中国的产量翻三番。1996 年 8 月 16 日，雅芳在北京设立分公司，这象征着它将在中国市场取得更多的成功以及对中国市场作出更多的承诺。中国现在是雅芳在亚洲最重要的市场之一，雅芳正在同时享有省和地方政府的支持。1997 年，雅芳在中国的销售额已经达到了 7500 万美元。

1998 年前，雅芳在中国拥有大约 15 万名销售代表以及 2 亿多美元投资。这些销售代表在中国招募朋友和同事，批发买进产品，然后又自己分销出去。1998 年，雅芳将其业务拓展到新疆首府乌鲁木齐，后来乌鲁木齐成了雅芳发展最快的市场。

雅芳在中国的目标是由十几岁的少女至拥有足够可自由支配收入的中年女性组成的大众市场。由于以下原因，直到 1998 年 4 月直销被禁止之前，雅芳在中国的业务一直都很成功：

- 雅芳在整个亚洲拥有品牌认同。许多中国人是从雅芳在香港的电视广告上了解到它的。
- 在中国，雅芳就是直销的同义词。它的声誉还来自于它对待销售代表和雇员的方式以及它符合道德的商业做法。雅芳还教育其销售代表和地区经理如何讲究卫生、穿戴得体以及其他的价值观念。更为重要的是，雅芳教育他们个人授权以及平衡工作与家庭责任之间的关系。雅芳甚至能够吸引受过大学教育的女性成为雅芳女士。

- 雅芳使自己与其他的直销公司显著不同。它使用单一层次的结构。销售代表不必从公司购买昂贵的开办业务用品。雅芳的地区经理首先培训销售代表，然后这些销售代表就自己半独立地开展活动。也就是，他们接受订货，得到产品，然后分销产品。这里不需要产品介绍会，也不涉及大的激发积极性的培训会议。
- 雅芳在中国特别宣传使用护肤品或化妆品给女性带来成就感和自信心的理念。其他的营销技巧包括开展全国性的智力竞赛。根据中国的标准，这是一个相当大胆的举措。虽然它最初受到怀疑甚至是无礼的待遇，但是公众后来还是接受了它。雅芳同时实现了提高公众对公司了解的目标。
- 雅芳在中国拥有强有力的领导者和人才。例如，Bill Pryor，日本雅芳公司前总裁，退休之后再度复出与公司一道致力于在中国的销售业务。Andrea Jung，雅芳公司前总裁兼首席执行官，在《财富》杂志美国50位最有能力的女性名单中排在第8位。
- 雅芳在中国曾经拥有过现代化的办公室和设施。雅芳在生产、包装、计算机以及送货系统方面引进了现代化的技术和管理技能，并用于在中国的产品生产和分销活动。雅芳有些业务合并了办公室、生产车间和仓库以便提高效益。
- 雅芳在经济处在发展中的国家的市场建立业务的能力是它取得成功的关键。
- 雅芳为中国政府提供了诱人的出口机会。公司计划从中国向其他亚太地区的国家、美国以及欧洲出口产品和配料。
- 通过在中国生产，雅芳避免了支付高额关税，这种关税达到批发成本的120%。而其他的外国品牌并不能找到相似的优势。

雅芳公司在开发中国的业务时还必须面对一些挑战。在中国的最初几年，雅芳从当地的制造商那里只能采购到10%的原料，因而不得不承担因进口而产生的高额关税。由于直销对中国人来说还是一个全新的概念，公司必须提供大量的培训。因为中国的运输业和邮电系统不太发达而且靠不住，所以雅芳不得不使用自己的卡车将原料运至各个分公司。这些问题的存在阻碍了公司的业务发展。另一个问题是称职的经理非常有限并且流动太快。随着对在中国的经理人员的需求快速增加，在中国的外国公司因为对移居国外者的补偿问题常常苦苦挣扎。最后但同样重要的是，中国的各级政府有权批准公司的行动计划，而各级政府的决策并不总是一致的，因而随时会有意想不到的变化。

直到1998年出现危机为止，雅芳在中国确实获得了很大的成功，这是由于它的业务方式、态度、吸引人的产品、恰到好处的时机掌握以及恰当的营销战略共同发生作用的结果。

1998年危机及其背景

因为国外直销公司从20世纪90年代初至中期在中国干得非常出色，所以中国出现了许多当地的直销活动。中国政府逐渐意识到对这类业务进行管理的必要性。1995年，中国政府命令所有的直销公司到政府进行登记，但大部分的本土公司都无视这一命令。未能得到控制的市场使政府继续感到担忧。因为许多其他直销公司一直在肆无忌惮地欺骗公众。许多直销公司开始实施金字塔计划。此外，有的商人以飞涨的价格将产品卖给分销商。一个草药商在一次直销业务中欺骗了2300名农民，从每个人身上骗走170美元。在湖南发生的事件中，某些直销公司的销售代表因为不满而发生冲突，结果造成人员伤亡。许多本地直销商破产，留下一堆标价过高且消费者不感兴趣的货物。

这些事件最后导致了政府在1998年4月21日做出取缔直销业务的决定。新的规定同样要求这些公司在1998年10月31日之前转变成为传统的零售公司，他们的分销中心转换成为零售商店，如若不然，他们将失去经营许可。

美国贸易代表查伦·巴尔舍夫斯基（Charlene Barshefsky）在禁令发布不久后访问中国时，与美国公司的董事会和中国的政府官员讨论了这个问题。美国公司还希望他们的国务卿玛德琳·奥尔布莱特（Madeline Albright）在访问中国时也与中国官员讨论一下这个主题，但是这种情况并没有出现。

中国政府随后也确实暗示它今后可能会再次允许直销业务的存在。但是这并不能解决眼前的问题。据估计，直销禁令使美国的直销公司总共损失20亿美元的销售额。

与此同时，美国的直销商必须就眼前的行动方针和长期战略作出决定，以便对禁令作出反应。雅芳选择立刻停止在中国的销售业务，同时集中精力制定新的业务方式。

【讨论】

1. 雅芳用什么方法来贯彻其全球战略？这种经历是否表明它应该实施一个不同的战略？

2. 雅芳在对中国禁止直销作出反应时有什么选择？

3. 中国使用传统的零售对雅芳整体的营销策略将有什么影响？

4. 雅芳在中国实施新的营销策略需要采取什么措施以及进行怎样的组织变动？

5. 雅芳在中国可以采取的其他一些战略、战术是什么？

6. 哪些中国人的文化特征会影响雅芳今后在中国取得成功？

案例研究 3-2　温州打火机合理规避日本 CR 法规

中国打火机产业在国际市场的兴衰

上世纪 80 年代末，日本、韩国和中国台湾地区三足鼎立，占据了全球打火机市场。温州有人开始根据日本打火机样品生产打火机。那时温州生产金属外壳打火机的只有零星的几个小作坊，且产品多为仿制品。但因仿真度高且物美价廉，温州打火机通过一些当地海外华侨的随行口袋，流行到国外市场。巨大的利润空间使得温州打火机产业如雨后春笋般冒出，日丰、大虎、东方打火机等一批企业迅速崛起，使温州逐步成为世界最大的金属外壳打火机生产基地。

1994 年，美国通过儿童安全法规（Child Resistant Safety Mechanism for Lighter，简称 CR 法规），让温州打火机失去了美国市场，但温州打火机依然拥有欧盟这个巨大的市场。在鼎盛时期，温州拥有打火机企业 5000 多家，年生产金属打火机 6 亿个，占据全球金属打火机八成的市场份额，这其中有 1/3 的产品出口欧盟，温州成为世界上最大的金属打火机生产基地。

但是，世间的事充满了变数。2001 年以来，欧盟先后启动 CR 法规法案和对温州打火机企业的反倾销调查。虽然温州打火机企业最终的胜诉提高了企业的声誉和影响力，但是随着欧盟最终通过 CR 法规，以及近年来的禁烟运动，世界打火机市场开始明显缩小。国际金融危机爆发前，温州打火机生产企业已经萎缩到了500多家。

中国打火机在欧盟市场遭受重创

自2001年加入世贸组织以来，中国已成为全球遭受技术性贸易壁垒最多的国家之一。在各国出台的技术性贸易措施的相关法规中，持续时间最长的就是欧盟针对中国出口打火机制定的CR法规。

1994年，美国率先实施了CR法规，即售价低于2美元/只的打火机必须安装“防止儿童开启装置”。该法规的出台使众多温州打火机厂商退出了美国市场，转而进军欧盟市场，使温州向美国出口的打火机还不到对欧盟出口的1/5。

自1994年起，温州打火机开始销往欧洲、中东、非洲等国际市场，其中以欧盟为主。温州打火机凭借价廉物美、品种繁多、款式多变等优势，很快占据了欧洲大部分市场份额，给欧洲打火机制造商带来较大的冲击。为了保护成员国市场，欧洲制造商开始“克隆”美国1994年的做法。

1998年，欧盟制定了CR法案，但仍需欧盟成员国表决通过。由于中方多次组团赴欧盟就CR标准进行交涉，欧盟多次推迟对实施CR法案的投票表决。直到2007年3月，欧盟针对打火机的新CR法规才开始正式实施。

目标瞄准日本市场

欧盟出台CR法规后，日本便成为中国打火机最大的出口国，每年温州打火机出口日本的数量约占其出口总量的六成多，日本市场的金属打火机几乎九成以上都来自中国的温州。

面对中国打火机大量出口的压力，2010年上半年，日本也开始酝酿出台CR法规，导致那些原来有大量日本客商来下订单的温州企业出现了门庭冷落的局面。2010年年底，日本正式出台了CR法规，与欧美同类法规相比，日本的CR法规附加了更加严格的条款，法规实施仅一个月，温州从事金属打火机生产的企业就从500多家锐减到了100多家。

全力以赴保住日本市场

温州打火机未来的路该怎么走才能躲过这一劫？

2011年，温州检验检疫局开始为温州出口打火机行业有效应对日本

CR法案寻找出路，希望通过检验检疫尽最大可能减少日本CR法案对温州出口打火机的影响。

2011年3月18日，温州检验检疫局和温州打火机行业协会联合举办了应对日本CR法案检验业务免费培训班，来自温州20家出口打火机骨干企业的48名质量管理人员参加了培训。同年4月，在温州检验检疫局的帮助和鼓励下，温州打火机企业代表团到日本游说，日本经济产业省同意将可充气的全金属打火机排除在“家庭用点火用具”的限制对象范围之外，即不列入CR范畴。但由于日本人的文化习俗、民族感、法律法规制定程序不同于欧美及各利益集团的竞争等原因，日本进口商仍担心没有CR装置的金属打火机可能会影响市场销售。因此，不少日本进口商要求温州打火机生产企业必须通过PSC（Product Safety Commission）认证，以证明产品符合日本相关法规的要求。

走进摩登工贸公司的生产车间，技工在各自的工作台前熟练地组装金属打火机，检验打火机的打火率、打火高度等。与以往不同的是，多了最后一道工序，即对组装完成的打火机粘贴“PSC”标签。贴上“PSC”标签代表打火机符合日本CR标准，这样就能摆上日本的柜台。

即使日本CR窗门深锁，温州打火机产品依然在努力寻找“金钥匙”来开启日本市场的大门。2011年5月18日，温州摩登工贸有限公司通过日本文化用品安全试验所（简称JIS）的检测，拿到中国金属打火机进入日本市场的第一把“金钥匙”。

第二篇

国际市场营销调研

第 4 章 国际市场营销调研内容

4.1 国际市场营销调研的概念

市场营销的中心任务是生产和经营能够满足顾客需求的产品和服务，并在此基础上实现企业的利润。因此，企业必须通过营销调研来搜集有关顾客需求和营销决策方面的信息。信息是决策的基础，没有信息，决策就会盲目。无论是国内营销还是国际营销，营销调研都十分重要。由于国际环境与国内环境有很大区别，国际营销调研工作比国内营销调研更为复杂和困难。

4.1.1 市场调研、营销调研的比较

首先，让我们比较市场调研和营销调研的差异。市场调研和营销调研是两个不同的概念。市场调研是指企业所进行的以有关顾客的信息为中心的调查研究活动。它所要解决的问题有：现有顾客由哪些人或组织构成？潜在顾客由哪些人或组织构成？这些顾客要购买哪些产品或服务？为什么购买？如何购买？营销调研的含义比市场调研更广，除研究顾客外，它还要研究与营销决策（产品、价格、渠道、促销）直接相关的数据资料，分析处理，为决策提供基础。

4.1.2 国际营销调研与国内营销调研的异同

国际营销调研与国内营销调研的相同之处：两者在程序上是一样的，都要首先确定营销中存在的问题，制定出调研计划，然后搜集、整理、分析并说明有关信息，最后写出调研报告供营销决策者使用。

国际营销调研与国内营销调研的不同之处体现为以下几点。

（1）信息对国际营销来说比对国内营销更为重要

这是因为各国的政治、文化、法律、经济等情况千差万别，所以国际决策就比国内决策更需要充分、及时、准确的信息。

（2）国际营销决策所需要的信息不同于国内营销所需要的信息

国外市场选择决策是国际营销的重要决策之一。为了制定这一决策，企业一般需要了解目标市场国的下列信息：①外汇和外资政策；②劳动力、原材料、管理经验等；③竞争状况和渠道模式等。上述这些信息在国内营销中一般是不需要的。

（3）国际营销调研比国内营销调研更困难、更复杂

其困难性和复杂性主要表现在以下几个方面：①有些信息在国外（尤其是发展中国家）很难或根本得不到；②由于各国统计方法、统计时间等因素存在着差异，从不同国家得到的信息需经过复杂的整理、换算后，才可能具有可比性；③国外调研的成本要远远高于国内调研；④国际营销调研的组织工作要比国内营销调研更复杂，所遇到的问题也比国内调研中遇到的问题复杂得多。例如，如何处理好跨国公司母公司调研与子公司调研之间的关系，如何利用国内调研公司和国外调研公司。

4.1.3 国际市场营销调研的作用

企业的成功经营离不开市场营销调研。一个企业要想顺利进入国际市场，就必须以国际市场营销调研作先导，否则，就会遭遇滑铁卢。例如，肯德基（KFC）公司曾雄心勃勃地打入了巴西市场，并计划在那里开 100 家店。然而，它在该国第二大城市圣保罗的最初经营业绩却令人大失所望。原来，在决定进入巴西市场之前，肯德基公司没有对竞争对手作充分调研。后来才发现，巴西各城市街头巷尾都有大量摊贩在出售用炭火烧烤的熟鸡，而且非常适合当地人的口味。由此可见，国际市场营销调研的重要性。国际市场营销调研在企业管理中的作用主要体现在以下几个方面。

（1）发现市场机会，开拓潜在市场

国际市场营销调研对企业在国际市场的经营活动是不可或缺的。企业决定将产品打入国际市场之前，它必须选择对其有利的市场，这就要求企

业对其产品在哪些国外市场销售前景更为广阔、对某一特定市场预计销售多少和采用何种策略进入该市场等问题有一个正确的认识和判断。然而，企业决策人员通常对其他国家的地理、文化、经济和政治等方面的情况了解有限，对于正确估计产品在国外市场销售状况所需的资料和信息相对缺乏，而且世界市场瞬息万变，市场环境复杂多样，难以准确预测，激烈的竞争更使世界市场难以进入。在此情况下，企业要想选择、捕捉和把握市场机会，关键是要对目标市场有详细的了解。所以，在决定把产品打入目标市场之前，首先要对这个市场进行深入的调查研究。市场营销调研还可以帮助企业寻找和选择有利的新市场，并稳步扩大企业产品的市场范围，避免不必要的费用支出及盲目的营销行为。

（2）制定正确的营销组合策略，寻找可能发生问题的原因

发现市场机会与将产品打入国际市场并顺利地进行销售，是两个不同的问题。找到一个有潜力的市场，只是为产品的销售指明了一个正确的方向，并不意味产品一定能为这个市场的消费者所接受，能在这个市场上销售。因此，还必须进一步进行市场营销调研，提供具体的信息和结论，帮助企业制定合理的产品、价格、分销和促销等策略，并在运用中对这些策略进行有效的协调，使企业的产品能稳步占领市场。现实经济生活中常常会出现这样一些情况：有些本来销路应该很好的产品却滞销；有些对国内消费者来说似乎很好的产品，却不被外国消费者所接受。通过有针对性的市场营销调研，就可以找出上述情况发生的原因，使企业及时调整市场营销战略。例如，第一种情况可能是因错误的分销渠道、不现实的价格、不适当的广告或其他方面的失误造成的。市场营销调研可以为管理人员解释为什么经营活动会出现差错以及错在哪一环节，以便有的放矢地解决问题。

专栏4-1　市场分析和市场潜力评估

有许多例子可以证明，企业在调动资源进入国外市场前进行市场分析、估计市场潜力是极为重要的。

- 一家美国玉米片制造商希望将其产品打入日本市场，但遭到了

失败，原因是日本人对用谷类食品作早餐不感兴趣。如果厂家不了解这个情况，那么它怎么能指望消费者购买他们的产品呢？

● 联合利华发现，法国人对它们的冷冻食品根本没兴趣，因而不得不从这个重要的国外市场暂时撤退。

● 一家公司发现其产品的糟糕表现是由消费者对其的不正确使用造成的。这家公司试图在某个发展中国家推广它们的家具上光喷雾器。当地人均收入的资料显示，该国人完全买得起这种喷雾器。然而此类数据经常出现误导。因为在很多国家，社会大部分财富集中在少数人手中，人均收入不能说明大多数人是否能够买得起某种产品。事实上，上述国家只有很少一部分高收入的人能够享用这种“奢侈”的家具上光喷雾器。此外，这部分买得起的人对这种产品并不感兴趣，原因是他们的家具上光工作都是交给仆人来做的，因而他们并不在乎这种工具给仆人带来的省力效果。

● 一家瑞士药业公司在南非投资800万美元，建了一座制药厂。然而，在对建厂进行可行性研究时，市场调研人员忽视了当地黑市的存在。由于没有预料到这种竞争，公司后来发现其生产能力大大过剩，盈利也远远低于预期。

资料来源：Ricks，1999，pp. 139～147。

4.2 营销调研的程序

虽然国际营销调研比国内营销调研更复杂、更困难，但是二者的程序是一致的，一般包括以下几个步骤（见图4.1）：①明确营销中存在的问题；②制定营销调研计划；③执行调研计划；④分析、解释调研结果并撰写调研报告。

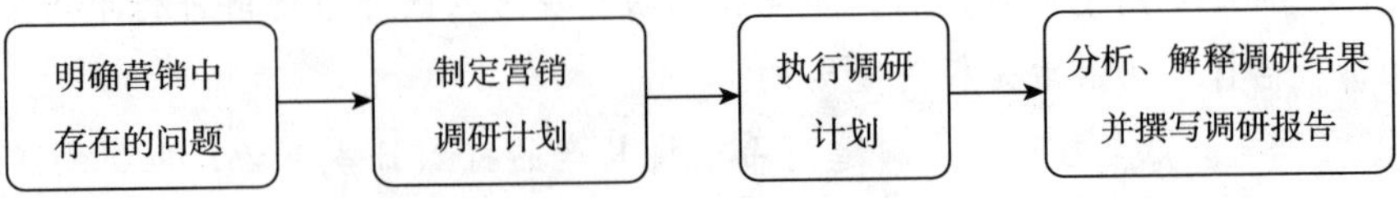

图4.1 营销调研程序

(1) 明确营销中存在的问题

明确营销中存在的问题是进行营销调研的开始，也是营销调研的“核心”，这一步骤对整个营销乃至营销决策都是至关重要的。调研人员只有充分理解营销问题的起因和本质，才能明确解决问题需要哪些信息。例如，某一个时期企业在某国的销售额直线下降，出现这种情况的原因有很多，可能与产品质量下降或服务水平降低有关，也可能与国外代理商责任心下降或出现了强劲的竞争对手有关。如果在该例中导致企业销售额下降的真实原因是出现了强劲的竞争对手，而此时调研人员却误以为是代理商的责任心下降，其结果会使后面的调研工作误入歧途，并可能导致错误的营销决策，如更换代理商，从而给企业造成更严重的损失。

(2) 制定调研计划

营销调研过程的第二个步骤是制定营销调研计划。在这个阶段，首先要确定营销决策需要哪些信息，这是因为营销决策不同，所需要的信息也就不同。因此，调研人员应该弄清营销决策是具体的、战术性的决策，还是重大的、战略性的决策。在上例中，已经假设销售额下降的原因是出现了强劲的竞争对手，这是一个涉及非常具体的战术性的决策。企业此时应该做的就是采取必要的措施来提高竞争力。为了制定这一决策，企业需要的信息可以包括以下几个方面：①市场国的政治、经济、文化等因素是否发生了变化？②顾客的需求是否发生了变化？③本企业在该国市场上的营销策略是否有不适合顾客需求特点或与该国经营习俗有冲突？④主要竞争对手的营销策略如何？有何值得借鉴之处？⑤本企业应该采取哪些措施来保持较高的市场占有率？

在确定了国际营销决策所需要的信息后，接下来还需要确定信息的来源。一般而言，营销调研人员取得信息的来源主要有两方面，即原始资料和二手资料。所谓原始资料，是指调研人员通过发放问卷、面谈等方式搜集到的一手资料。二手资料则是指经过别人搜集、整理过的资料，通常是已经发表过的。搜集一手资料的过程叫做实地调研，搜集二手资料的过程叫做案头调研。

(3) 执行调研计划

执行调研计划主要包括搜集、处理和分析数据资料等工作。搜集资料的过程，可由企业内部的调研人员完成，也可委托企业外部的专业市场调研公司完成。在委托专业调研公司时，既可委托国内公司，又可委托国外的公司。许多出口商内部并没有能胜任对国外市场进行系统调研的专业人员。他们不熟悉目标国的当地环境，内部也不具备精通多种语言的人才。所以，在这种情况下，聘请专业市场调研公司或购买调研报告不失为好的办法。此外，仅仅为做一项国际市场调研而雇佣一批永久员工，公司很可能会得不偿失。但是，如果调研外包给国外的专业市场调研公司来做，也会存在诸如不同语言之间的交流、项目材料的翻译和数据收集过程中的质量控制等问题。

在搜集资料的工作完成以后，下一步就是对搜集到的资料进行处理与分析。原始状态的数据对任何人都意义不大。更何况，从不同来源得到的资料是按照不同的统计方法计算的，其时效性和准确性也可能不同，有些甚至是彼此矛盾的。因此，只有对搜集到的资料进行加工和处理，才能使其具有可比性并作为决策依据。这种信息处理过程主要包括分类、核对、换算、调整、编校等步骤。应避免用过分复杂的工具处理并不复杂的数据。分析工具应与数据的质量相适应。例如，发展中国家的市场往往很不成熟，一般情况下，没有必要花费很大的成本去从这些国家获取“高质量的数据”并对其进行严格分析。

(4) 解释并报告调研结果

市场调研以明确问题开始，提交报告结束。调研报告应包括对调研结果所作的解释和说明以及调研结论。如果可能的话，还应清晰地提出行动建议。市场调研报告的篇幅控制、美观性和陈述技巧等都很重要。调研报告应具有完整性和简洁性。完整性是指报告能用读者易懂的语言提供其需要的全部信息。简洁性是指报告内容是有选择的。完整性和简洁性往往是互相冲突的，调研人员需要对此进行权衡，应使调研结果和说明都与营销决策有直接关系。

4.3 国际营销决策所需要的信息

市场营销调研是企业经营决策的重要手段。营销调研的目标和范围，要视营销决策对信息的需要而定。在实际调研工作中，必须紧扣调研目的来设计调研的内容。国际营销决策有很多，归纳起来，主要有以下五种决策：

①进入国际市场的决策，即决定企业是否进入国际市场，从事国际营销。

②市场选择决策，即决定在世界 224 个国家和地区的市场中，先进入哪个或哪些市场。

③进入方式决策，即决定以何种方式（如出口、许可贸易、国外合资企业、国外独资企业等）进入国外市场。

④营销组合决策，即决定如何最佳组合产品、价格、分销和促销四个要素，以实现产品成功进入目标市场的目标。

⑤资源配置决策，即企业如何将有限的人、财、物等资源投放到最能产生效益的市场和产品上。

4.3.1　进入国际市场的决策

企业在作出是否进入国际市场的决策之前，需要将国内外的机会和潜在的困难进行比较。为此，企业需要搜集以下信息：

①国际市场和国内市场的价格。

②产品的世界市场总需求量。

③企业潜在的世界市场份额。

④影响企业市场份额的竞争因素。主要竞争对手来自哪些国家？它们的市场份额分别是多少？主要竞争对手采取哪些营销策略？

⑤企业的人、财、物等资源条件。

企业可根据上述信息来对国际营销机会进行评估。如果企业在国际市场可能获得的潜在份额很小，那么这个市场就不值得企业去开拓，企业应该立足于国内营销。相反，如果国际市场潜力很大，并且企业也有足够的实力去开拓，那么企业这时就应该毫不犹豫地进入国际市场。

4.3.2　国际市场选择决策

世界上有 200 多个国家和地区，企业不可能同时进入所有市场。可行的做法是，企业根据自身条件选择某个或某些国家作为目标市场。先进入哪些国家市场需根据其吸引力大小而定，吸引力大的市场优先考虑进入。评价一国市场吸引力大小所需要的信息包括以下几个方面。

(1) 市场潜量

在考虑是否要进入某个目标市场时，衡量该市场是否有吸引力的一个有效标准是市场潜量。市场潜量是指：在理想状态下，市场可吸纳的产品数量。衡量市场潜量有两个标准：产品潜在消费者的数量和最大估计购买率。这两方面的信息可以使国际营销人员制订的营销策略更贴近市场需求。在某种程度上，可以说市场潜量与企业产品的销售潜力是等同的，即所有潜在购买者及其购买总量与每一家企业欲销售的总量是相等的。

(2) 市场竞争情况

为了解某国市场竞争情况，调研人员需了解以下信息：①该国主要竞争对手是哪些公司？这些公司来自哪些国家？②这些竞争对手在该国市场分别占据多大份额？未来的发展趋势？③主要竞争对手采取何种营销策略？各自的优劣势如何？

(3) 市场国的政治、法律状况

该国的政治制度如何？政局是否稳定？政策和法规是否有连续性？政府对进口产品和国外投资采取什么政策？

根据上述资料，企业对各国市场进行比较，从中选择那些最具吸引力、最有发展前途的市场作为目标市场。

4.3.3 国际市场的进入方式决策

目标市场一经确定，下一步需要考虑的问题就是进入方式。采取间接进入方式还是直接进入方式？如果是间接进入方式，是出口还是许可贸易？如果是直接进入方式，是到国外组装还是在国外生产？进行这方面的决策所需要的信息主要包括：

①市场潜量。

②贸易壁垒。

③运输费用。

④当地竞争情况。

⑤政府给予国外企业的优惠政策及实施的限制。

⑥政治状况。

⑦企业的人才、技术、管理经验、资金等资源条件。

上述信息对选取企业的进入方式决策是不可或缺的。譬如，如果遇到规模大但存在贸易壁垒且运输费用高昂的目标市场，采用在当地组装或在当地建厂生产的直接进入方式就会比较有利；而如果目标市场的政局不稳，则出口这样的间接进入方式对企业风险较小。

4.3.4　营销组合决策

能否最佳组合产品、价格、分销和促销四个要素，是出口企业的产品能否成功进入目标市场的关键。企业应该首先了解目标市场顾客的相关情况，然后在此基础上对四个要素进行有利于产品进入目标市场的优化组合。为此，调研人员需要搜集下列相关信息。

(1) 有关购买者的信息

由于出口企业的产品不可能满足进口国所有人口的各种需求，企业应将力量放在满足目标市场的需求上。如果这个目标市场是个体消费者，则他们的收入、年龄、受教育程度、职业、道德准则、消费习惯等情况，都是企业必须了解的内容。此外，企业尤其要了解他们的购买动机、习惯和偏好，例如：顾客为什么购买产品甲，而不买产品乙？他们购买产品后怎样使用？他们在选择产品时最注重产品的哪些特性？对什么因素最反感？如果这个目标市场是工业用户，则要了解其数目、地理、分布、规模大小、资信状况、发展前景等有关情况。

(2) 有关产品的信息

国际营销成功与否很大程度上要看产品是否适销对路。为使产品能够适销对路，企业必须掌握相关产品的信息，同时还必须了解竞争对手的产品情况，这对企业的发展有着非常重要的意义。这方面需要掌握的信息包括：

①出口产品的设计、功能和用途。

②出口产品的使用方法和操作安全程度。

③出口产品的商标设计。

④出口产品的包装和外观。

⑤出口产品的生命周期。

⑥出口产品组合。

⑦出口产品的售前和售后服务。

⑧新产品的发展趋势。

企业必须了解目标市场顾客对产品的特殊要求，才能生产出令顾客满意的产品，最终实现进入目标市场的营销计划。

（3）有关价格的信息

价格是产品进入国际市场最敏感的因素之一，它对出口产品的销售量和企业的盈利影响很大。价格方面，需要企业掌握的信息有很多，主要包括：

①影响价格变化的因素。

②国外市场商品供求关系的状况。

③出口商品需求弹性的大小。

④进口税则、税率以及各种国内税对商品价格的影响。

⑤各种价格政策对商品销售量的影响。

⑥竞争产品现行价格、变相提价或降价的方法。

⑦相关替代商品价格状况对本企业产品价格的影响。

⑧新产品定价策略。

⑨出口产品生命周期不同阶段的定价原则。

⑩该国政府对价格的管制状况。

（4）有关分销渠道的信息

商品能否高效、快速地送到消费者手中，直接关系到企业能否加速资金周转、降低成本以及提高经济效益。这里所讲的分销渠道，主要是指进口国内部的分销渠道。企业在这方面需要掌握的信息包括：

①进口国各类中间商（包括批发商、代理商、零售商）现有经销产品的种类以及设施、服务、人员、水平、财务能力、资信状况等。

②进口国各市场零售网点的情况。

③进口国市场上是否存在能购买大宗数量商品的机构。

④进口国中间商之间如何作价（指如何加成或佣金折扣）。

⑤进口国中间商所期望的信用透支和销售条件。

⑥仓库数量、库存量及分布情况。

⑦将产品送至市场的运费率、运输时间、保险及包装要求。

(5) 有关促销方面的信息

促销是国际营销组合中的一项基本活动。促销的主要方式包括：广告、人员推销、营业推广和公共关系。为了正确地制定促销决策，企业需要掌握以下信息：

①进口国市场的促销组合。

②可利用的广告宣传媒体、覆盖面及成本。

③目标市场习惯的广告信息表达方式。

④能够最大程度诱导顾客采取购买行动的广告主题。

⑤促销推广的方法，如折扣、商店内示范、样本赠送、以赞助为目的公益社会活动等。

⑥竞争者所使用的广告方式。

⑦代理商、中间商、零售商在促销上所能发挥的作用。

4.3.5　资源配置决策

国际企业的资源配置决策是一个非常重要且非常复杂的决策，它所需要的信息量很大。为了制定合理的资源配置决策，企业所需要的信息主要包括以下几个方面：

①企业在各国市场上的潜在销售量。

②企业在各国市场上的经营情况。

③企业各种产品在各国市场上的生命周期状况。

④企业在各国市场上各种经营方式的经营现状及前景。

企业只有在充分掌握了这些信息之后，才能不断地调整企业资源在各国市场、各种产品之间的分配，使其产生最佳效益。举例来说，假设企业在甲国的投资占其在国外总投资的 50%，利润却只占其在国外总利润的 20%；而在乙国的投资虽然只占其在国外总投资的 10%，但利润却占 30%。在此情况下，企业应该考虑对资源进行重新配置，即考虑减少在甲国的投资，而追加在乙国的投资。

4.4 国际市场营销信息系统

由于国际经济形势瞬息万变，市场范围日益增大，市场需求状况和消费者偏好等变化不断加快，市场竞争日趋激烈，国际市场营销活动也因此变得更为复杂。为了适应快速变化的形势，对市场机会进行正确的判断，并迅速作出相应的决策，国际营销企业必须建立起一套完整的市场营销信息系统，经常性、连续性地收集信息资料，进行分析和处理，为企业的经营服务。

4.4.1 市场营销信息系统的含义

市场营销调研都是针对具体问题进行的，其对市场资料的收集和分析处理是孤立的和间歇性的。而市场营销信息系统则侧重于处理传递给市场营销决策人的信息流。该系统是一种连续的、互相联系的、由人和机器组成的相互作用的复合体。建立这个系统的目的在于：第一，保证搜集到信息；第二，保证信息与决策有关；第三，保证信息可以被管理部门容易地得到、理解和使用。

这个系统与企业的外部环境紧密相连。它的连续性的工作使信息能积累起来便于系统地分析。在日益发展的计算机技术的帮助下，调研人员能够跟踪市场上的变化情况，并根据变化迅速作出调整。

4.4.2 市场营销信息系统概况

由于国际企业向国际市场提供的产品不同，进入国际市场的方式不同，企业内部的资源条件不同，每个企业面临的国际营销决策及其所需要的信息也不同。这就决定了每个企业所建立的信息系统的构成要素不同。信息系统的繁简可视企业的需要及自身条件而定。最简单的系统只提供信息来源，复杂的系统则包括全面使用电子计算机，并提供具体的决策模型。一般情况下，市场营销信息系统由以下五个部分组成。

(1) 内部报告系统

内部报告系统，又称内部会计系统。该系统提供有关企业的产品销售、成本、利润、存货、现金流动及应收应付账等资料。这些资料可以帮助调研人员掌握该企业目前的经营活动和实绩。

(2) 市场情报系统

该系统提供企业需要的人口统计资料、贸易协会统计数字、市场状况等资料，以保持企业对市场环境和市场动态最近现状的了解。

(3) 资料处理系统

通过该系统对掌握的信息资料进行整理和修正，并有效地储存，供有关人员查询或分析使用。

(4) 市场研究系统

市场营销决策人员通常还需要针对一些特定的问题，进行详细的研究，以减少主观判断所造成的错误。市场研究系统也就是市场营销调研系统，其任务就是要开展市场营销调研活动。

(5) 市场分析系统

市场分析系统包括一些先进技术和技巧，用以分析市场资料和解决市场问题。该系统大量运用了统计方面的理论和分析方法，进行影响市场营销活动各因素的因果关系和市场预测方面的研究，并建立模式库，专门用以协助决策人员选定最佳的营销策略。

目前，建立市场营销信息系统帮助企业分析和决策，在一些发达国家已经广泛采用。据统计在排名前 200 位的商业公司中，77% 的公司设有市场营销信息系统，如美国航空公司和可口可乐公司等。日本许多大财团和大企业也在世界范围内建立了相当庞大的信息网络。仅三菱财团一家，在世界各地就有 100 多个办事处，拥有 3000 名左右搜集各种信息情报的工作人员，他们在几分钟内就可以了解到世界市场的最新行情和动向。

4.4.3　信息来源

信息来源可以根据途径的不同分为内部来源和外部来源。内部来源包括：销售记录、成本记录及企业员工获得的知识。例如，公司经理、工程师、销售代表在与客户、竞争对手或政府官员等接触中获取的信息。这些内部的信息来源通常足以为公司的当前决策提供充分可靠的信息支持。外部来源包括：原始信息来源和二手信息来源。利用原始信息来源是指：通过观察、可控实验、调查和其他技术，从具有相关信息的对象那里直接取得所需信息。通过原始信息来源，人们通常就能够得到国际营销人员解决问题所需的部分甚至全部信息。利用二手信息来源是指：从政府出版物、书刊杂志、新闻、贸易简报、竞争对手的公司内部刊物、贸易组织出版物和各种已出版的研究报告中获取信息。下文着重介绍二手信息的相关内容。

（1）二手信息的来源

在进行市场选择的最初阶段，国际营销人员通常需要大量的二手信息，特别是需要关于市场指标的各种数据，这些信息可以从国际组织或本国政府机构提供的常规或特别报告中获得。

①主要国际组织包括：联合国、经济合作与发展组织、欧洲联盟、东南亚国家联盟、世界贸易组织、国际复兴开发银行、国际货币基金组织、国际金融公司。这些国际组织除了能够提供包括历史和当前数据的报告外，有些组织还能提供包括经济预测、展望、趋势等方面信息的报告。这些报告在相关出版物上可以找到，或者在相关网站上可以下载。例如：国际货币基金组织每半个月发布三份报告：《国际货币基金组织调查》（IMF Survey）、《工作文献》（Working Papers）和《政策讨论文献》（Policy Discussion Papers）。这三份报告既可以索取印刷版，也可以从国际货币基金组织的网站（www. imf. org）下载。

②政府机构通常是国际营销人员获得基本信息的主要来源。这些机构既包括出口商所在国政府，也包括潜在市场国政府设立的机构。政府机构不仅能提供全球的经济指标和对特定国家的分析，还能提供对于某一特定商业活动或特定领域问题的研究成果。在对国际市场进行分析时，最初可以和目标国的大使馆或领事馆取得联系，以获得相关信息。

③非政府组织是出口商的另一个重要信息来源。大型商业银行和投资公司通常都会设有国际部，定期收集和发布有用的统计数据。例如：美洲银行（Bank of America）设有世界信息服务部，可以提供国家经济前景、国家数据预测和国家风险监控等服务。同样，巴克莱银行（Barclays Bank）也为客户提供目标国的市场信息。通过国际联网的合作系统，银行能够掌握境外市场实时实地的信息并为客户提供建议。美洲银行和英国阿比国民

银行（Abbey National PLC）同保险公司、货代（freight forward）公司等服务企业密切合作，为国际营销人员，尤其是初涉出口的营销商，提供周到的服务。运输公司、广告公司、大型会计师事务所等服务性企业，由于希望能在自己的专业领域得到业务，不仅乐于提供国外市场的信息，还愿意提供出口、融资、保险、货运产品等相关技术方面的信息。普华永道会计师事务所（Price Waterhouse Coopers）在许多国家发行指南性出版物就是一个例子。普华永道在许多国家都设有分公司或办事处。这些指南为境外经营提供了多方面的指导。

④各种商业、贸易和行业协会也可能成为相关数据的来源。例如，美国商业国际公司（Business International Corporation）和英国经济学人智库（Economist Intelligence Unit）每年出版许多报告，其中一些是定期的，对国际营销人员很有帮助。

⑤国际互联网在 20 世纪 90 年代崛起并迅速发展成为国际营销人员的一个主要信息来源。互联网使国际营销人员能够随时获取最准确、最新的全球信息。这些信息对企业是否进入国际市场、进入哪个国家或地区市场、采用何种方式进入等决策会有很大的帮助，也会有助于企业评估在国外市场经营的风险、考虑备选的营销策略、分析潜在消费者、选择供应商和合作伙伴。但它仍然不能完全取代二手信息的其他来源。

（2）利用二手信息的重要性

企业应当重视收集、处理、分析和解释二手信息，即便是在实地调研和一手资料不可或缺的情况下，二手信息也可以为实地调研提供背景信息。充分掌握准确的二手信息可以避免不必要的实地调研，即使需要进行实地调研，这些背景信息也有助于更加合理地开展实地调研。国际营销人员所面临的问题通常不是寻找数据，而是对那些现有的数据进行筛选、评估、解释和利用。

如何利用不同的信息来源应该根据所需信息的类型并根据分析、解释、运用信息的方式来定。譬如，如果有一家公司考虑向某国市场投资，评估该国的政治和法律环境，了解其金融机构的情况，掌握前面提及的大量统计数据，对于企业合理规划投资至关重要。

然而，利用二手信息并非没有限度或没有隐患。二手信息的有效性、可靠性和可比性都需要检验。从不同市场上得到的数据、信息及其详细程度都不同。一般而言，发达国家提供的资料比较详尽。然而，即便同为发达国家，其资料的可靠性也不尽相同。国际组织提供的信息也同样存在着可信度的问题。因此，国际营销人员在评估二手信息时，应重视了解这些信息是谁、为什么目的和怎样收集的。掌握这些情况有助于国际营销人员正确评估所获信息的价值。

【讨论与思考】

1. 国际营销调研与国内营销调研有什么区别？

2. 简述国际营销调研的程序。

3. 企业是否应委托市场调研公司或咨询公司来完成国际营销调研项目？

4. 国际营销信息系统的含义是什么？

5. 某冰箱生产企业欲将其产品打入国际市场。为正确地制定这一决策，需了解哪些方面的信息？可能有哪些信息来源？

案例研究 4-1　丰田汽车公司如何发现进入美国市场的机会

丰田汽车成功打入美国市场，并不是一帆风顺的。由最初的年销售量228辆到年销售量50万辆，这一成就主要得益于丰田的市场调研以及据此制定的市场营销战略。

20世纪60年代以前，日本产品的质量还比较差，因而“日本制造”往往是“劣等货”的代名词。在此期间，首次进军美国市场的丰田车，也同样难逃美国人的冷眼。丰田公司不得不卧薪尝胆，重新制定市场规划，投入大量人力和资金，有组织地收集市场信息，然后通过市场细分和对消费者行为的深入研究，去捕捉打入市场的机会。它有两个具体的策略：

一是钻竞争对手的空子。对初出茅庐的丰田公司来说，要进入几乎由通用、福特垄断的美国汽车市场，似乎是以卵击石。但通过调查，丰田发现美国的汽车市场并不是铁板一块。随着经济的发展和国民生活水平的提高，美国人的消费观念、消费方式正在发生变化。在汽车消费上，人们已经摆脱了那种把车作为身份象征的旧意识，而是逐渐把它视为一种纯交通工具；许多移居郊外的富裕家庭开始考虑购买第二辆车；石油危机着实给千千万万个美国家庭上了一堂节能课，美国车的大功率并不能提高其本身的实用价值，再加上交通阻塞、停车困难，从而引发出对低价、节能车型的需求，而美国汽车业继续生产以往的高能耗、宽车体的豪华大型车，无形中给一些潜在的对手制造了机会。

二是寻找竞争对手的缺点。丰田定位于美国小型车市场。然而，即便小型车市场也并非没有对手的赛场，比如，德国大众的小型车在美国就很畅销。于是，丰田就雇用美国的调查公司对大众汽车的用户进行了详细的调查，充分掌握了大众汽车的长处与缺点。除了车型满足消费者的需求之外，大众汽车公司高效、优质的服务网打消了美国人对外国车维修困难的疑虑；而暖气设备不好、后座空间小、内部装饰差则是众多用户对大众车的抱怨。对手的“空子”就是自己的机会，对手的缺点就是自己的目标。于是，丰田把市场定位于生产适合美国人需要的小型车，以大众汽车为目标，吸收其长处而克服其缺点，如按“美国车”进行改良的“光冠”小型车，性能要比大众汽车高两倍，车内装饰也高出一截，连美国人个子高、手臂长、偏好大驾驶室等因素都考虑进去了。

经过市场调研，制定合理的产品策略，并辅之以定价、分销、促销等策略，丰田占领美国市场的策略获得巨大成功。时至今日，丰田在美国年销售量已愈50万辆，超过了它的竞争对手大众汽车公司，在美国进口商中居领先地位，成为当今世界上最大的汽车制造商之一。

案例研究 4-2　宝马对中国市场的调研（A）

宝马（BMW）汽车的德文是 Bayerische Motoren Werke，意为巴伐利亚发动机制造公司。该公司于 1916 年在德国巴伐利亚州的慕尼黑市成立。公司最初主要从事飞机发动机的研发与生产，BMW 的蓝白标志象征着旋转的螺旋桨。

1923 年，第一部 BMW 摩托车问世。1928 年，BMW 收购了埃森那赫汽车厂，并开始生产汽车。

70 年代末期，宝马集团开始快速扩张与发展。80 年代末，该公司不仅成为与奔驰并驾齐驱的德国经典豪华车品牌，也成为德国汽车工业的象征。

目前，宝马集团旗下汽车品牌包括 BMW、MINI 和曾经的英国著名皇家御用品牌劳斯莱斯（已被宝马收购）。在中国市场上，宝马则与梅赛德斯—奔驰和奥迪一起成为德国三大高档品牌车。

宝马在中国市场

宝马集团最主要的三个市场是德国、美国和中国。2011 年前 11 个月，宝马在中国的销售累计达 9.9 万辆，预计可以完成 10.8 万辆的全年销售目标，年增长水平达到 56%，在德国三大豪华品牌车中保持增长率领先地位。

华晨宝马汽车有限公司成立于 2003 年 5 月，是德国宝马集团和华晨中国汽车控股有限公司共同设立的合资企业，业务涵盖 BMW 品牌汽车的生产、销售和售后服务。公司的生产厂位于工业基础雄厚的辽宁省沈阳市，在北京设有分公司，销售和服务网络遍及全国。

2006 年 7 月，宝马集团宣布，全资子公司宝马（中国）汽车贸易有限公司（宝马中国贸易）正式成立，负责 BMW 和 MINI 品牌汽车的进口、销售、市场营销等所有相关业务。宝马顺利地完成了在中国的大渠道整合，将宝马进口车在中国内地的销售和华晨宝马的国产渠道结合起来。

中国豪华车市场

中国豪华车市场与国际豪华车市场有诸多相似之处：消费定位人群为富人，强调产品的用户体验，对质量与安全的标准非常苛刻，同时强调良好的操作性能和动力性能，要求在设计上有创新性与前瞻性。

从总量看，中国豪华车市场容量已超过 90 万辆，成为继美、德、日、英之后的全球第五大豪华车销售市场，并保持着年均 15% 以上的增速。特别是随着近年来欧美经济疲软，各大厂商都加强了对中国市场的关注与投入。

宝马的主要竞争对手

从国别上看，来自德国、美国和日本的汽车品牌占据了中国豪华车市场的主要份额。德国车作为品质和安全的象征，在豪华车市场上拔得头筹，而美日汽车厂商也在迅速追赶。同时，意大利汽车在超豪华车市场上拥有法拉利、兰博基尼、玛莎拉蒂等诸多强势品牌，而英国的莲花跑车、捷豹跑车与路虎越野车也独具竞争特色。

从增长方式看，发达国家豪华车市场已经步入稳定阶段，豪华车产销量与经济周期密切相关。而中国豪华车市场仍然处于快速增长阶段，中国社会目前不平衡的社会财富分配模式也刺激了豪华车市场的井喷式发展。

同时，中国的豪华车市场总体上仍然处于炫耀性消费阶段，并没有形成稳定的消费偏好细分消费群体，消费者对于豪华车的专业知识相对有限，更多关注品牌、设计和配套服务，厂商的市场知名度对于赢得市场份额十分重要，“赢家通吃”的马太效应比较明显。

对于宝马而言，最严峻的挑战来自于奔驰与奥迪。从产品线上看，奥迪隶属的大众集团与奔驰集团在豪华车的每一个细分市场都具有与宝马相匹敌的品牌。在进入时点上，奥迪进入最早，致使它虽然在国际市场上无法与宝马、奔驰齐名，但在国内市场却取得了非常明显的竞争优势。在价格和性能上，奥迪偏低一点，而奔驰和宝马两个品牌旗鼓相当，展开了非常激烈的竞争。

BMW 的竞争力 SWOT 分析

SWOT 分析包括分析企业的优势（Strengths）、劣势（Weaknesses）、机会（Opportunities）和威胁（Threats）。SWOT 分析实际上是将对企业内外部条件各方面内容进行综合和概括，并在此基础上分析组织的优劣势、面临的机会和威胁。这种分析法可以帮助企业把资源用在自己的强项和最有机会的地方。宝马公司在中国市场的 SWOT 分析主要结果如下：

优势：

①宝马品牌有着过硬的质量、优质的服务和良好的口碑。
②德国汽车品牌在高端车市场受到国人的认可。
③完善的销售渠道与网络。

劣势：

①合作方华晨实力较为有限，国产化率低，由于中国较高的豪华车进口关税使得产品国内价格远高于国际价格。

②相对于主要竞争对手奥迪与奔驰，宝马进入中国的时间较晚，未能取得捷足先登的优势。

机会：

①中国豪华车市场的井喷发展和富人阶层的扩大，提供了良好的销售条件。

②国人对宝马品牌“暴发户”的形象定位逐步改变。

③产品线覆盖轿车、跑车与 SUV 等，三大品牌拥有不同的消费群体，

可有效实现消费市场的细分。

威胁：

①由于中国市场的迅速增长和欧美市场的疲软，世界各大汽车厂商纷纷加大在中国市场的关注度和投入力度，导致竞争加剧。

②主要竞争对手奔驰和奥迪已建立比较稳定的客户群体，而价格更低的日本豪华车给宝马带来了更大的竞争压力。

BMW 的 STP 战略分析

所谓 STP 战略，即市场细分（Market Segmentation）、目标市场选择（Market Targeting）和市场定位（Market Positioning）。市场细分需要我们确定变量和细分市场，目标市场选择则建立在对各个细分市场吸引力的评估上，而市场定位则要求我们制定出专注于每一个细分市场的可能定位观念，创造出企业的核心竞争优势。

市场细分方面，如前所述，中国豪华车市场主要分为 200 万元以上的顶级豪华车，60 万～200 万元的经典豪华车，以及 25 万～60 万元的普通豪华车。其中总量最大的是 60 万～200 万元的经典豪华车细分市场。宝马公司在这一市场恰恰占有最大的竞争优势，但行业细分龙头仍然被奔驰公司所占据。

目标市场选择方面，宝马涵盖了中国豪华车市场的所有三个市场细分，而其主打方向便是面向经典豪华车市场的 BMW 品牌。其主要原因如下：

①从收入方面看，2009 年中国已经超越日本成为全球最大的奢侈品消费国。2010 年中国 GDP 超过日本成为全球第二大经济体，而中国人均 GDP 超过 4400 美元。同时，中国财富的分配极不平衡，由于信息的不透明，对于中国财富的集中度尚无准确地估计。据麦肯锡咨询的报告结果显示，仅北京地区资产总量达到 1000 万元的个人便有 20 万之多。而住房与汽车是中国人购买的最为贵重的两件耐用消费品。尤其值得注意的是，由于受中国面子文化的影响，汽车对消费者的效用不仅体现为驾驶体验和性能设计，更是一种经济实力与社会地位的象征。这种特殊的消费文化也增强了对豪华车产品的需求。

②从审美观念方面看，根据中国汽车行业网的相关研究报告，在中国

消费者的豪华车性能偏好上，“宽敞”、“典雅”和“操纵性”是比较突出的几个偏好特征。而在这些方面，以宝马为代表的德国车由于其精致的工艺、贵族的传统和高端的品牌形象具有一定的竞争优势。

③MINI 作为一个较为新颖的品牌，在中国市场的知名度不足，宣传与品牌效应较弱；而劳斯莱斯作为经典英国品牌，很多人并不知其被宝马公司收购的事实，同时劳斯莱斯尽管名声在外，但由于其天价的单车价格，导致其曲高和寡，往往是围观者众、购买者少，盈利能力极为有限，这也是该品牌最终出售给 BMW 集团的原因。

从市场定位方面看，三大汽车品牌的宣传口号紧紧对应其细分市场。BMW 品牌强调“感悟汽车”，突出全面的高科技、创新和美观；MINI 重点强调“另类的高贵”，突出年轻、城市化、多姿多彩与与众不同的特性；而象征顶级豪车的劳斯莱斯品牌，则以其一贯的骄傲传统秉承“永恒的高贵与典雅”的主题，打造自己“只为贵族设计”的高端品牌形象。

BMW 的客户定位与核心品牌价值

总体来看，中国宝马汽车的消费者可分为两大类，即富人阶层和新兴中产阶层。富人阶层，主要包括社会传统成功人士与新贵人士。其主要人口学特征包括：家庭年收入 200 万元以上；主要职业包括房产投资商、公司 CEO 及合伙人、MBO 企业主、矿主等。他们不一定有高学历，但一定有重大的机遇。新贵人士一般为 40 岁以下，较年轻，传统成功人士一般较年长。其成功主要依靠父辈的积累，或在新型行业，特别是互联网和电子商务行业取得的突破性进展。

新兴中产阶层，主要指受过良好教育，在企业、事业单位和机关担任中高层管理职位，或自主创业已经取得一定发展成就的私人业主。其主要人口学特征包括：大部分生于 1970 年代，在 32 ~ 45 岁之间（大学毕业 10 年以上）；一线城市大约家庭年收入 50 万 ~ 200 万元，二、三线城市家庭年收入大约 30 万 ~ 100 万元；受教育水平较高；已购房产；大部分已婚、有小孩。

宝马用核心价值统帅一切营销传播，把自己的品牌精髓刻在了消费者的大脑深处。其品牌核心价值是“sheer driving pleasure”，即“驾驶的乐趣和潇洒的生活方式”。因此，宝马总是不遗余力地提升汽车的操控性能，使驾驶汽车成为一种乐趣、一种享受。

第5章
国际市场营销调研方法

根据资料来源和资料搜集方法的不同，市场调研可分为案头调研和实地调研两大类。案头调研主要是对已有资料的搜集，包括各种文献档案、企业内部的记录以及调研人员在以往调研工作中的资料积累。实地调研则主要通过与消费者、购买者、中间商等人员的直接交往取得资料。案头调研通常是调研工作的开始，是进行实地调研的基础。

5.1 案头调研

5.1.1 案头调研的概念和作用

案头调研是指查寻并研究与调研项目有关资料的过程，这些资料有些是经他人收集、整理的，有些是已经发表过的。所以，案头调研又称为二手资料调研。

在国际市场营销中，案头调研的作用主要表现在以下两个方面。

①是重要的信息来源，为某些营销决策的制定奠定基础。例如，企业在制定市场选择决策时，可以通过案头调研搜集到各国人口、收入、政策环境等方面的资料，筛出没有前途的市场，初步选出市场潜力大、经营环境好的国家作为目标市场。

②为国外实地调研打下基础。到国外进行实地调研的成本是很高的。调研人员在进行实地调研之前，一般先进行案头调研。这是因为，案头调研可以为实地调研提供必要的背景材料，使实地调研的目标更加明确，从而节省时间和调研成本。

5.1.2 案头调研中应注意的问题

虽然案头调研有省时、省钱的优点，但是从许多市场上得来的二手资料都存在着严重缺陷。为此，调研人员必须注意以下几个方面的问题。

(1) 可获性

某些国家统计非常完备，企业比较容易得到所需要的资料；而另一些国家（特别是发展中国家）的统计手段落后，很难得到所需要的资料。所以调研人员在选用资料时应考虑这些资料能否迅速而方便地获取。

(2) 时效性

有些数据资料已过时了很多年，而时间上的差异通常会造成经济形势的差异，所以这些数据不能作为企业决策的依据。

(3) 可靠性

有些国家提供的数据是经过科学方法加工整理而成的，准确性很高，而另一些国家提供的数据则只是估计数字，准确性不高。调研人员对此应注意鉴别。

(4) 可比性

由于各国情况不同，不同国家的数据有时不能进行相互比较。例如，电视机的消费在德国被列入消遣性支出，而在美国则被列入家具类支出。各国数据的不可比性，必然会影响到数据的实用性，从而影响企业的决策。

利用案头调研可以帮助完成市场的筛选过程。案头调研通常可以通过以下几个阶段逐步进行：市场环境研究阶段、市场目标潜力分析阶段、企业销售潜力分析和预测阶段。通过这几个阶段的分析，逐步压缩所要考虑的市场数量，将目标最终集中在最有前途的市场上。至此，调研人员可以决定调研是到此为止，还是接着进行实地调研。

5.2 实地调研

通过案头调研收集到的材料通常很有限，并且只能解答一般性的问题，所以很难达到调研目标的要求。许多具体问题是无法通过案头调研来找到答案的，如产品的规格和颜色、广告的效果、产品价格改变的影响以及消费者和中间商的意见等，这些问题的答案必须通过实地调研才有可能获得。这时调研工作就应该转入实地调研阶段。

实地调研是指由调研人员亲自搜集第一手资料的过程。相对案头调研，实地调研的成本较高。企业是否需要采用这种方法来搜集信息，应视具体情况而定。例如，如果企业只是打算通过某国的代理商来向该国出口，那它就没有必要花很多资金和时间对该国长期市场潜力进行一手资料调研。而如果它打算在该国建厂生产，那么取得该国有关市场潜力的第一手资料就很有必要。

5.2.1 实地调研的常见问题

根据调研方法的不同，实地调研可分为调查法、观察法和试验法。市场调研人员可根据调研内容以及经费和时间的多寡，选择不同的方法进行调研。在采用这些方法时，经常需要用抽样调查和问卷调查等技术。采用这些方法和技术的具体步骤在国内和国外营销调研中是没有多大区别的，所以，这里不再赘述。但是，由于各国在经济、社会、文化等方面存在着差异，这些方法和技术在国外营销调研中会产生如下一些特殊的问题。

（1）抽样调查中的问题

要使抽样调查取得成功，关键是样本必须具有代表性。但是，在许多国家，特别是发展中国家，抽样调查很困难。有的国家人口统计不完全，有的地区根本没有街道图，房屋没有编号。在此情况下，国际调研人员不得不采用就便抽样法。这就会存在数据不准确的可能性。

（2）问卷调查中的问题

在国外使用问卷方式进行调查，语言的正确翻译至关重要，翻译不当会引起误解，导致调查失败。若遇到同一个国家有几种语言的情况，问卷的翻译难度就更大，因为问卷在一国必须被译成若干种语言。例如，加拿大有英语和法语两种语言；印度国内不同的地区共有 14 种官方语言；刚果民主共和国的官方语言是法语，但人口中只有少数人能讲流利的法语，大多数人日常生活中使用本国 4 种混合方言中的一种。在这些国家，问卷调查是极其困难的。

语言是问卷设计和研究实施中的一个重要问题。研究者身上总是带有某种文化的烙印。他用某种语言构思研究并初步写成问卷，又要将问卷翻译成另一种语言，调查完全不同文化背景的被访者，这必然会导致许多问题。

(3) 电话调查中的问题

在家庭电话普及率高的工业化国家，即便是进行消费者调研，采用电话调查法也是可行的。然而，对于家庭电话数量很少的发展中国家而言，情况就不一样了。例如，印度每千人只拥有 32 部电话，印度尼西亚的情况也差不太多。在这些国家，采用电话调查法进行消费者调研是很难的。

专栏 5-1　市场调研中的数据收集方法

并非每种数据收集的方法都可以在所有的国家使用。例如：在墨西哥，如果想要了解一般民众的整体情况，就不能用电话进行调查，因为墨西哥的电话普及率很低——在首都墨西哥城，电话普及率大约为 55%~60%；瓜达拉哈拉（Guadalajara）和蒙特里（Monterey）不到 50%；其他城市大约为 35%。到目前为止，在墨西哥调查的最好方式是挨家挨户地亲自上门访问（Namakforoosh，1994）。在欧洲，由于国与国之间的差异，在不同国家有不同的"最佳"数据收集方法。根据 Naresh Malhotra（摘自 Andruss，2000b）研究，在葡萄牙所做的调查中，3/4 都是以面谈的形式完成的。而在人均受教育水平很高的北欧国家，发函调查的形式更为普遍。

(4) 个别访问中的问题

在许多发展中国家，采用个人访问法进行调查十分困难。被访者或者拒绝访问，或者拒绝回答问题，甚至可能故意提供假情报等。主要原因是：①在许多文化背景中，人们不愿意与陌生人交谈，女性与陌生人谈话更是冒天下之大不韪。②在许多场合，被访者不愿意与来访者交流真实情况，担心来访者系政府所派，谈出真实情况有可能造成不利后果。③来自中等收入阶层的被访者往往虚报自己的消费水平，以满足其虚荣心需要。例如，在印度进行的一项有关茶叶消费的调查中，来自中等收入阶层的 70% 的被访者声称自己饮用某种名牌茶叶。这一调查结果与实际情况不符，因为在印度市场上，60% 的茶叶是无牌、无包装的普通茶叶。④被访者受教育程度太低，以至于连口头交流都有困难。

5.2.2 解决实地调研问题的方法

以上是开展国际营销实地调研的几个常见问题，目前还没有放之四海而皆准的解决方法。以下是如何解决这些问题的一些建议。

(1) 重视借鉴书本知识

充分利用已有的关于国际营销调研方面的著作和文献，从中学习一些专门的调研技能。

(2) 寻求当地人的帮助

寻求当地人充当跨越文化障碍的桥梁。这些人一般应精通两国语言和两种文化，最好是受过营销学和营销调研方面的训练。这些人在帮助企业搞好实地调研方面能够发挥很大的作用。

(3) 问卷翻译可以用回译的做法

即首先用中文草拟问卷，并译成外文，然后请市场国当地的翻译译成中文，调研人员再将两份中文问卷进行对比。如在含义上无差别，说明外文翻译正确，可在市场国使用。否则，需要进一步寻找差距之所在，对两次翻译进行推敲。实践证明，“回译”的做法对解决问卷翻译问题是行之有效的。

避免这类问题的通常做法是进行“翻译和倒译”。最理想的情况是由一个“局外人”进行倒过来翻译和重新翻译。这种过程很可能会增加成本并耗费更多的时间，但它的确有效。在一份用于调查香港消费者民族优越感的问卷中，研究人员最初用英文写成问卷，然后将其译成中文。研究者进行了两遍翻译和倒过来翻译，最终得到了比较满意的问卷中译本。问卷采取调查员监督、被访者自行填答的方式进行。

(4) 通过实践积累经验

由于实地调研费用很高，而有些市场近期内规模又不会太大，搞实地调研不值得，这时，企业与其进行营销调研，还不如采用直接向该市场进行试探性出口，以此了解市场。这实际上是一种低成本的调研方法。例如，许多西方公司在中国设有办事处和子公司，其业务量很小，有些实际上是亏本经营，但这些西方公司并不撤回办事处和子公司，因为他们可以通过这些办事处和子公司了解许多中国市场的情况。这实际上也是一种低成本的营销调研活动，这些西方公司的着眼点在于中国的未来市场。

（5）加强对调研人员的培训

通过培训调研人员，使其熟练掌握各种调研技巧。这样，当在某国不能使用某一种或某几种调研方法时，还可以使用其他方法。

【讨论与思考】

1. 案头调研的概念和作用是什么？
2. 国际市场调研有哪几种方法？
3. 在国外进行实地调研可能会遇到哪些问题，应如何解决这些问题？

第三篇

国际市场营销方式

第6章
国际市场细分与目标营销

能否满足国际市场的顾客需求，是企业营销活动成败的关键。全世界有200多个国家和地区，人口超过65亿，各国政治、经济、文化、地理等状况的不同导致了各国顾客的需求差别很大。因此，企业的资源无论有多么雄厚，也难以同时进入所有国家的市场。即使是在一国之中，顾客的需求也是千差万别的，企业也不可能同时满足一国所有顾客的需求。在难以同时满足所有顾客需求的情况下，首先，企业必须依照一定的标准对众多的国家和地区进行划分，从中找出需求缺口最大、同时又是被竞争对手忽略的国家作为目标市场；然后，再对这些国家中的顾客作进一步的分类，选出某些顾客群作为目标市场。企业为了选择目标市场，将国际市场分为若干个较小的市场的过程就是国际市场细分过程。

6.1 国际市场细分的概念和意义

6.1.1 市场细分的概念

市场细分是一个选择目标市场的策略思想，是指企业按照某种标准将市场上的顾客划分成若干个顾客群，每一个顾客群构成一个子市场，不同的子市场之间，需求存在着明显的差异。

市场细分的理论根据是顾客需求的异质性。根据顾客需求的异质性理论，按照顾客需求的差异程度，市场可被分为同质市场和异质市场。当顾客对产品的需求大致一致时，称为同质市场；当顾客对产品的质量、款式、价格等有不同要求时，称为异质市场。根据市场既具有同质性又具有异质性的理论，人们可以将世界上所有的国家分成不同的市场，同时又可将世界上某些国家分为同一个市场，这便是市场细分。

市场细分的目的是选择和确定企业的目标市场，然后针对目标市场的需求，从产品计划、价格政策、分销渠道直至促销宣传采取相应的整套市场营销策略，使企业经营的产品更符合各国不同消费者的需要，从而在细分市场中提高竞争力，增加销售，提高市场占有率。

6.1.2 国际市场细分

国际市场细分是市场细分概念在国际营销中的运用。国际市场细分具有两个层次的含义，即宏观细分和微观细分。

宏观细分是在全球范围内进行的。世界上有200多个国家或地区，不同国家或地区有着不同的文化、政治、法律、经济、科技和自然环境，市场需求千差万别。企业究竟进入哪个或哪些市场最有利？这就需要企业根据某种标准将全球市场分为若干个子市场，每一个子市场具有基本相同的营销环境，企业可以从中选择一个或几个子市场作为自己的目标市场。举例来说，一家牛仔裤公司根据消费者的身材特点，将世界划分为亚洲市场和欧美市场。亚洲人和欧美人都喜欢穿牛仔裤，但亚洲人身材较矮小，欧美人较高大，因此亚洲和欧美构成不同的子市场。这种国际市场细分就是宏观细分。

微观细分是在宏观细分的基础上，对子市场再进行细分。企业在进入某一外国市场后会发现，该国市场需求也是形形色色的，企业很难满足该国所有消费者的需求。因此，需要根据一定标准将该国市场划分为若干个部分，并选择其中一个或几个子市场作为企业的目标市场。这种含义的国际市场细分称为微观细分，也叫一国之内的细分。再举上述例子，牛仔裤公司根据消费者的身材特点将世界划分为亚洲市场和欧美市场，并根据其自身的条件，决定放弃欧美市场而进入亚洲市场。但在进入日本后，它发现日本青年人对牛仔裤又有不同的要求，一是男女要求不同，二是对牛仔裤的颜色要求不同，三是对裤腿的肥瘦要求不同，这就需要对日本市场作进一步的市场细分和目标市场的选择。这种国际市场细分就是微观细分。

6.1.3 国际市场细分的意义

(1) 有利于发现新的机会开拓新市场

企业在市场调研的基础上进行市场细分，有利于了解细分市场上消费者需求的满足程度：哪些细分市场中产品或服务的需求已经得到满足，哪些细分市场中产品或服务的需求未得到满足或未完全得到满足，从中可以发现市场营销机会。例如，20 世纪 60 年代，名不见经传的美国钟表公司利用市场细分理论对美国国内钟表市场进行了细分，其采用消费者的购买动机作为细分标准，将美国国内市场细分为要求价廉的顾客群（其人数占 23%）、要求耐用的顾客群（占 46%）和要求名贵、显示身份的顾客群（占 31%）共三个细分市场。细分后发现，当时美国和世界上的著名钟表公司大多集中力量满足最后一个细分市场的需求，而占市场需求 69% 的前两个细分市场的需求并未被满足。于是该公司针对前两个市场的需求推出了 Timex 牌手表，很快占领了相应的市场，也因此成为当时世界上最大的钟表公司之一。

（2）有利于企业制定和调整营销策略

国际市场范围广阔，各个区域消费者需求和竞争者状况不断变化。企业通过对国际市场进行细分，可以有针对性地观察和收集细分市场信息，掌握各个细分市场消费者需求、竞争者策略的变化，并据此及时地调整营销策略。

（3）有利于企业提高经济效益

企业在对国际市场进行细分后，可以根据各细分市场的市场潜量、竞争状况来合理地分配国际营销预算，使得在每个子市场的投入都能得到相应合理的回报，从而提高企业的国际营销效益。

6.1.4　国际市场细分的原则

细分市场总的要求是细分后的子市场之间要有明显的差异性，而每个子市场内部却具有一定的同质性。因此，细分出来的国际市场应该具备以下四个条件。

（1）可衡量性

即子市场的规模和购买力是应当能够衡量的。如果不能衡量，企业就不能分配适量资源来开发这一子市场。例如，用生活方式来作为细分标准就很困难，因为很难确定一国中究竟有多少人属于某一种生活方式，这种细分往往就是不可衡量的。

（2）可进入性

即企业利用现有的人力、物力、财力是可以进入细分后的某一市场的。一个看起来很有发展前景的子市场，却很难接近和为它提供服务，那么这个子市场就没有现实意义。例如，我国有过年放鞭炮的习俗，对烟花爆竹有需求，但是有些城市禁放鞭炮，所以对于这种子市场营销人员就得作放弃处理。

（3）有价值性

即企业占领某一细分市场后，能够得到足够的经济效益。细分市场具有足够的规模和发展潜力，只有这样的细分市场才是有价值的。

（4）可实施性

即企业能够服务子市场的可行程度。例如，一家小航空公司将其顾客划分成七个子市场，但公司由于力量不足，人员缺乏，没有能力分别为每一个子市场制定单独的营销策略，因此这样的市场细分就没有意义。

6.1.5 国际市场细分的步骤

国际市场细分一般可以分为以下几个步骤。

①企业的营销活动首先要确定营销目标，即确定企业要生产什么产品，满足哪些消费者的需求，从而选择企业要进入的市场范围。产品市场范围应以企业的能力和市场需求两个方面来确定。企业能力是指企业是否能够生产此类产品；市场需求是指顾客对这种产品的需求量。例如，某工厂根据自己的能力并考虑到由于生活水平的提高，人们对空调的需求量必然会越来越大，因此把市场范围就定为空调。

②确定市场范围后，下一步就要考虑潜在顾客的需求。例如，对空调来说，有人认为省电最重要，有人认为噪音低就是好，有人认为价格低更好，也有人认为制冷效果好才是最重要的。企业对顾客的潜在需求应该进行认真分析。

③选择细分标准。按照潜在顾客的所有需求，列出能够进行该市场细分的全部标准，然后选择适当的细分标准对市场进行划分。例如，家用空调的购买者主要是消费者家庭，家庭对空调的最基本要求是能够在夏季制冷，并且安全、质量好；低收入者要求价格低；高收入者要求美观。此

外，每个家庭居室对空调的式样、颜色也有不同的要求。根据上述要求，企业可以选择最重要的几个因素作为细分标准，而其中能够制冷、省电、安全、质量好是共同的要求，不能作为细分市场的标准。

根据选出的标准，可先对市场进行大致的划分。如根据家庭人口、居住面积，把空调分为大功率和小功率两个市场。在粗略划分的基础上，再调整细分标准，然后重新按新的细分标准将整个国际市场细分为若干个子市场。例如，在确定大功率空调市场的基础上，根据消费者收入的情况和其他爱好，把大功率空调市场分为普通型和豪华型等。经过这样的细分，找出适合本企业准备进入的目标市场。

6.2 国际市场细分的标准

依据最终用户的不同，国际市场可以分为国际消费品市场和国际工业品市场。这两种市场既有共性又有区别，在细分时必须依照各自的特征设定相应的标准，以使细分的结果合理、有效。

6.2.1 国际消费品市场细分标准

(1) 地理标准

地理标准是一种常用的细分标准，即以地理特征为标准对国际市场进行细分。这些地理特征包括：国家、地区、气候、人口密度、城市、农村等。例如：按国家标准，国际市场可分为美国、英国、日本、智利、埃及、南非等细分市场；按地区标准，可分为欧洲地区、美洲地区、亚洲地区、中东地区等细分市场；按气候标准，可分为热带、亚热带、温带、寒带等细分市场；按城市、农村标准，可分为大城市、中小城市、城市郊区、农村等细分市场。

(2) 人口标准

人口标准也是市场细分常用的标准，可按人口的下述特征进行细分。

①年龄。消费者的年龄不同，在生理、心理、社交、兴趣、爱好、需求等方面也不同。因此，可以根据年龄的不同将消费者分为不同的细分市

场。例如，分为婴儿市场、儿童市场、少年市场、青年市场、中年市场、老年市场等。

②性别。一般来讲，服装、化妆品和杂志等市场采用性别细分，如将服装分为男装和女装两个细分市场，将皮鞋分为男鞋和女鞋两个细分市场，将自行车分为男车和女车两个细分市场。

③家庭人口。家庭人口不同，组成结构不同，需求也不同。据此，可将消费者分为不同的细分市场，比如，分为单身家庭、两人家庭，核心家庭、多子女家庭、大家庭等细分市场。

④收入。收入是消费者的重要经济特征，它与消费者的购买行为有直接关系，因此可以按照消费者的收入不同来细分市场，比如，分为高收入、中等收入、低收入等细分市场。

⑤职业。消费者的职业不同，其购买行为与能力也不同，因此也可以按消费者的职业不同而细分市场，比如，分为农民、工人、职员、自由职业者等细分市场。

⑥宗教信仰。消费者的宗教信仰不同，其信念与禁忌也不同，其消费习惯与需求也不同，因此也可以按消费者的宗教信仰不同而细分市场，比如分为基督教徒、佛教徒、伊斯兰教、天主教徒等细分市场。

⑦教育程度。消费者受的教育程度不同，其消费的方式、喜爱、兴趣也不同，因此可按消费者受的教育程度不同而细分市场。比如，分为小学以下教育程度、初等教育程度、中等教育程度、高等教育程度等细分市场。

（3）心理标准

消费者的消费欲望与需求，不但受上述各细分标准或因素的影响，而且也受消费者心理因素或心理特征的影响。因此，可按消费者的心理特征来细分市场。消费者的心理特征包括生活方式和个性两方面。

①生活方式。所谓生活方式是指一个人或一个群体对于生活消费、工作和娱乐的不同看法和态度。例如，人们常说的时髦型、朴素型、享乐型、事业型、追求社会地位型等个人或群体，就具有不同的生活方式。因此，企业可按消费者的不同生活方式来细分市场。比如，西方国家的时装企业将女性市场分为：朴素的女性、时髦的女性和男性化的女性三个细分市场。

②个性。个性是个人具有的本质心理特征，它包括兴趣、爱好、能力、气质、性格等方面。消费者的个性不同，对产品的需求也不同，因此可以按消费者的不同个性来细分市场。例如，将消费者分为性格内向、保守，以及性格外向、热情、容易接受新事物新产品两个细分市场。20 世纪 50 年代美国福特汽车公司推出的福特汽车和美国通用汽车公司推出的雪弗莱汽车，就是按照消费者的不同个性单独设计、生产和推销的。前者适合于具有独立个性、自信心强的消费者，后者适合于具有保守、节俭个性的消费者。

(4) 行为标准

所谓行为标准是指根据消费者购买行为的不同，而将消费者细分为若干细分市场。

①追求利益。消费者虽然消费同样的产品，但是追求的利益可能截然不同。因此，可按消费者所追求的利益不同而细分市场。比如，消费者对服装追求的利益是各种各样的，有的是为了保暖，有的是为了工作、学习方便，有的是为了日常生活舒适，有的是为了显示身份。因此，可将服装细分为一般服装、工作服、休闲服、高级豪华服装等细分市场。又如，消费者对牙膏追求的利益也是不同的，有的是为了保持牙齿卫生，有的是为了防治牙病，有的是为了保持口腔的清爽。因此，可将牙膏细分为普通牙膏、药物牙膏、薄荷牙膏等细分市场。

②使用情况。可按消费者使用产品的情况来细分市场。比如，可将消费者细分为未曾使用者、曾经使用者、潜在使用者、首次使用者和经常使用者。这种细分标准适合于不同规模的企业。一般而言，市场份额高的企业重视潜在使用者细分市场的开发，而中小企业则重视曾经使用者细分市场的保持。为了保持市场份额，企业应该在维护品牌知名度和阻止忠诚用户转移品牌上做大量的投入。

③使用频率。根据消费者对产品的使用频率细分市场。比如，美国啤酒企业根据使用频率将美国消费者分为三个市场：不饮啤酒者占 68%，少量饮啤酒者占 16%，大量饮啤酒者占 16%。通过细分市场发现，大量饮啤酒者的饮酒量是少量饮啤酒者饮酒量的 7 倍，饮用者大多数为劳工阶层，年龄在 25 ~ 50 岁之间，他们每天看大量电视，喜欢观赏体育节目。这种市场细分帮助企业找到了顾客群体，可使企业做到有的放矢。

④态度。根据消费者对本企业产品所持的态度将市场分为：热爱的、肯定的、不感兴趣的、否定的、敌对的五种细分市场。这样细分后有利于企业针对不同细分市场消费者的不同态度，有针对性地采取不同的营销策略和措施。

市场细分的标准有很多，上述仅仅是经常使用的一些标准。企业在细分市场时，既可以使用一个标准来细分市场，又可以同时使用两个或两个以上的标准来细分市场。美国的汽车制造业和旅游业就一直按消费者收入这一个标准来细分市场，化妆品行业一直按消费者的性别一个标准来细分市场。但多数企业是使用多种标准来细分市场的，如服装行业同时采用性别和收入两个标准来细分市场。

专栏6－1　麦当劳瞄准细分市场需求

麦当劳在发展过程中一直非常重视市场细分的重要性，而正是这一点让它取得令世人惊羡的巨大成功。市场细分主要是按照地理细分、人口细分和心理细分来划分目标市场，以达到企业的营销目标。而麦当劳的成功正是在这三个划分要素方面下足了功夫。它根据地理、人口和心理要素准确地进行了市场细分，并分别实施了相应的战略，从而达到了企业的营销目标。

麦当劳在刚进入中国市场时，大量传播美国文化和生活理念，并以美国式产品牛肉汉堡来征服中国人。但中国人爱吃鸡，与其他洋快餐相比，鸡肉产品也更符合中国人的口味，更加容易被中国人所接受。针对这一情况，麦当劳改变了原来的策略，推出了鸡肉产品。在全世界从来只卖牛肉产品的麦当劳也开始卖鸡了。这一改变正是针对地理要素所做的，也加快了麦当劳在中国市场的发展步伐。

麦当劳还依据年龄及生命周期阶段对人口市场进行细分。其中，将不到开车年龄的划定为少年市场，将20～40岁之间的年轻人界定为青年市场，同时还划定了老年市场。人口市场划定以后，再分析不同市场的特征与定位。例如，麦当劳以孩子为中心，把孩子作为主要消费者，十分注重培养他们的消费忠诚度。在餐厅用餐的小朋友，经常会意外获得印有麦当劳标志的气球、折纸等小礼物。在中国，还有麦当劳叔叔俱乐部，参加者为 3～12 岁的小朋友，定期开展活动，让小朋友更加喜爱麦当劳。这便是相当成功的人口细分，抓住了该市场的特征与定位。

麦当劳还根据心理要素细分市场。根据人们的生活方式划分，快餐业通常有两个潜在的细分市场：方便型和休闲型。在这两个方面，麦当劳都做得很好。例如，针对方便型市场，麦当劳提出“59 秒快速服务”，即从顾客开始点餐到拿着食品离开柜台，时间不得超过一分钟。

针对休闲型市场，麦当劳对餐厅店堂的布置非常讲究，尽量做到让顾客觉得舒适自由。麦当劳努力使顾客把麦当劳作为一个具有独特文化的休闲好去处，以吸引休闲型市场的消费者群。

资料来源：道客巴巴网，2011 年 11 月。

6.2.2　国际工业品市场细分标准

国际工业品市场细分的标准与国际消费品市场细分的标准基本相同，但由于国际工业品市场具有不同于国际消费品市场的某些特点，如购买的数量大、次数少、购买者地理位置集中、专业要求高等，在细分国际工业品市场时企业还需要运用其他一些标准。

(1) 根据用户规模与购买力大小来细分市场

用户规模和购买力是国际工业品市场常用的细分标准。由于不同类型的用户对产品质量、需求数量、服务等多方面都有不同的要求，工业企业可以根据用户数量和大小来细分市场。如美国某大型办公用品公司根据用户大小将市场分为大客户（如 IBM 公司、福特汽车公司）和小客户两个子市场。

(2) 根据用户类型来细分市场

在国际市场营销中，企业常常使用最终用户标准来细分国际工业品市场。这是因为不同的最终用户对产品追求的利益不同，对产品的要求也不同。比如，轮胎公司可以根据用户的最终用途将轮胎市场细分为飞机用轮胎市场、军用轮胎市场、一般工业用轮胎市场、农业用轮胎市场等子市场。

与消费品市场一样，工业品市场也常同时使用几个细分标准对市场进行细分。以美国某铝制品公司细分市场为例，该公司首先采用最终用户作为标准，将铝制品市场细分为汽车制造业、建筑业、饮料容器制造业三个细分市场，又将建筑业细分市场按用户规模细分为大用户、中用户、小用户三个细分市场，最后将大用户细分市场进一步按追求的利益不同而细分为重视价格、重视质量、重视服务三个细分市场，并最终选择重视服务的细分市场为自己的目标市场。

6.3 目标市场选择

企业对市场进行细分后，最终的目的是为了选择其中一个或几个细分市场作为自己要进入的目标市场。这是因为企业通过市场细分会发现，不是所有的细分市场都能成为企业的目标市场。

6.3.1 目标市场的选择标准

到底进入哪个或哪几个细分市场呢？这涉及各个细分市场的选择标准，具体应该从下述三个标准来进行评估。

(1) 目标市场的规模和增长潜力

市场规模是企业选择目标市场要考虑的一个重要因素，市场需求量的大小决定该市场是否值得进入和占领。目标市场规模太小，企业无法发挥资源优势，无法实现规模经济效益；目标市场过大，企业则无法有效控制或占有市场，反而为竞争对手进入创造条件或提供缺口。

在考虑市场规模时，不仅要考虑目前的需求量，还必须考虑未来的需求量。要综合考虑人均收入增长速度、产品生命周期、消费需求和偏好的变化等因素。此外，还需要分析该市场上已有的同类产品供应者和潜在的供应者，从而确定本企业产品投放该国市场后的可能销售量

(2) 目标市场的竞争结构及强度

企业应选择竞争对手力量薄弱或尚未完全重视，而自身又拥有相对竞争优势的细分市场作为自己的目标市场，避免进入竞争激烈或已为竞争对手控制的细分市场。根据迈克尔·波特（Michael Porter）的分析，供方、

买方、现有竞争者、潜在进入者及替代品生产者 5 种力量构成市场的竞争状况，这 5 种竞争力量决定市场的竞争强度及盈利水平。企业在确定目标市场时，必须认真分析市场的竞争结构及竞争强度，避免和对手造成两败俱伤的局面。

(3) 目标市场应符合企业的经营目标和资源条件

有时，虽然某个细分市场的规模、增长潜力、竞争强度都比较理想，但是这个市场并不一定就是企业应该选择的目标市场，这还要看企业的经营目标和资源条件。某些细分市场虽然潜力很大，但与企业的战略目标相背离，或者可能分散企业的资源而无法实现战略目标，对于这些细分市场只能放弃。此外，即使细分市场符合企业的战略目标，企业还须在该市场具备一定的竞争优势，如低成本、产品差异性等，否则，企业也不能选择自身无竞争优势的细分市场作为自己的目标市场。

6.3.2 目标市场营销策略

企业在进行市场细分后，就可以按照上面介绍的目标市场选择标准，并结合下面介绍的三种目标市场营销策略来选择目标市场。

(1) 无差异营销策略

无差异性营销策略是企业面向整个市场，即把所有细分市场看成是一个大市场，只考虑整个大市场上所有消费者的共性，而不考虑其个性。这种策略的优点是通过大批量生产和标准化的营销活动，可以实现规模经济效益，降低生产和营销成本，一般只有少数大企业有能力采取这种策略。这种策略的缺点是忽视不同消费者需求之间的差异性，从而丧失许多市场机会。采用这种策略最典型的例子就是美国可口可乐饮料公司。该公司长期以来向全球市场只提供一种口味、一种包装和统一广告宣传的可口可乐饮料，而且获得很大的成功。

(2) 差异性营销策略

差异性营销策略是企业面向全部或大部分子市场，即针对不同的细分市场提供不同的产品，而且采取不同的营销组合满足不同消费群体的不同需求。比如，自行车企业针对不同的细分市场，分别提供不同的自行车，如轻便男车、轻便女车、儿童车、山地车、赛车、加重车等。这种策略的优点是可以增加企业的竞争能力，扩大销售额。缺点是由于品种多、分销渠道广、广告宣传多样化等因素，生产和经营成本也相应增加。这种策略适合于实力雄厚的大企业采用。

（3）集中性营销策略

集中性营销策略是企业把自己的目标市场集中在一个或少数几个子市场上。这种策略特别适合于中小企业，因为他们追求的目标不是在较大的市场上占有一个较小的市场份额，而是在一个或几个较小的市场上占有较大的市场份额。例如，美国吉宝食品公司过去生产几百种食品，但市场占有率很低，后来该公司放弃了一般食品的生产，专门针对婴儿市场生产供应婴儿食品，从而在该细分市场上取得了极高的市场占有率。这种策略的优点是资源有限的企业可以集中力量向某一特定子市场提供最好的服务，同时又可以降低经营成本。这种策略的缺点是目标市场太狭窄，一旦目标市场发生变化，如需求突然发生变化、购买者兴趣转移或出现了强有力的竞争者等，企业会立即陷入困境。

6.3.3 选择目标营销策略应考虑的因素

上述三种营销策略各有其适用的范围，企业在选择时要考虑其资源能力、产品的特点和市场状况等因素。以下是企业在选择目标营销策略时需要考虑的几种因素：

①企业的资源条件。一般而言，企业资源丰富，可以选择差异性营销策略；而如果资源有限，则最好是选择集中性营销策略。

②产品特点。如果是同质产品，如煤炭、粮食、食盐等，因其差异较小，故采用无差异营销策略比较合适；相反，如果是异质产品，如时装、化妆品、照相机等，因其差异较大，故比较适宜采用差异性营销策略或集中性营销策略。

③市场特点。如果消费者的需求相同，对企业同一营销策略作出的反应也相同，企业可以采用无差异性营销策略；反之，则采用差异性营销策略。

④产品生命周期。当产品在市场上处于生命周期的投入期阶段和成长期阶段时，由于市场上的竞争者较少，这时企业可以采用无差异性营销策

略；而当产品在市场上处于成熟期阶段时，这时由于竞争者较多，竞争较激烈，企业就应采用差异性营销策略。

⑤竞争对手的营销策略。当竞争对手实行无差异性营销策略时，企业就应采用差异性营销策略与之抗衡；反之，当竞争对手采用差异性营销策略时，企业绝不能采用无差异性营销策略，而是应该对市场进行更为有效的细分，然后采用差异性或集中性营销策略去占领需求尚未得到满足的细分市场。

【讨论与思考】

1. 国际市场细分的标准有哪些？
2. 如何对一个产品市场进行细分？
3. 国际市场定位有哪些策略？
4. 国际市场的三种营销策略有什么优缺点？
5. 针对一家具体的企业，你应该如何进行国际定位？

案例研究 6-1　海尔洗衣机进入日本市场

对于家电企业来说，要想在竞争激烈的日本市场立足，绝不是一件容易的事。曾有不少国际化大公司信誓旦旦要进入日本市场，但最终成功的却很少。

日本家电市场是一个成熟、饱和的市场，竞争异常激烈。这个市场几乎被日本著名的家电企业所垄断。松下电器是日本最大的电子消费品厂商，1999年在日本最大的企业中排名第8位，它在日本国内彩电、录像机、空调、冰箱等领域占据了最大的市场份额。日立是仅次于松下的第二大家电企业，也在日本家电市场占据重要的市场份额。而位居其后的索尼公司一向被认为是家电领域里的贵族，以产品质量过硬著称。除了这三家，日本著名的家电企业还有东芝、三菱、夏普、三洋等世界一流的企业。日本的家电产品在国际市场上有非常高的品牌知名度，其过硬的质量带来了客户的高度忠诚，销售业绩十分惊人。

日本的家电市场堪称世界顶级市场。凭其高质量、高技术含量而独树一帜，加上其家电产品的精细化水平、消费者的苛刻和挑剔以及当地人对国产品牌的保护意识，令欧美的西门子、惠普及韩国的三星、LG 等众多名牌家电进入日本市场10余年也创不出令人满意的成绩。

海尔洗衣机进入日本市场，选择的是一条人无我有、人弱我强的差异化市场思路，凭借其个性化的设计和独特的产品功能，满足了日本不同层次消费者的需求，迅速抢占了被日本和韩国品牌垄断的洗衣机市场。短短2年多的时间，海尔的多款产品进入了日本各类洗衣机产品销售的主力阵容，销量占据了日本大型连锁店同类产品的前两名。海尔洗衣机销量的不断攀升，带动了海尔品牌美誉度在日本的迅速提升。

由于对市场和顾客需求有清醒的认识，海尔集团凭借“创造市场”的信念，对日本市场进行了认真的调查。仔细研究后发现，在日本，单身贵族占了相当大的比例，大约有1300万，单身贵族用户拥有洗衣机容量一般在4~6kg，但这样的容量往往得不到充分利用。经过市场调查后，海尔用了半年时间成功实现了2.3kg 容量洗衣机的产品化——“个人洗衣间”，并于2001年11月1日推向市场。该产品通过减少容量以及将功能减少到必要的最低限度，从而使外形尺寸缩小，重量也只有16.5kg，并且用水量和耗电量也比4~6kg 的洗衣机更节省。除揉洗等基本功能外，该洗衣机还配备了可以在13分钟内完成洗涤的快速模式，这对于单身用户相当有吸引力。产品备用白色、粉色和蓝色三种颜色，完全是按日本消费者的消费意识来设计的。“个人洗衣间”不但深受日本单身消费者的青睐，还成为日本家庭和医院购买洗衣机的首选。

在“个人洗衣间”迅速走红日本的同时，海尔还通过大量的市场调查，细分市场，迅速推出了专为日本消费者设计的全自动洗衣机、专为中老年消费者设计的洗衣机。个性化设计和满足当地洗衣需求的差异化性能卖点，受到了挑剔的日本消费者的青睐。各系列海尔洗衣机在日本市场上全面开花。从个性化的“洗虾机”到“洗荞麦皮”的洗衣机，从“小小神童”独享市场这块蛋糕到一路领跑的手搓式洗衣机，从市场首创的第四种洗衣机——“双动力”洗衣机到具有杀菌、消毒功能的“保健家庭系列”，都在日本受到消费者的欢迎。其中专为日本中老年消费者设计的洗衣机，上市后仅1个月，销量就跃居全日本同类产品的第一名。2004年3月5日，据世界著名 GFK 市场调查公司调查结果显示，海尔 HSW－50S2 波轮洗衣机在日本市场上单型号销量已连续五个月高居日本国外洗衣机品牌销量第一名，并成为日本家电市场销量上升最快的国外洗衣机新品。海尔通过关注用户需求相继推出一系列的人无我有的个性化产品，不仅创造了一种产品，更创造了一种需求，在赢得用户口碑的同时，很好地树立了海尔洗衣机的市场美誉，而海尔也正是通过这种不断的创新，一步步地实践着自己的经营目标。

从海尔全系列洗衣机成功打入了日本市场，并在日本消费者心中树立起了良好的品牌形象来看，海尔的成功绝不是一两款产品的成功，而是整个海尔品牌运作的成功。海尔洗衣机能打入日本市场的关键原因，是海尔通过实际调查、深入研究将市场逐层细分，找到最佳切入点，层出不穷地创造出个性化高科技产品，满足了不同国家、不同层次、不同消费者的各种需求，从而赢得了品牌效益和庞大的客户群。

【讨论】

1. 海尔是如何进行国际市场细分的？其国际市场细分所依据的标准是什么？

2. 日本家电市场堪称世界顶级，令许多国际著名企业望尘莫及，海尔的做法为什么能够成功？谈谈你的看法。

3. 很多中小企业在发展初期，往往选择市场已经饱和的产品进行生产，然后努力降低成本，抢占竞争对手的市场。结合案例，谈谈国际市场细分的宏观背景。

案例研究 6-2　日本的7－Eleven便利连锁店*

介绍

发展互联网上的采购业务一直被日本的7－Eleven便利连锁店视为一种机遇，而不是挑战。由于日本市场的环境，7－Eleven Japan便利连锁店当时不可能在互联网上销售自己的食品和其他产品。然而该公司却能为大量没有信用卡或对在电话上提供信用卡信息没有太大反感的日本人提供服务。7－Eleven Japan在日本拥有1万多家分销店，所以它在离大部分顾客

* 本案例研究由美国旧金山州立大学的Margaret Kuo和Edwin Duerr合作编写。

（事实上离大部分日本人）不远的地方都有连锁店。顾客常常为了买一点点东西就频繁地光顾连锁店。

因此，7-Eleven Japan 便利连锁店制定了一个计划，这就是为其他从事网上销售业务的公司充当销售点的角色。那些想从网上销售商那里得到货物的顾客，可以在网上订购，网络销售商通常将这些货物运送到靠近顾客的 7-Eleven 便利店。便利店等顾客来时会把货物交给他们，接受他们用现金（大部分日本顾客更喜欢付现金）或用信用卡付款，然后把货款汇给发货人。日本这种无所不在的、有效的运送服务促进了货物快速地运送到各家商店。这种服务事实上比查找通常很难找的个人地址要容易得多。7-Eleven 便利店通过这种服务收取一点费用。而更重要的是，这会为便利店带来新的潜在顾客，或会使老顾客多光顾几次商店。这些顾客除了取走他们在网上订购的东西，还有可能再买一些 7-Eleven 便利店自己的商品。

1999 年 11 月，公司开始了为网络销售商经营商品、为顾客送货、接受顾客付款、把货款汇给卖方的业务。他们与 Softbank Corporation、Tohan 书籍批发商、日本雅虎及其他机构达成协议，通过日本雅虎的网站共同建立一个销售书籍和影像作品的风险企业。2000 年 2 月，7-Eleven 便利连锁店与包括索尼公司、NEC 公司、Mitsui 贸易公司以及日本旅游局在内的 7 家机构结成伙伴关系，销售种类齐全的产品，在网上提供音乐和相片，以及经营书籍和车票的销售。他们还与网络汽车销售代理商一起参与另一项业务。2000 年 7 月，它们开设了虚拟购物中心，取名为 7dream. com，使顾客能够在网上订购货物，并自由选择在哪一家 7-Eleven 便利店取货。事实证明这项服务非常成功，因为连锁店在从销售商那里收取少量服务费用的同时也提升了它们自己产品的销售额。

2001 年，7-Eleven 把这项服务延伸到中国台湾。如果这项服务能够在中国台湾获得成功，并且目标市场具备合适的特征，那么公司还可能向其他新的市场提供这一服务。

背景情况

7-Eleven 便利连锁店在创新和发展方面有着悠久的历史。它最初是一家美国公司，后来被日本的伊藤洋华堂有限公司（Ito-Yokado Co. Ltd.）收购。美国的 7-Eleven 连锁店最初是由 Southland Corporation of the United States 公司拥有，公司的宗旨是满足越来越多的工作时间不规范的美国双职工家庭和单身工人的需求。通常，这些人很难在大杂货店和超市的开放时间去那里购物。美国的日益富有，特别是目标顾客群的日益富有，意味着这些人愿意为能够享有在其他时间（最好是一天 24 小时）采购的便利而多付钱。公司为此开设了许多分销店，慎重挑选出售的货物，通过集中采购获得低价优惠，跟踪销售情况以改善产品的组合，慎重控制存货，并通过频繁的送货在商店有限的空间实现高营业额。

1973 年，7 - Eleven 便利连锁店的母公司 Southland 公司在许多其他公司只看到潜在问题的日本市场发现了机会。日本的分销系统非常复杂，它拥有多层次的批发商和许多非常小的夫妻店。日本的人均批发商人数和人均零售商人数分别比美国高 2 倍和 2 倍多。在日本的分销链中，虽然许多人的经营利润十分微薄，但是多层次的分销渠道最终导致了成本的提高。此外，由于众所周知的原因，这个分销系统中的所有参与者都不愿意改变分销商或供货商。

虽然有许多国外企业都把日本看成是一个太难对付甚至根本不可能渗透的市场，但是 Southland 公司却感到自己能够在那里建立营销链，并且能够比仍然保留现有系统的日本竞争者更有效地经营这种营销链。日本社会对于实施 7 - Eleven 的概念显得比较成熟。日本女性在劳动大军中的人数已经大大增加，而大部分男士的工作时间太长以至于他们根本不可能在正常的营业时间里光顾商店。典型的小区食品商店太小，并且只出售很少一点商品，常常只专营于一种食品（鱼类、素菜或大米等）。传统的家庭妇女习惯于一天光顾一次当地的商店采购新鲜食品，但是女性有时间这么做的家庭数量正在减少。日本这个社会正变得越来越富有，人们始终愿意为获得便利而额外多付一些钱。在一些都市地区，人口的集中、普遍使用火车和公共汽车来往于主要的商业区，意味着还有许多地方的交通流量很大。

人们如果没有合适的关系，加上对当地法律、政治和社会环境缺乏细致的了解，那么日本的确会被看成是一个非常难做生意的地方。因此，Southland 公司与日本大型超市连锁企业经营者伊藤洋华堂建立了战略联盟关系。这家合资企业十分成功，7 - Eleven 在日本正在成为最大的便利商店经营者。为避免遭到加拿大公司的收购，Southland 公司于 1987 年将 7 - Eleven Japan 便利连锁店的股份卖给了伊藤洋华堂，7 - Eleven Japan 连锁店就此成为日本人拥有的公司。Southland 公司随后在 1990 年发生的财务问题导致这家美国公司把它 75% 的股权都卖给了伊藤洋华堂。为此，它把公司在 21 个国家拥有的将近 7000 家商店移交给了日本公司（Southland 公司现在由日本人拥有，它的名字已经改为 Seven - Eleven, Inc.）。

在日本人的领导下

1987 年至今，日本人一直拥有这家连锁店。这个时期是 7 - Eleven Japan 公司继续发展和赢利的大好时期。分销店的数量和销售额每年都大大增加。1987 年，公司拥有 3304 家连锁店；2004 年，商店数量已超过 1 万家。每家店的销售额稳步提高，市场份额和收入也在快速增加，2004 财政年度的利润超过 16 亿美元。目前在日本，每家连锁店平均每天吸引 950 名顾客光顾。

如果把日本的 7 - Eleven 连锁店放在整个行业来看，它的业绩就更加令人钦佩。其他的日本公司，由于受到 7 - Eleven 早期成功的诱惑，也纷纷组成竞争的连锁企业。Lawson Inc. 是第二大便利店的特许经营者，紧随其后的是 Family Mart。虽然 7 - Eleven 连锁店非常兴旺发达，但是整个便利连锁店行业却遭受了销售增长减缓的打击。7 - Eleven 仍然是市场的领先者。

7 - Eleven 便利连锁店的成功建立在保证不断创新的基础上。在日本，它是第一个将 POS 机系统（POS, point - of - sale system）引入销售控制的企业。它是第一个开始接受公共事业公司支付的企业。这项服务现在对每年 60 亿美元的支付收取手续费。它随后又开始经营保险公司的支付，并经营为国家广播公司（NHK, the national broadcasting company）及其他公司进行的支付。1987 年，他们采用控制系统以便将制作好的食品在工厂、运输及销售环节保持在 20 摄氏度的常温状态。他们不断地改善信息系统（1997 年已经是第五代卫星的通讯）、仓储系统及运输系统。他们继续跟踪销售数据以便确定最佳产品组合，并且每年都对 70% 的产品进行变动。他们还与制造商和生产商建立关系，通过这种关系可以在广告宣传和供货方面实现优势互补。此外还不断地从海外寻求供货商，以便获得高档产品或价廉物美的产品。

中国台湾

在扩大 7 - Eleven 便利连锁店为网上订购的物品开展有利可图的运输

和支付服务方面，中国台湾的社会、经济和地理环境显然提供了极好的富有潜力的条件。

中国台湾的人口密度比日本还要高，达到 611 人/平方公里，而日本的人口密度为 333 人/平方公里。日本和中国台湾的大部分人口都集中在少数几个主要城市。商店与人口的比例在日本和中国台湾都很高，拥有 1.26 亿人口的日本有 1 万多家商店，而有 2200 万人口的中国台湾拥有 3100 多家商店。因此，在中国台湾就像在日本一样，大部分人去 7 – Eleven 连锁店都十分方便。

中国台湾的人均 GDP 只有日本的 1/3。然而，台湾居民对在网上披露个人信息也一样感到厌恶。许多人不能也不想待在家里等待送货上门的服务。因此，对于他们而言，到便利店提货更安全方便。

7 – Eleven Japan 在 19 个国家和地区拥有分销店，其中只有 4 个国家和地区各自拥有 500 多个分销店。这些国家和地区是日本、美国、中国台湾和泰国。

在中国的战略

在进入中国市场时，7 – Eleven 的做法比较保守。它通过特许中国香港的企业在深圳和广州开设分店来考察中国内地的市场份额。当它决定在中国进行股权投资时，它通过与首都北京的公司合作来达到此目的。在开展业务时，其运营方法和日本有些相似。分店将 24 小时营业，还将主要经营已做好的饭菜及食物，尽管所出售的物品减少了 20%。中国的人均收入较低，但增长速度很快，大都市里拥有可观收入的忙碌人士正在迅速增多。

【讨论】

1. 什么因素促成 7 – Eleven 在日本的最初成功？

2. 什么因素促成 7 – Eleven 在日本取得持续不断的成功？

3. 7 – Eleven Japan 将其送货和支付服务扩展到中国台湾地区是否明智？

4. 如果说，7 – Eleven Japan 向中国台湾地区扩展服务获得成功，那么它是否应该将这些服务扩展至美国、泰国或其他国家和地区？在做这样的决策时，应该考虑什么因素？

第7章

国际市场的进入方式

企业在进行了国际市场细分并据此决定进入某一个或某几个国家的目标市场之后，下一步面临的任务就是选择进入该目标市场的方式。归纳起来，企业进入国际市场主要有三种方式：一是间接出口，二是直接出口，三是国外生产。企业可以同时采用若干种主要方式，或只选择一种方式进入国际市场。

7.1 间接出口

间接出口，是指企业将生产出来的产品卖给国内的中间商或委托国内的代理机构，由其负责经营出口业务。

7.1.1 间接出口的形式

(1) 出口商

出口商即出口企业，可分为专业出口企业和国际贸易企业。前者仅经营出口贸易；后者除经营出口贸易外，还经营国内贸易。日本的综合商社就是典型的现代国际贸易企业，它们兼营国内外贸易，承担外汇风险和各种信贷风险。上述两种出口企业都是先购买生产企业的产品，后再以自己的名义出口这些产品。

(2) 代理商

企业委托出口代理商出口产品，由代理商帮助企业在国际上寻找买主，并代理企业办理一些营销业务。代理商对生产企业委托代理出口的产品始终不拥有所有权，也就是说，在整个代理过程中，产品的所有权始终归生产企业。

(3) 出口管理公司

这是西方发达国家经常使用的一种间接出口方式，也是中小企业进行间接出口的重要形式。这仍然是一种代理形式，与代理商不同的是，出口管理公司以生产企业的名义从事产品的出口，因此它相当于生产企业的一个出口业务部门，但由于出口管理公司同时为多家生产企业代理出口，所以它又不完全是生产企业的一个出口业务部门。

(4) 合作出口

这是一种传统的间接出口形式，但近些年来却愈来愈重要，可分为两种形式：一种是生产企业参加本行业的合作组织，联合进行外销活动；另一种是企业的产品与国内另外一家企业的产品配套，当后者自己直接出口产品时，本企业的产品也随同一起出口。

7.1.2　间接出口的优缺点

(1) 优点

①利用其他企业的渠道将本企业产品迅速销售到国外。

②避免国际营销的风险，减少出口资金的负担。

③可节省设立自己的出口机构和人员的开支，将精力用在生产上。

(2) 缺点

①生产企业不能及时、全面、准确地获得国际市场的信息，而只能从出口商那里间接地获得很少或者过时或者已经走样失真的国际市场信息，因而会影响企业的决策。

②企业完全失去了对产品的国际营销控制，与国际市场脱节，无法取得国际营销的直接经验。

7.2　直接出口

直接出口，是指生产企业不通过国内的中间商，而是通过国外的中间商或通过企业自己设在国外的营销机构直接从事出口活动。

7.2.1 直接出口的形式

(1) 通过国外中间商

这些中间商包括国外代理商、国外经销商、国外进口商和国外批发商等。通过国外中间商进行直接出口，可以降低销售成本，迅速进入并占领国外市场。因此，这一形式比较适合刚进入国际市场的生产企业。

(2) 通过企业自己设在国外的营销机构

这些自设机构可以是具有法人资格的国外营销子公司，也可以是不具法人资格的驻外办事处。这些机构主要从事销售工作。这种方式可以使生产企业直接接触国外市场，能使企业迅速、全面、准确地收集信息，因而有利于企业决策和营销组合的及时调整。

7.2.2 直接出口的优缺点

(1) 优点

①相对于间接出口，潜在的经济效益大。

②对国外营销活动的控制权大一些，因此有利于提高企业的经济效益，树立企业与产品的声誉。

③有利于迅速搜集和反馈市场信息，改进营销工作。

④可以积累更多的国际营销经验。

(2) 缺点

①无法突破目标市场国家的关税壁垒和非关税壁垒，增加了国外营销的难度和成本。

②企业需要设立专门的出口机构并配备出口专业人才。

③生产企业需要自己联系寻找客户，这对中小企业来说困难较大。

7.3 国外生产

上述间接出口和直接出口都是生产企业把国内生产出来的产品销售到

国际市场。但有时企业会放弃出口的方式，转而采取在目标市场国家就地生产、就地销售的方式，其主要原因如下：一是运输成本高昂，关税、配额等贸易限制多，贸易保护主义使得国内生产产品再出口的方式难以实施；二是目标市场国家优惠的投资政策、市场规模、自然资源、市场增长前景、劳动力市场状况等都有可能促使企业到国外投资建厂、就地生产。因此，目前国外生产已经成为企业进入国际市场的一种非常重要的渠道。国外生产主要有以下几种方式：组装业务、合同制造、许可贸易、国外合营企业和国外独资生产。

7.3.1　组装业务方式

这是指国际企业在母国生产零部件，然后交由目标市场国的企业组装成完整的产品，组装后的产品或在当地销售或出口到第三国。目前发达国家有很多企业都在采用此方式。比如，日本丰田、三菱等品牌的汽车在美国有组装业务；美国福特汽车公司和通用汽车公司在欧洲有组装业务；美国可口可乐公司在世界各国也有类似的组装业务，即在美国生产可口可乐精，然后运到世界各国的装瓶厂进行稀释和装瓶。日本东芝、日立、荷兰飞利浦等公司的家用电器在中国也有组装业务。其他如“来料加工”、“来样加工”等方式基本上也属于组装业务。这种进入方式的优点是运费低、关税低、投资少、成本低，对国际企业有利，另外还可以为目标市场国家提供一定的就业机会，因此较容易为目标市场国家政府所接受。

7.3.2　合同制造方式

这是指国际企业与目标市场国的企业签订合同，规定其按照自己的要求生产某种产品，然后自己负责产品的营销。这是一种对国际企业和目标市场国的企业来说都有利的方式。对于国际企业来说，好处在于它不用投资建厂，投资少，风险也小，并且还可以牢牢控制市场，获得销售利润；而对于目标市场国的企业来说，好处在于经济效益稳定，没有风险，因为它不用担心产品生产出来后的销售问题，而只需专心生产。这种方式特别适合具有工艺和营销优势的国际企业。比如，著名的爱立信公司，进入 21 世纪后，自己研发成功新的手机产品，而后采用这种方式让目标市场国的企业生产制造，然后将产品用自己的商标在国际市场上进行销售。又如，美国的P&G公司（宝洁公司）有好几种产品都是采用这种方式进入意大利市场的，因为P&G公司拥有营销方面的雄厚实力。

这种方式也有其局限性。首先，在国外找到合适的生产企业绝非易事；其次，一旦合同终止，对方可能成为本企业的竞争对手；再次，生产质量难以控制。

7.3.3 许可贸易方式

这是指国际企业按合同授权目标市场国的企业有偿使用本企业的工业产权（如专利、商标、版权）和其他技术权利，目标市场国的企业则根据授权自己独立生产某种产品，且自己负责在市场上销售该产品的一种贸易方式。许可贸易方式与合同制造方式的区别在于：前者对目标市场国的企业既授予生产权又授予销售权，而后者对目标市场国的企业只授予生产权。美国香烟生产商菲利普·莫里斯公司（Philip Morris）就是采用这种方式占领了许多国家的烟草市场。它授权各国政府，允许其使用自己的配方、生产工艺和牌子进行香烟的生产和销售。

许可贸易方式的最大优点是国际企业无需大量投资就可进入目标市场，风险很小；此外，采用这种方式可以避开关税等贸易壁垒，并且很容易得到目标市场国政府的批准。这种方式的最大缺点是国际企业获得的利润少，并且对国外被许可方的依赖性较大，能否得到为数不多的许可费，还取决于被许可方是否能够成功地经营和销售被授权生产的产品；此外，采用这种方式还培养了潜在的竞争对手。

许可贸易方式虽然有上述缺点，但仍不失为进入国际市场的一种有效方式。况且，许多企业经过多年的实践，已经摸索出一整套将上述不利因素控制在最低限度内的有效办法。这些办法包括：①慎重选择被许可方。②授权时只提供一部分关键技术或成分，而非和盘托出。③通过购买被许可方的股份加强对被许可方的控制。④采用限制被许可方销售范围的方法来加强对被许可方的控制。⑤当向第三国销售时，以许可方而非被许可方的名义进行商标注册等。

7.3.4　特许经营方式

这是指国际企业将自己的营销系统和工业产权的使用权销售给目标市场国的企业，由后者自建公司、商店或企业，按照前者特许的经营方式和管理模式组织企业的生产经营活动。并使用前者的商标、企业名称销售商品或服务。世界著名的麦当劳快餐连锁店、肯德基炸鸡连锁店、希尔顿饭店、雅阁汽车专营店等，均属于这种进入方式。美国有大约 2900 多个特许方，其中有超过 20% 的特许方将特许业务扩大到国外，作为进入国外市场的有效方式。在西方其他发达国家，特许经营也逐渐成为进入国际市场的一种重要方式。例如，24% 的英国特许方和 30% 的法国特许方都活跃在海外市场上。这种方式比较适合资本投入要求低，技能要求也低的服务行业，如快餐、旅馆、汽车出租、修理服务等行业。

特许经营方式的优点是投资少、风险小，对目标市场国企业的控制权较大；缺点是国际企业从这种进入方式中获取的经济效益有限，而且容易培养潜在的竞争对手。

采用特许经营方式进入国际市场时，企业需要特别关注以下几个方面的问题：①慎重选择被特许方。②要特别注意保护所授权的经营模式。一般而言，商标和专利等都比较容易得到法律的保护，但一种经营模式或服务程序则较容易被别人模仿和抄袭。因此，详细的经营模式手册或培训手册要特别注意保密。③要特别注意标准化经营问题。特许经营中的标准化一般包括商号名称、相同的装潢设计、统一的价格以及标准的生产及服务程序等。上述要素的标准化是特许经营不可或缺的。当然，有时也需要根据各国的具体经营环境，对产品、价格、促销等因素进行适应性的调整。

专栏 7-1　麦当劳（McDonald's）

在出现麦当劳快餐店之前，美国有许多汉堡包店铺以及销售汉堡包的连锁店。在当时看来很独特的麦当劳的经营方式是，参照工厂组装线的模式组织生产和提供（销售）汉堡包和相关产品（炸薯条、奶昔等）。产品本身、生产（组装）步骤、向顾客介绍产品都是标准化的，以便快速、低廉、质量始终如一地生产食品。其最初的优势，加上以特许经营的方式开新店，使其业务能够得到迅速扩张。现在它仍然是世界上最著名的快餐连锁公司，在世界范围内拥有3万多家分店和特许经营店。

资料来源：杰拉尔德·奥尔巴姆、埃德温·杜尔、杰斯珀·斯特兰斯科夫著，张新生、吴侨玲译：《国际营销和出口管理》（第5版），中国人民大学出版社2007年版。

7.4 直接对外投资

对外投资是一种高级的国际营销活动，也是国际企业成熟的标志。世界上所有跨国公司都从事对外投资业务。第二次世界大战后，对外投资已越来越成为一种重要的国际营销目标市场进入方式。对外投资包括间接投资和直接投资两大类，这里主要介绍直接投资。直接投资现已成为国际市场上最高级的市场进入方式。由于它具有很多独特的优点，所以被跨国公司普遍采用。直接投资主要有两种形式：合资方式和独资方式。

7.4.1 合资方式

合资方式是指国际企业与目标市场国一个或几个企业共同投资，在目标市场国建立一个新企业。投资各方都持有一定的股份，国际企业在国外合营企业中的持股比重一般在25%～75%之间，高者可达90%。合营企业的一个基本特点是合资各方共同投资、共同经营、共担风险、共负盈亏。

国际企业采用合资企业形式进入目标市场国大多出于政治和经济两方面的考虑：政治上的考虑可能是，目标市场国政府不允许外国企业在本国设立独资企业，而只允许设立合资企业，如印度政府、日本政府就有此种政策和规定；经济上的考虑可能是，国际企业资金、物资、管理等资源的不足使其无法采取独资企业形式，而通过合资利用合作伙伴的上述资源，则可以弥补自己的不足。

合资方式的优点有：一是比前述所有进入方式获得的潜在经济效益都要大；二是国际企业对生产和营销的控制权更大一些；三是能更快更好地

获得当地市场的信息。缺点有：一是比前述多数进入方式需要更多的资金和其他资源，风险会更大一些；二是合资各方在投资、生产、市场营销、经营方针、战略决策等方面可能会出现很难调和的分歧，从而影响合资企业的正常经营。

7.4.2　独资方式

独资方式是指由国际企业在目标市场国独自投资，独自建厂，独自经营管理，独担风险，独自负责盈亏。独资方式是国际企业进入国际市场的最高级形式。有的国际企业，特别是大型跨国公司，如美国的 IBM 公司，只采用此种直接投资形式，而不采用合资企业形式。这是因为大型跨国公司往往制定有明确的全球战略目标，若采用合资企业形式，合资方往往不会全盘接受跨国公司的全球战略目标，自然也就不会全力以赴地去实现这些全球性战略目标。采用独资方式就可以避免这种情况的出现，因此独资方式是大型跨国公司热衷的一种直接投资形式。

独资方式的优点有：首先，独资企业对所投资的企业拥有 100% 的所有权，这意味着全部利润都归自己所有；其次，没有合资伙伴便没有利益冲突和分歧，可提高整个企业的效率和效益；再次，独资企业可以全力以赴地实现自己的全球性战略目标。但是，独资方式的缺点也很明显：首先，全部的资金都要投资者自己独自筹措，资金需求量最大；其次，这种方式风险最大；再次，这种方式不易得到目标市场国当地的合作与帮助，灵活性较差。

7.5　国际市场进入方式的选择

在介绍了进入国际市场的各种方式及其优缺点后，人们自然会问：究竟哪一种进入方式最好呢？国际营销学认为，最好的决策就是最适合当时、当地具体情况的决策。也就是说，企业必须根据自身的条件、市场状况、竞争特点等因素来作出选择。下面介绍的是企业选择进入国际市场方式的原则和依据。

7.5.1 选择国际市场进入方式的原则

①成本最小化原则：每种进入方式都有不同的进入成本，选择时应以成本相对最小为原则。

②利润最大化原则：不同的进入方式为企业创造的利润也不相同，选择时应以利润相对最大化为原则。

③风险最小化原则：不同的进入方式，其风险也不相同，选择时应以风险相对最小化为原则。

7.5.2 选择国际市场进入方式的依据

企业在选择进入国际市场的方式时，一般应考虑两大因素：企业内部因素和企业外部因素。这两大因素构成了企业选择国际市场进入方式的决定性依据。

（1）企业的内部因素

①企业的战略目标：不同的战略目标有不同的目标市场进入方式。比如，某企业的战略目标是由内向型经营转变为外向型经营，那么企业就应选择间接出口进入方式；如果某企业是一家外贸公司，战略目标是发展成为大的国际公司，那么就应该选择直接投资这种进入方式。

②企业的规模与实力：企业规模大、实力强，应选择直接投资的进入方式；反之，应选择间接出口或直接出口等进入方式。

③产品特点：当企业的产品价格高、技术含量大、售后服务要求高时，企业应选择直接投资进入方式；反之，应选择出口贸易进入方式。此外，对具有显著特色的产品宜选择出口贸易进入方式，而对于标准化产品宜选择直接投资进入方式。

（2）企业的外部因素

①母国因素：这是指母国的政治、经济政策和国内市场的容量，即企业要依据母国政府政策的引导方向或允许去选择进入目标市场的方式。比如，母国政府的政策鼓励出口，甚至给予企业出口补贴等优惠（如韩国、新加坡的政策便是如此），那么企业就应选择出口贸易进入方式；如果母国政府提倡资本输出，那么企业就应选择直接投资进入方式，多数发达国家的政府就

采取此政策；如果母国国内市场容量小，那么一般应选择出口贸易进入方式；如果母国国内市场容量大，生产的又是劳动密集型产品，那么企业就应选择在发展中国家直接投资的进入方式，在国外生产后返销国内。

②目标市场国的环境因素：考虑目标市场国的政治、经济、文化环境适宜采取哪种进入方式，就选择哪种进入方式。比如，目标市场国的政局动荡不稳定，那么企业就以选择间接出口进入方式最为妥当；如果目标市场国的自然资源丰富，那么企业选择直接投资进入方式在目标市场国设厂生产最好；若目标市场国的文化环境与母国的文化环境有大的差异，那么就不适宜选择直接投资进入方式，而应选择出口贸易等进入方式。

③目标市场国的市场因素：它包括市场容量和竞争两个因素。当目标市场国的市场容量小或竞争不激烈时，企业可以选择出口贸易进入方式；反之，企业可以选择直接投资进入方式。

④目标市场国的资源因素：它包括自然资源、人力资源和管理资源。上述资源充足时，企业可以选择直接投资进入方式；反之，企业可以选择出口贸易进入方式。一般来说，目标市场国的低生产成本，有利于企业选择直接投资进入方式；而高生产成本，有利于企业选择出口贸易进入方式。

由此可见，企业选择目标市场进入方式要受多种因素的影响。因此，企业在实际选择进入目标市场的方式时，要同时考虑多种因素，在综合考虑多种因素权衡利弊后，才能作出最终选择。

【讨论与思考】

1. 如何理解并应对进入国际市场的障碍？
2. 试对国际市场的几种进入模式进行比较。
3. 为中国某企业的产品进入某国市场选择最佳的进入模式。

案例研究 7-1　丰田进入美国市场

丰田汽车公司创立于 1933 年，简称丰田（TOYOTA），隶属于日本三井产业财阀。丰田是世界十大汽车工业公司之一，也是日本最大的汽车公司。丰田自 2008 年始逐渐取代通用汽车公司而成为全世界排行第一的汽车生产厂商。其旗下品牌主要包括雷克萨斯、丰田等系列高中低端车型等。

早期的丰田牌、皇冠、光冠、花冠汽车名噪一时，近来的克雷西达、雷克萨斯豪华汽车也极负盛名。丰田公司的三个椭圆的标志是从1990年初开始使用的。标志中的大椭圆代表地球，中间由两个椭圆垂直组合成一个T字，代表丰田公司，象征丰田公司立足于未来，对未来充满信心和雄心。

丰田进入美国市场最初是通过出口。现在人们提起丰田汽车，会自然而然地想起皇冠牌小汽车和“车到山前必有路，有路就有丰田车”的广告用语。这些都是因为丰田公司如今已享有很高的知名度。然而，谁能想到30年前，当丰田首次向美国出口小汽车时，其年销售量只有228辆。

丰田首次向美国推出的“丰田宝贝”小汽车，其外形很像一个方盒子，整个产品存在着严重缺陷，发动机开动起来像卡车一样响，内部装修粗糙，灯光很暗。“丰田宝贝”失败后，丰田对美国市场进行大量的调查和研究，主要研究了美国经销商和消费者的需求。

经过深入研究，丰田发现美国人把汽车作为地位和性别象征的传统倾向正在减弱，其态度正倾向实用性，汽车在很大程度上已经被视为一种交通工具。美国人喜欢腿部活动空间大、容易驾驶且行驶平稳的美国车，但又希望能大幅度地减少拥有汽车的花费。例如，最初的购置费少、耗油少、耐用和维修方便等。丰田还发现，美国的消费者现在也认识到了交通拥挤状况的日益恶化，因此希望能有停靠方便和转弯灵活的小型汽车。丰田还发现大众汽车的成功，在很大程度上，是由于该公司建立起一套卓有成效的服务系统。例如，提供维修服务，就成功地打消了顾客担心外国车买得起、用不起但需要时很难弄到零部件等顾虑。

通过研究分析，丰田制定了一整套打入美国市场的营销战略。其中丰田的产品战略是生产小型的经过改装的“底特律式”小汽车。新推出的皇冠牌小汽车满足了各方面的要求，比它的主要竞争对手大众公司的甲壳虫在发动机功率和性能上都提高了一倍，并且容易操纵、省油，具备小型车的各种便利。这种车外部造型优美，内部装备了所有美国人都渴望得到的东西，如柔软舒适的坐椅、柔色的玻璃等。这种车仅仅作为一种交通工具出口，从这个意义上说，它几乎完美无缺，就连扶手的长度和腿部活动空间的大小都是按美国人的身材设计的。丰田公司甚至对一些不大引人注目的细节也给予了充分的重视，如质量、可靠性和可维护性等。无论是在打入美国市场之前还是之后，丰田都在不断进行市场调查和研究，力图使各种问题在没有变得十分严重之前就得到妥善解决。这样丰田的皇冠车很快就建立了质量信誉，每销售 100 辆，顾客不满意的车数从 1969 年的 4.5 辆，下降到 1973 年的 1.3 辆。

在美国市场站稳脚跟以后，丰田汽车公司立即表现出了扩张的野心。它开始在北美设立工厂生产汽车。目前，其在北美 13 家工厂的投资总额已达 166 亿美元，在美国的雇员也已经超过 3.7 万人。2007 年，丰田在德州圣安托尼奥又兴建了一座新厂，年产量为 20 万辆。2008 年，它又在加拿大安大略厂新增一条生产线，把年产量提高到 15 万辆。丰田汽车还在美国密歇根州建了一个新的发动机厂，该工厂将为附近加拿大安大略省以及北加州的汽车厂提供四缸发动机。丰田在美国的销售主管吉米·普雷斯称："就像移民一样，丰田将成为美国的一部分。"

丰田的产品策略是通过不断改进产品以满足顾客需要。1970 年和 1974 年，丰田分别对皇冠产品系列做了两次大的修改，扩大车身，加宽踏板，稳定性能也同时提高了，所有这些都是为了满足美国消费者的偏好。

丰田将质量理解为"适合顾客需要"，产品改革从顾客的角度出发而不是将其视为产品自身的要求。在广泛调查研究和收集顾客反馈意见的基础上，丰田综合顾客的要求，尽可能提供与之相适应的产品。丰田将提高产品质量的努力集中在对生产过程进行质量控制上，采取了各种质量控制方法。如通过"无缺陷"概念来寻找不合格产品的原因，通过"QC"小组鼓励雇员为改进产品和生产过程献计献策等。此外，丰田还在高度的相互信任和尊敬的基础上，培养了与其零部件供应商之间强有力的协作关系，从而把住了协作公司零部件质量关。

由产品策略牵头，再配合其他定价、分销、促销策略，丰田占领美国市场的策略取得了巨大成功。时至今日，丰田在美国年销售量已愈 50 万辆，超过了它的竞争对手大众汽车公司，在美国进口商中居领先地位，成为当今世界上最大的汽车制造商。

案例研究 7-2　雅芳产品有限公司（B）

2003 年，雅芳在中国的销售量达到 1.75 亿美元，比前一年增长了 20%，是 1997 年的 2 倍。对于一个曾于 1998 年 4 月遭受取缔直销形式威胁的企业来说，这是一个很大的成功。直销是雅芳在中国的唯一销售方式，也是它有史以来所使用过的唯一的销售方式。这个禁令的直接后果是雅芳在中国的销售额每天损失 11 万美元。它的 15 万名雅芳女士失业了，公司不得不裁掉 20% 的员工（见案例研究 3 –1）。

对危机的应对

由于中国政府对直销的禁止，雅芳面临的选择是要么转变营销方式，要么撤出中国市场。雅芳的选择是立即转变业务方式，并将方案上报中国政府。1998 年 6 月，雅芳公司得到了中国政府的许可，作为一家批发商重新开始其经营活动。雅芳从此变成一个面向中国零售商场的大批发商，并将其 75 个分销中心改建成零售店，负责向一般顾客提供服务并从事数量有限的直销活动。

尽管雅芳可以用销售代表来负责货物运输和服务方面的活动，但它仍然没有得到继续从事直销业务的许可。在中国政府阐明了在中国可以使用的销售代理业务形式以后，雅芳公司计划向中国政府申请成立一个由促销人员或者销售代理组成委员会的许可。直到 7 月中旬，主要竞争对手安利才申请到作为一个零售商继续经营的许可，但同时它也拿到了使用销售代表的许可。而另一个竞争对手，玫琳凯到 7 月中旬为止还没有申请到任何许可。雅芳公司对其前景还是很乐观。自从 6 月份恢复营业以来，雅芳一直在推行"优先客户"计划。根据这项计划，凡购买产品足够多的顾客，均可以得到相当可观的折扣。雅芳公司以前的部分销售代表买了足够的产品，结果成了优先客户，并得以继续保持与公司的关系。为了适应新的销售系统，雅芳投资相当大的数目用于广告宣传、销售点材料以及聘用零售专家等。雅芳曾经在 14 个省份拥有多达 80 个分销中心的销售网络，但是这些分销中心并非按照零售店的形式设计和建造的，所以现在就出现了一些问题。尽管中国政府在雇人和开设或关闭商业场所方面的规定可能会带来一些法律和融资方面的困难，但是只要有必要，雅芳还是可以关闭或者增加一定数量的零售店。

建立新的营销渠道

雅芳（中国）公司于 1999 年 3 月在中国开始了第一家零售店，于 2000 年 10 月在北京设立了一家旗舰店。2002 年接着又在北京、上海和广州建立了一大批概念商店。同一年，它开始进行网络营销，主要覆盖北京周边的地区。到2004年，雅芳（中国）公司已拥有5000家特许经营店（美容精品店），并计划每年增加500家。它还在74个大中城市的大型商场、购物中心和超市设立了约2000个美容专柜。

雅芳（中国）公司使用网页向公众进行宣传。除了产品信息外，网页中还包括公司的历史、新闻发布和特许经营成功的故事。网页还报道雅芳CEO被《商业周刊》评选为“世界最佳经理人”之一的相关新闻。其他有特色的活动包括雅芳对SARS（非典）预防研究的捐赠、由雅芳赞助的现代舞会和每年一次的“雅芳美白天使小姐”（Miss White Angel）大赛。关于企业文化、指导原则、经营目标、管理准则和管理风格的信息也挂在了网上。“高品质、领先的技术、多元化经营、为东方女性设计”是雅芳中国产品开发的核心指导思想，它的座右铭是“一家为女性服务的公司”。中国的潜在特许经营人可以从雅芳中国的网站上了解有关资金要求、商店规模、申请人资格和特许经营人需签订的租约等相关信息。

目前雅芳在中国市场上提供广泛的产品系列，包括护肤品、化妆品、个人护理用品、香水、内衣、保健食品等。

在规划产品形象时，雅芳结合了亚洲和西方的要素。它在以先进技术著称的日本设有研究实验室，以确保它的产品是专门为亚洲人的皮肤而设计的。同时，它为该实验室研发出的一个化妆品系列设计了一个很时髦的英文名“Up2U”以便吸引中国年轻的女性。在认识到中国传统对美的概念是美白的肌肤之后，雅芳推出了一个美白产品系列。它还赞助美白天使小姐大赛，将有一位女性能成为年度雅芳代言人。这个活动将由地方电视台播出。另外，由于高加索女性拥有许多亚洲女性羡慕的特点，雅芳中国网站所用的许多模特都是高加索女性。这也给雅芳这个美国公司带来了（提供适合亚洲人皮肤的产品的）声誉。

在全世界，雅芳已采取了几个行动来提高销售量、改善效率和提高盈利能力。随着时间的推移，所有这些都在发展。随着这些方案的实施，它们将会影响到雅芳在中国的运营。

- 雅芳继续发展它的全球化运营模式，促进区域一体化，协调产品和营销，并促进生产。
- 1994年发起的一个主要计划是开发“下一代”供应链战略，这个战略旨在向销售代表和客户提供改进后更便捷的服务，同时又能减少成本。诸如需求预测、原料采购、生产、订单填写和物流等供应链功能将与产品设计、产品开发和销售等营销功能紧密联系起来。

- 在美国发起的一项旨在增加雅芳代表的数量和业绩的计划正在被推广到其他国家。事业心强的代表有资格获得“销售主管”的职位，这样便能够负责招募、培训和激励其他代表，同时还可以继续他自己的直销工作。销售主管可以从他所发展的下线代表的销售中提取红利。在美国，此举不仅增加了销售代表的人数，而且提高了销量。在谨慎地向其他国家推进时，雅芳把美国的这个举措作为模板，对当地需求和偏好做出判断。当然，在中国政府批准直销业务之前，这个方案在中国还无法启动。
- 雅芳继续强调创新并建立了一个新的价值 1 亿美元的研发中心。公司在抗衰老护肤品方面是市场的领先者，目前它正在全面更新彩妆和香水产品线。其他产品也在改进过程中。

雅芳新的营销结构在中国非常成功，这可以从销量和利润的增长中得到证实。雅芳把中国看成是它最大的长期发展机会。直到 2004 年，中国政府还没有批准直销业务。然而，雅芳预期中国政府在将来一定会批准这种销售方式。它开始期待着把目前的销售点作为新的直销模式的中心。尽管目前的分销系统提供了很好的增长和利润，雅芳相信通过独立的雅芳代表进行分销将能带来更大的发展和更多的利润。

【讨论】

1. 从表面上看，雅芳公司在中国的营销战略的效果如何？有没有其他更好的策略？

2. 从短期效果和长期效果分别讨论“优先客户”计划对雅芳公司的贡献。你认为那些优先客户可以怎样利用这个计划？

3. 雅芳将其在中国开发出的营销模型应用于其他市场的做法有什么优点和缺点？

4. 雅芳是否应该继续对新的营销方法进行试验？这种试验可能会给雅芳带来哪些可能的成本和收益？

5. 如果中国政府许可的话，雅芳在中国是否应该恢复直销模式？可能的成本和好处是什么？

第 8 章
国际营销产品策略

国际企业经过市场调研和细分，确定目标市场之后，就必须以适当的产品策略为该市场服务。所谓产品策略，就是企业究竟向国际市场提供什么产品的策略。换言之，就是企业通过什么产品去满足国外消费者的需求。营销组合策略中的其他策略，即定价策略、分销策略、促销策略都是围绕产品策略进行决策的。因此，产品策略也就成为整个营销组合的核心。

8.1 产品的概念

8.1.1 产品的含义及分类

市场经济下，能够进入市场、用以满足消费者或者用户某种欲望或需求的所有有形和无形的事物皆称为产品。产品大体上可分为下述四大类。

(1) 物质消费品

包括日用消费品如食品、服装，以及非必需消费品如轿车、钢琴等。

(2) 物质生产资料

包括工业生产资料如原材料、机器设备、能源等；农业生产资料如种子、农药、拖拉机等；服务业生产资料如运输设备、服务设施等。

(3) 服务产品

包括以人为服务对象的服务产品如教育、医疗、旅游等，以及以物为服务对象的服务产品如货物运输、财产保险等。

(4) 转让技术

包括受法律保护的转让技术如专利、商标等，以及不受法律保护的转让技术如技术诀窍、工程设计方案等。

8.1.2 整体产品概念

人们通常理解的产品是指具有某种特定物质形状和用途的物品，是看得见、摸得着的东西。这是一种狭义的定义。现代市场营销学理论认为，广义的产品是指人们通过购买而获得的能够满足某种需求和欲望的物品的总和，它既包括具有物质形态的产品实体，又包括非物质形态的利益，这就是“产品的整体概念”。产品整体概念包含核心产品、有形产品、附加产品和心理产品四个层次，如图 8.1 所示。

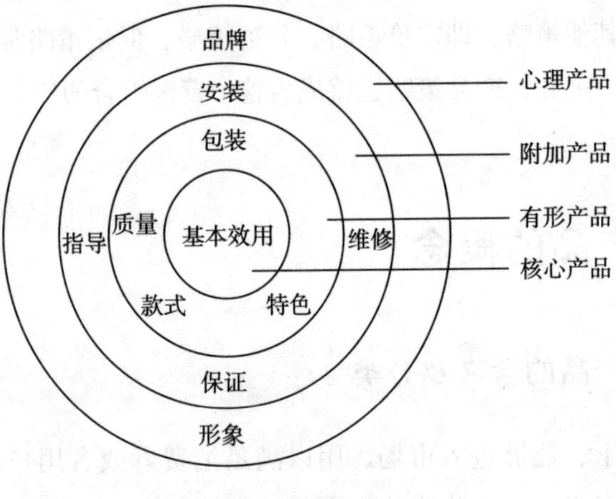

图 8.1 整体产品概念

(1) 核心产品

核心产品是指产品为消费者提供的基本效用，即消费者购买某种产品时所追求的利益，是顾客真正要买的东西。顾客购买某种产品，并不是为了占有或获得产品本身，而是为了获得能满足某种需要的效用或利益。如自行车为消费者提供的基本效用为代步，主食面包为消费者提供的基本效用是解除饥饿，衣服为消费者提供的基本效用是保暖，而买化妆品是希望美丽、体现气质、增加魅力等。因此，企业在开发产品、宣传产品时应明确地确定产品能提供的效用，产品才具有吸引力。

(2) 有形产品

有形产品是指产品的实体，包括品质、式样、色彩、特色、包装、品牌商标等。以冰箱为例，有形产品不仅仅指电冰箱的制冷功能，还包括它的质量、造型、颜色、容量等。有形产品是核心产品借以实现的形式，产品的基本效用和一部分其他效用（如消费者的心理满足）就是通过实体实现的。市场营销者应首先着眼于顾客购买产品时所追求的效用或利益，以求更完美地满足顾客需要，从这一点出发再去寻求利益得以实现的形式，进行产品设计。

（3）附加产品

附加产品是顾客购买有形产品时所获得的全部附加服务和利益，包括提供信贷、免费送货、安装调试、维修、提供备用件以及保证等。由于购买者的目的是为了满足某种需要，因而他们希望得到与满足该项需要有关的一切。

美国学者西奥多·莱维特曾经指出："新的竞争不是发生在各个公司的工厂生产什么产品，而是发生在其产品能提供何种附加利益（如包装、服务、广告、顾客咨询、融资、送货、仓储及具有其他价值的形式）。"由于产品的消费是一个连续的过程，既需要售前宣传，又需要售后持久、稳定地发挥效用，因此服务不可或缺。可以预见，随着市场竞争的激烈展开和用户要求不断提高，附加产品越来越成为竞争获胜的重要手段。

（4）心理产品

心理产品是指产品的品牌和形象提供给顾客心理上的满足。产品的消费往往是生理消费和心理消费相结合的过程，随着人们生活水平的提高，人们对产品的品牌和形象看得越来越重，因而它也是产品整体概念的重要组成部分。

专栏8－1　国航在澳大利亚推出高端旅客机场快速通关服务

冗长的队伍，拥挤的人群，这往往是旅客在出入境时最不情愿面对的场面。日前，随着国航在澳大利亚悉尼和墨尔本两个机场向贵宾旅客推出机场快速通关服务，乘坐国航航班进出澳大利亚的贵宾（VIP）旅客可尽享尊贵、便捷的通关服务。这也是国内航空公司在中澳航线上首次推出该服务。

国航悉尼和墨尔本营业部利用当地机场设有快速通道这一有利资源，多次主动与当地机场相关部门联系，为贵宾旅客申请快速通关服务，并在地面服务部、客舱服务部等相关部门的大力支持下完成了产品的全流程设计，于2011年4月15日正式在中澳航线推出这一全新高端服务。国航贵宾旅客，包括商务舱及白金卡旅客，在悉尼、墨尔本机场办理乘机手续时，除登机牌和公务舱休息室指示牌外，还会得到一张“快速通关卡”，贵宾旅客在机场工作人员的指引下，无需排队即可快速通过海关及安检；而进入澳大利亚的贵宾旅客将会在机舱内得到乘务员发放的“快速通关卡”，凭此卡快速通过悉尼、墨尔本机场的海关和安检。由于悉尼、墨尔本机场容量较小，相比以往排长队平均等待近一小时通关的情况，快速通关服务大大缩短了旅客出入澳大利亚海关的时间。此项服务一经推出，便受到了广大贵宾旅客的称赞，有白金卡旅客特意致电悉尼营业部表示对此服务的赞赏和感谢。

快速通关服务是国航为适应航空业服务产品发展趋势、大力推进营销创新、有效提升客户体验而精心设计推出的贴心服务产品，也是中澳航线上中国航空公司中首家推出此项服务的航空公司。

资料来源：国航网站，2011年5月4日。

8.1.3　整体产品概念的意义

(1) 产品整体概念的四个层次充分体现出一切以市场需求为中心的现代营销观念

企业市场营销管理的根本目的，就是要保证消费者的基本利益。消费者购买电视机是希望业余时间充实和快乐；消费者购买计算机是为了提高生产和管理效率；消费者购买服装是要满足舒适、风度和美感的要求，等等。概括起来，消费者追求的基本利益大致包括功能和非功能两方面的要求，对前者的要求是出于实际使用的需要，而对后者的要求则往往出于社会心理动机。这两方面的需要往往交织在一起，并且非功能需求所占的比重越来越大。而产品整体概念，正是明确地向产品的生产经营者指出，要竭尽全力地通过有形产品和附加产品去满足核心产品所包含的一切功能和非功能的要求，充分满足消费者的需求。不懂得产品整体概念的企业是很难真正贯彻市场营销观念的。

(2) 只有通过产品四层次的最佳组合才能确立产品的市场地位

营销人员要把对消费者提供的各种服务视为产品实体的统一体。由于科学技术在今天的社会中能以更快的速度扩散，也由于消费者对切身利益的关切度不断提高，营销者的产品以独特形式出现越来越困难，消费者也就越来越以产品的整体效果来确认哪个厂家、哪种品牌的产品是自己喜爱和满意的。对于营销者来说，产品越能以一种消费者易觉察的形式体现消费者购物选择时所关心的因素，就越能获得好的产品形象，进而确立有利的市场地位。

(3) 产品的差异性和特色是市场竞争的重要内容

产品整体概念四个层次中的任何一个要素都可能形成与众不同的特点。产品的差异性或表现在功能上，如鸣笛水壶与一般水壶之别，或表现在设计风格、品牌、包装的独到之处，或表现在产品的附加利益上，如各种不同的服务。所有这一切可使产品各具特色。总之，在产品整体概念的四个层次上，企业都可以形成自己的特色，从而与竞争产品区别开来。随着现代市场经济的发展和市场竞争的加剧，企业所提供的附加利益在市场竞争中也显得越来越重要。一些国际性大企业采用整体产品概念，在重视核心产品和有形产品的同时还十分重视附加产品，因而获得成功的例子不胜枚举。如美国 IBM 公司向世界各国用户提供的电子计算机，不仅重视电子计算机硬件本身，而且还十分重视提供软件服务、程序设计服务、维修服务以及保证等附加产品。再如，生产建筑机械的美国卡特皮勒公司向世界各国用户作出承诺，凡是该公司售出的建筑机械一旦发生故障，不论处于地球上的什么位置，24 小时之内即可得到公司满意的处理。由于有了这一附加产品，该公司的产品价格虽然比其他公司的产品高出 20% 左右，但仍然畅销全世界。

(4) 把握产品的核心产品内容可以衍生出一系列有形产品

通常而言，有形产品是核心产品的载体，是核心产品的转化形式。这两者的关系给我们这样的启示：把握产品的核心产品层次，产品的款式、包装、特色等完全可以突破原有的框架，由此开发出一系列新产品。以旅游为例，如果说旅游产品的核心层次是“满足旅游者身心需要短期性生活方式”，那么旅游形式产品不能仅仅理解为组织旅游者去名山大川游玩。

其实，现在旅游产品已经延伸到商务旅游、购物旅游、现代工业旅游、现代农业旅游、都市旅游、学外语旅游等。

专栏8－2　7万美元租住一晚欧洲袖珍小国整体出租

据英国《卫报》报道，欧洲袖珍之国列支敦士登素以小国寡民、山色秀丽而著称于世，然而这个面积仅160平方公里的国度日前再度吸引世人关注，原来该国提出一项别出心裁的“国家出租方案”，任何人只要支付7万美元，便可租下这个国家一个晚上，同时获得多达150人的食宿。

美国歌手去年曾想租该国

列支敦士登的国土面积仅有160平方公里，相当于北京市面积的1%，它是欧洲第四小的国家。如果开车沿它的国境线跑一圈，只需半个多小时。这里的人口只有3.5万，但国内人均生产总值达6万美元，位居全球第二位。列支敦士登一向以“避税天堂”及出口假牙、纺织品著称。列支敦士登也是欧洲著名的滑雪胜地之一。被誉为“世界十大滑雪场之一”的马尔邦滑雪场，是列支敦士登顶尖的滑雪场地，也是英国王室成员几乎每年都要来的地方。此外，列支敦士登是著名的“邮票大国”，邮票精美，遐迩闻名，是世界最大邮票输出国。漂亮的图案、丰富的题材，受到世界集邮爱好者喜爱，因此邮票已成为该国的主要产业。

如今该国推出的“国家出租方案”再度吸引了国际关注的目光。据悉，美国著名嘻哈歌手“史努皮狗狗”去年曾有意租下列支敦士登摄制音乐录像带，但遭列支敦士登拒绝，原因是对方“准备工作不够充分”。事后，该国意识到秀丽山河可能会带来无穷商机，于是改变思路、决定推出这个崭新的雷人方案。

租客提前 6 个月预订

据悉，列支敦士登计划向私人“整体出租”，一晚上的租金为 7 万美元，至少 2 个晚上起租，即最低消费 14 万美元。服务内容除了提供专门定制的街道标志、临时专用货币、印有个人标志的蜡烛等之外，还包括多达 150 人的食宿。据了解，列支敦士登的各家酒店旅舍共有 500 个卧室和 500 间卫生间，可同时接纳 450 ~ 900 名游客，里面设施齐全、条件舒适。

值得一提的是，租客一般需要提前 6 个月预订，人数多的话甚至需要提前 1 年。如果租客想取消预订的话，退款条件“超级严格”。如果租客是在预订被确认后提出，则最多只能得到 50% 的退款。此外，租客最迟必须在抵达前 30 天退订。否则，将得不到任何退款。

不过自推出“举国出租”方案以来，列支敦士登迄今尚未开张。先前有过一对新人曾预订了这个公国准备举办婚礼，后因婚约取消只得作罢。

可获得“国家钥匙”

阿尔卑斯山的美景、童话式城堡，印有租客名字的临时路牌和临时货币，加上其他服务，7 万美元一晚的价钱确实颇为吸引人。

租客一踏上列支敦士登国土，就会被安排到国会大楼内接收象征性的“国家钥匙”，之后可到国家元首汉斯·亚当二世亲王的酒庄品尝葡萄酒，或去坐雪橇、看烟火表演、乘马车巡游首都瓦杜兹，一边远眺瓦杜兹堡，一边享受一顿奢华的晚餐。

同时，当局会铸造印有租客名字的临时路牌和临时货币，让租客一尝当国王的滋味。另外，租客还可以要求用蜡制造个人徽号，甚至安排一个中世纪式巡游表演，不过这些项目都需要额外收费。除了吃喝玩乐，当地亦设有很多会议场地，供不同组织或机构在当地举行会议，而当地优美的大自然景色，让人在会议后可以好好放松。

出租期间，全国3.5万名国民仍会留在列支敦士登居住，还是照常生活，租客有机会亲身感受一下当地人的生活环境。这或许会给居民带来不便，但也给当地商贩和服务供应商带来了额外的生意机会。此外，全国110名警察名义上都是为租客待命，但由于当地犯罪率属全球最低的地方之一，警员的工作最终很可能只是提供旅游资讯服务。

通常，财大气粗的大公司为了笼络大客户，才会不惜重金，包租豪华游艇、度假别墅或豪华套房用于接待。而如今，这种接待规格甚至可以升级至包租下整个国家。

列支敦士登国家整体出租方案是整体产品概念的一个体现。目前国际市场上整体产品中的有形产品已愈来愈接近，因此，产品的竞争已愈来愈转移到附加产品和心理产品上。不同的消费者对相同的有形产品会有不同的附加产品需求。在上例中，租客一旦租下列支敦士登，当局除提供正常的服务外还会铸造印有租客名字的临时路牌和临时货币，并让110名警察名义上为租客待命，所有这一切可以让租客过足国王瘾，从而得到极大的心理满足。

资料来源：环球在线，2011年4月18日。

8.2 国际产品组合策略

现代企业为了满足目标市场的需要，扩大销售，分散风险，增加利润，往往经营多种产品。据统计，美国超市平均经营6800种产品，美国光学公司生产的品种超过3万种。为此，企业应根据市场需要和自身能力，确定生产或经营哪些产品，明确产品之间的配合关系。由此可见，企业提供给目标市场的不是单一产品，而是产品组合，即由多条产品线组成，每条产品线又包含若干产品项目。

8.2.1　产品组合、产品线和产品项目的概念

（1）产品组合

是指一个企业生产经营的所有产品线和产品品种的组合方式，即全部产品的结构。产品组合通常由若干条产品线组成。

（2）产品线

也称产品系列或产品大类，是指功能上和结构上密切相关，能满足同类需求的一组产品。每条产品线内包含若干个产品项目。

（3）产品项目

是指产品线中各种不同品种、规格、型号、质量和价格的特定产品。产品项目是构成产品线的基本元素。例如，某企业生产电视机、电冰箱、空调器和洗衣机 4 个产品系列或大类，即表明该企业有 4 条产品线。其中，电视机系列中的 29 英寸彩色电视机就是一个产品项目。

8.2.2　产品组合的广度、深度和关联性

（1）产品组合的广度

是指一个企业生产经营的产品系列的多少，即拥有产品线的多少。产品线多，则产品组合广度宽，少则窄。

（2）产品组合的深度

是指企业的每条产品线中产品项目的多少。产品项目多，则产品组合深度长，少则短。

（3）产品组合的关联度

是指企业各条产品线在最终使用、生产条件、分销渠道或其他方面的相关程度，联系越密切，关联度越大，反之越小。例如，一家企业拥有面包和糖果两条产品线，另一家企业拥有服装和糖果两条产品线，则前一家企业产品组合的关联度大，而后一家企业产品组合的关联度小。

8.2.3 国际产品组合策略

(1) 扩大产品组合策略

①拓展产品组合的广度。是指在原产品组合中增加产品线，扩大经营范围。当企业预测现有产品线的销售额和利润率在未来一两年内可能下降时，应考虑在现有产品组合中增加新的产品线或加强其中有发展潜力的产品线。通过拓展产品组合的广度，可以扩展企业的经营范围，实行多元化经营，可以更好地发挥企业潜在的技术和资源优势，提高经济效益，并可以分散企业的投资风险。要尽量选择关联度强的产品组合。

②增加产品组合的深度。是指在原有的产品线内增加新的产品项目，增加企业经营的品种。通过增加产品组合的深度，可以占领同类产品更多的细分市场，满足更广泛的市场需求，增强产品的竞争力。根据消费需求的变化，企业应该及时发展新的产品项目，增加产品项目可以通过发掘尚未被满足的那部分需求来确定。美国吉列公司为了在竞争中保持优势，瞄准了男性剃须美容市场的动向，制定了多品种、系列化产品开发策略，即以喷射式灌装剃须膏为基础，开发了须后冷霜、香水，以及烫发机、电吹风等美容美发用品，这些产品给吉列公司带来了丰厚的利润和很高的知名度。

(2) 缩减产品组合策略

指原产品组合中缩短产品线和减少产品项目，缩小经营范围。市场繁荣时期，较长较宽的产品组合为企业带来更多的赢利机会。但当市场不景气或原料、能源供应紧张时，缩减产品组合反而会使总利润上升。这是因为从产品组合中剔除了那些获利很少、甚至亏损的产品线或产品项目，使企业可以集中力量发展那些获利多、竞争力强的产品线或产品项目。日本尼西奇公司原来是一家生产雨衣、游泳服、尿垫等橡胶制品的小型企业。后来公司经营者果断作出决策，扬长避短，另辟蹊径，成为一家专业化生产婴儿尿垫的企业，在激烈的市场竞争中站稳了脚跟，一跃成为在日本占垄断地位的“尿布大王”。

(3) 产品线延伸策略

指部分或全部地改变企业原有产品线的市场定位。每一个企业生产经营的产品都有其特定的市场定位。例如，生产经营高级豪华的产品定位在高档市场，生产经营大众化的产品定位在低档市场，介于两者之间的产品定位在中档市场。

①向下延伸。把原来定位于高档市场的产品线向下延伸，在高档产品线中增加低档产品项目。此种策略通常适用于几种情况：利用高档产品的声誉，吸引顾客慕名购买低档廉价产品；高档产品销售速度下降，市场范围有限，企业设备等资源利用不足；企业最初进入高档产品市场的目的是建立品牌信誉，树立企业形象，然后再进入中低档产品市场；补充企业产品线上的空白，以填补市场空缺或防止新的竞争者进入。此种策略会给企业带来一定的风险，处理不慎很可能影响原有产品的品牌形象。

②向上延伸。把原来定位于低档市场的产品向上延伸，在低档产品线中增加高档产品项目。此种策略通常适用于几种情况：高档产品市场具有较高的销售增长率和毛利率；企业的技术设备和营销能力已具备进入高档市场的条件；为追求高、中、低档完备的产品线；以较先进的产品项目来提高原有产品线的地位。此种策略也要承担一定的风险，要改变产品在消费者心目中的地位是相当困难的。

专栏 8-3　比亚迪：以退为进

公司概况

比亚迪股份有限公司成立于 1995 年 2 月，是一家在香港主板上市的 IT 及零部件高科技企业。2003 年 1 月 22 日，比亚迪公司收购西安秦川汽车有限责任公司（现比亚迪汽车有限公司），成为国内第一个收购国有轿车整车厂的本土企业。

比亚迪汽车有限公司是比亚迪股份的直属子公司。作为西北地区唯一的轿车定点生产企业，比亚迪在引进德国、日本、西班牙等国设备的基础上建成了具有世界轿车生产先进工艺水平的轿车“四大工艺”，并于2004年在国内形成了以深圳为中心，在北京、西安、上海三地建立基地，完成了造车企业的基础建设。

短短几年内，比亚迪汽车的产品线由原来单一的“福莱尔”微型轿车，迅速扩充为包括A级燃油车、C级燃油轿车、锂离子电动汽车、混合动力汽车在内的全线产品。

公司近年业务发展情况

继2011年第一季度净利润同比下滑84%后，比亚迪二季度再遇“滑铁卢”。7月初，比亚迪发布2011年半年度业绩预报称，估计1~6月归属于上市公司股东的净利润为1.21亿~3.63亿元，比上年同期下降85%~95%。

在分析业绩大幅度跳水的原因时，比亚迪给出了三个理由：首先是2011年上半年，受1.6升及以下排量轿车车辆购置税税收优惠政策取消以及市场竞争加剧的影响，公司汽车销量及汽车业务的销售收入与去年同期相比都有所下降。比亚迪公司公关部负责人在接受《中国新时代》记者采访时表示，汽车限行只是影响众多汽车厂商业绩的原因之一。在他们看来，从2010年起，多种不利因素就已经开始产生影响。

例如，货币紧缩政策、油耗准入政策、高通胀和高油价。此外，日本地震使日产汽车的零部件供应紧张，再加上北京的限购限行、停车费上涨等综合因素，汽车销量产生波动，似乎也成了必然。

尽管2011年初，比亚迪成为第一个进行大规模官方降价的汽车厂商，但市场依然反应淡漠。对此，部分京城比亚迪经销商已开始做起了店内的人事调整，将一部分之前做销售的人员调往售后部门，以期售后部门在今后能够带来更多收入，用于店内日常开销。

面对北京市场疲软的状况，比亚迪相继出台了一些扶持京城经销商的措施。“与汽车售前相比，售后市场的利润率更高，而比亚迪在北京有较高的保有量，故公司开通了比亚迪在京经销商的全系车售后服务，这也成了比亚迪在京经销商的利润来源之一。”比亚迪内部人士透露。

除了打开汽车售后服务这一市场，比亚迪也正在开展二手车在京的置换业务，加大对二手车置换的支持。而针对老客户，比亚迪开展了老车主亲属增购新车的折让活动。同时，比亚迪也鼓励一些实力较强的经销商到北京周边的城市继续开拓市场，将售前延伸到其他城市。

比亚迪表示，他们在北京的经销商实力都非常雄厚，很多经销商从比亚迪公司成立之初就一直跟随公司至今。为了保证经销商在运营过程中的利润，比亚迪将继续加大在售前、售后、二手车置换等方面的综合支持力度。

事实上，“比亚迪的主要市场集中在二、三线甚至四线市场，北京市场在整个公司中所占的比例非常小，故影响还是较小的”。比亚迪公关部负责人表示。北京治堵政策出台后，比亚迪在继续拓展一线城市市场的同时，将更加注重在二、三线市场的布局，并进一步丰富产品线，提升技术水平，提高产品竞争力，深入开展技术创新，将传统燃油车做得更好。

目前，政府正在逐步加大对新能源车的支持力度，这种低能耗的出行方式更有助于减少碳排放。因此，比亚迪相信，随着政府关于新能源车的政策出台及社会出行理念的转变，并坚持电动、公共出行优先的政策，真正意义上的低碳、顺畅出行不会太远。

比亚迪还注意到，有消息显示，北京今后购买新能源电动车可能无需摇号和缴税。因此比亚迪将更加关注新能源车的推广积极信号，响应国家号召，进一步推进电动车的普及。

资料来源：冯嘉雪，《中国新时代》，2011 年 8 月。

8.2.4　常用的产品组合策略

(1) 标准化策略

标准化策略又称单纯性策略，即企业产品线的广度很窄，只生产一个类别或少数几个类别的标准化产品。根据对世界上 27 家大型跨国公司的调查，其中 17 家公司采用的是标准化策略，如可口可乐公司、雀巢公司、宝洁公司等。此策略的最大优点是可以进行标准化的大规模生产，降低成本，达到规模经济效益；缺点是市场需求若有变化，特别是巨大变化时，可能对企业造成大的损失。

（2）差异化策略

差异化策略又称多样化策略，即企业产品线的广度很宽，同时生产几种甚至几十种类别的产品。美国通用电气公司采用的就是这种策略，该公司除生产一般家用电器类别的系列产品之外，还生产工业用发电设备类别的系列产品、飞机发动机类别的系列产品、通信卫星类别的系列产品等。此策略的优点是针对消费者的不同需求，向不同的市场投放不同的产品，增加企业的总销售量，比较容易应对市场的不利变化；缺点是企业采用差异化策略后，每一种产品的生产批量都比较小，不能形成规模经济效益，提高了成本。

8.2.5　产品组合调整策略

一个企业的产品组合形成之后，随着企业内部条件和外部市场需求的变化，会变得不再适应，此时就应对产品进行分析评价，并作出相应的调整。以下介绍的是最常用的分析评价方法——波士顿矩阵法。

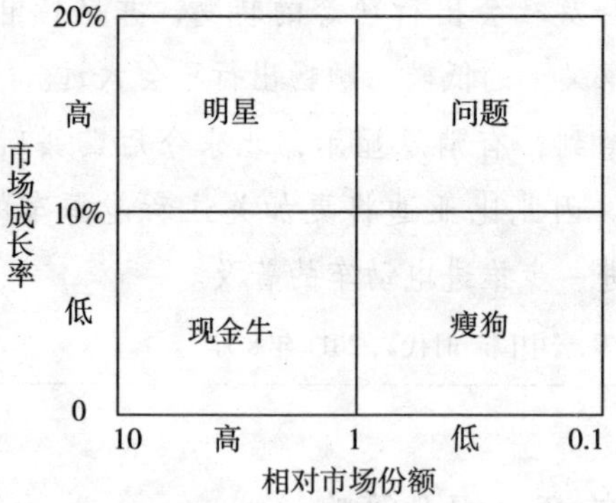

图 8.2　波士顿矩阵图

波士顿矩阵法又称 BCG 法，如图 8.2 所示。它是由著名的美国波士顿咨询公司创立的。矩阵图的纵轴（市场成长率）表示产品的销售量或销售额的年增长率，用数字 0～20% 表示，以 10% 为界线分为高低两档，市场成长率超过 10% 就是高速增长。横轴表示产品的相对市场份额（本企业产品与最大竞争对手产品市场份额的比值），用于衡量企业在相关市场中的实力，用数字 0.1（该企业销售量是最大竞争对手销售量的 10%）～10

（该企业销售量是最大竞争对手销售量的 10 倍）表示，以 1 为界线分为高低两档。上述纵轴的分界线大体上相当于产品生命周期中成长期与成熟期的分界线，横轴分界线实际上是本企业某产品在市场上处于主导地位还是从属地位的分界线。上述两条分界线将整个矩阵分为四个方格，分别为明星、现金牛、问题和瘦狗。

波士顿矩阵法将一个企业的业务分成四种类型：问题业务、明星业务、现金牛业务和瘦狗业务。问题业务是指高市场成长率、低相对市场份额的业务；明星业务是指高市场成长率、高相对市场份额的业务；现金牛业务是指低市场成长率、高相对市场份额的业务；瘦狗业务是指低市场成长率、低相对市场份额的业务。企业可按上述两个指标（市场成长率和相对市场份额）将产品组合中的所有产品进行分类后，分别填入相应的方格中，最后对处于不同方格的产品按下述策略分别对待。

（1）扶持策略

企业要在人力、物力、财力上对明星产品给予大力支持，以延长其明星期。

（2）巩固策略

企业应巩固现金牛产品的市场地位，并以此类产品所赚取的大量现金支持明星产品和问题产品的发展。

（3）观察策略

企业对问题产品进行观察考虑后，若认为这类产品发展成明星产品的可能性较大，则应集中力量予以扶持，使这类产品向明星产品方向转化；否则应果断淘汰。

（4）淘汰策略

企业对于已成为企业包袱的瘦狗产品，应果断淘汰。

专栏 8－4　企业拥有合理投资业务组合的重要性

波士顿矩阵法可以帮助企业分析投资业务组合是否合理。如果一个企业没有现金牛业务，说明它当前的发展缺乏现金来源；如果没有明星业务，说明在未来的发展中缺乏希望。一个企业的业务投资组合必须是合理的，否则必须加以调整。如巨人集团在将保健品业务发展成明星后，就迫不及待地开发房地产业务。在当时的市场环境下，保健品和房地产都是明星业务，但由于企业没有能够源源不断地提供现金支持的现金牛业务，致使企业不得不从本身还需要大量投入的保健品中不断抽血来支援大厦的建设，最后两败俱伤，企业全面陷入困境。

8.3 产品生命周期

产品生命周期是一个很重要的概念，它和企业制定产品策略以及营销策略有着直接的联系。

8.3.1 产品生命周期理论

产品在市场营销中的状况和获利能力随着时间的推移而变化。这种变化的规律如同人类一样，经历了从诞生、成长、成熟到最终走向衰亡的过程。这个过程在市场营销学中被称为产品生命周期（product life cycle），即产品生命周期是一种产品从投入市场开始，到被市场淘汰为止在市场上所延续的时间。典型的产品生命周期（如图 8.3 所示）一般可以分成四个阶段，即引入期、成长期、成熟期和衰退期。

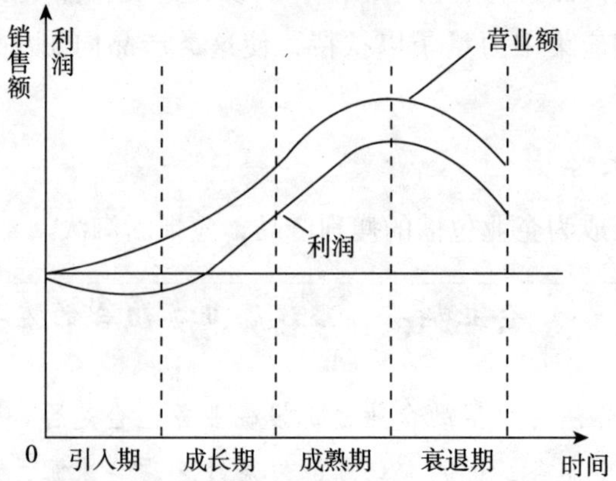

图 8.3 典型的产品生命周期

（1）第一阶段：引入期

此阶段产品刚进入市场，消费者对产品不了解、不熟悉，除少数追求新奇的消费者外，几乎无人实际购买该产品。生产者为了扩大销路，不得不投入大量的促销费用，对产品进行宣传推广。该阶段由于生产技术方面的限制，产品生产批量小，制造成本高，广告费用大，产品销售价格偏高，销售量极为有限，企业通常不能获利，反而可能亏损。

（2）第二阶段：成长期

此阶段消费者已对产品有了一定的了解与认识，购买者迅速增加，因此销售额迅速上升，销售额增长率在四个阶段中是最大的。另外，由于已开始批量生产，单位成本开始下降。此阶段已有了盈利，而且利润额开始上升。与此同时，竞争者看到有利可图，将纷纷进入市场参与竞争，同类产品供给量增加，价格随之下降。

（3）第三阶段：成熟期

此阶段产品已为消费者完全了解与熟悉，购买产品的人数增多，市场需求趋于饱和。此时，由于竞争的加剧，同类产品生产企业不得不加大在产品质量、花色、规格、包装服务等方面的投入，在一定程度上增加了成本。所以，虽然此时的销售额和利润额都达到最高水平，但两者的增长率都很小。

（4）第四阶段：衰退期

此阶段由于科技的发展以及消费习惯的改变等原因，产品的销售额和利润额持续下降，产品在市场上已经老化，不能适应市场需求，市场上已经有其他性能更好、价格更低的新产品足以满足消费者的需求。此时成本较高的企业就会因无利可图而陆续停止生产，该类产品的生命周期也就陆续结束，以至最后完全退出市场。

8.3.2　国际市场产品生命周期

在国际市场营销策略中，产品生命周期这一概念仍然在使用中，只是它的表现形式有所不同。根据国际市场产品生命周期的理论，其生命周期一般经过三个阶段。

(1) 新产品阶段

新产品最先在发达国家生产，通过生产投放到国外市场，其生产技术为其他发达国家所掌握，并开始制造略有差别的产品参与市场竞争。

(2) 增长和成熟产品阶段

这一时期，早先出口国家失去出口优势，更多的国家掌握产品的生产技术。

(3) 标准产品阶段

这一时期，发展中国家以低成本优势制造类似产品，并返销到原出口国市场及其他市场。

这样便形成了以下国际产品生命周期循环模式。

①发明新产品的国家 → 是最先的出口国 → 继而成为该项商品的进口国。

②其他发达国家 → 开始是进口国 → 后来成为该项商品的出口国。

③发展中国家 → 开始是进口国 → 以后成为出口国 → 并将该项商品返销到原出口国及其他国家。

8.3.3 国际市场产品生命周期的意义

在国际市场上应用产品生命周期理论，可以为企业顺利打入国际市场发挥重要作用，其意义表现在下列几个方面。

①企业可以利用产品在不同国家所处的不同生命周期阶段不断调整市场结构，及时转移目标市场，延长产品生命周期，以期长久占领国际市场。如美国杜邦公司发明的尼龙产品，最初仅作为生产降落伞的原料，以后发展到制造绳索、衣服、袜子、地毯等，其生命周期不断循环发展着。

②企业可以利用产品生命周期理论来不断调整产品结构，及时推出新产品，淘汰没有前途的产品，加速出口产品的更新换代。

③发达国家可利用产品生命周期理论，利用成本较低的发展中国家生产其研制开发的新产品，以扩大其在国际市场上的优势。

④发展中国家也可以利用产品生命周期理论，从发达国家引进技术，或进口发达国家的新产品，依靠本国自然资源和劳动力优势，以较低成本研制生产，将产品返销到发达国家的市场。

8.3.4　国际市场产品生命周期策略

(1) 引入期的营销策略

引入期是指新产品试制成功，进入市场试销阶段。这个阶段的特征是：①只有少数企业生产。②消费者对新产品尚未接受，销售量增长缓慢。③需做大量广告宣传，推销费用大。④企业生产批量小，试制费用大，产品成本高。⑤产品获利较少或无利可图，甚至亏损。

此时营销策略重点突出一个“快”字，使产品尽快为消费者所接受，缩短市场投放时间，扩大产品销售，迅速占领市场，促使其向成长期过渡。主要手段是广告和促销，使人们熟悉了解新产品，扩大对产品的宣传，建立产品信誉，刺激中间商积极推销新产品。具体策略有：

①快速撇脂策略：企业以高价格，配合大力度促销将新产品投放市场。

②缓慢撇脂策略：企业以高价格，只进行适度的促销将新产品投放市场。

③快速渗透策略：企业以低价格，配合大力度促销将新产品投放市场。

④缓慢渗透策略：企业以低价格，只进行适度的促销将新产品投放市场。

(2) 成长期的营销策略

成长期是指产品经过试销取得成功后，转入批量生产和扩大销售的阶段。这个阶段的特征是：①消费者对产品已经熟悉并接受，销售量迅速上升，一般来说，销售增长率超过 10%。②生产规模扩大，产品生产成本下降，企业利润不断增加。③同行业竞争者纷纷介入，竞争趋向激烈。

此时营销策略重点突出一个“好”字，强化产品的市场地位，尽可能提高销售增长率。具体策略有：

①提高产品质量，扩充目标市场。企业应把提高产品质量放在首位。及时提供各种有效的服务，增加花色品种，推出多种包装、不同性能和款式的产品适应目标市场的需求，增强市场吸引力。

②适当降价，吸引更多顾客购买。根据市场竞争情况，选择适当时机

降低产品价格，既能吸引更多顾客购买，又可防止大批竞争者介入。

③加强分销渠道建设。加强与中间商的合作，巩固原有的分销渠道。根据市场扩展需要，增加新的分销渠道，进入有利的新市场，扩大产品的销售网络，做到保证供应、方便购买。

④突出产品宣传重点。应从产品的知晓度转入产品知名度、美誉度的宣传。重点介绍产品的独特性能和相对优势，树立企业和产品的良好形象，争取创立名牌，培养消费者对产品的信任感和偏爱性。

(3) 成熟期的营销策略

成熟期是指产品经过成长期，销售量增长速度明显减缓，到达峰点后转入缓慢下降的阶段。这个阶段的特征是：①产品被大多数消费者所接受。②市场需求趋于饱和，销售量增幅缓慢，并呈下降趋势，一般来说，销售增长率在1% ~10%之间。③企业利润达到最高点，随着销售量的下降，利润也开始逐渐减少。④市场上同类产品企业之间的竞争加剧。

此时营销策略重点突出一个“改”字，要采取各种措施，千方百计延长产品生命周期。具体策略有：

①开发新的目标市场。为老产品积极寻找尚未满足的需求，开发国内外新的目标市场。

②改革产品，扩大产品销量。通过对产品性能、品质、花色、造型等方面的改革，满足老顾客的新需求，同时吸引新顾客购买，从而扩大销售量。

③加强产品促销的力度。加强促销活动，刺激消费者购买，主要通过降低价格，扩大销售渠道，增加服务项目和采取新的促销形式等方法。

(4) 衰退期的营销策略

衰退期是指产品经过成熟期，逐渐被同类新产品所替代，销售量出现急剧下降趋势的阶段。这个阶段的特征是：①产品销售量迅速下降，销售出现了负增长。②消费者视线已完全转移到新产品上。③产品价格已降到最低点，多数企业无利可图，竞争者纷纷退出市场。

此时营销策略重点突出一个“转”字，应积极开发新产品取代老产品。具体策略有：

①维持策略：继续沿用过去的营销策略，仍保持原有的细分市场，待

到时机合适，再退出市场。

②收缩策略：大幅度缩减促销费用，把产品销售集中在最有利的细分市场，以求获得尽可能多的利润。

③放弃策略：对于大多数企业来说，应当果断地停止生产，致力于新产品的开发。在淘汰疲软产品时，是采取立即放弃，完全放弃还是转让放弃，应慎重抉择，力争将企业损失减少到最低限度。

知识链接

撇脂定价法、快速撇脂策略、缓慢撇脂策略、快速渗透策略、缓慢渗透策略

撇脂定价法（Skim pricing）即将产品的价格定得较高，尽可能在产品生命周期的初期，在竞争者研制出相似的产品以前，尽快地收回投资，并且取得相当的利润。“撇脂”原意是指从刚煮沸的牛奶中撇取脂肪层，这里被国际营销用来比喻利用高价策略，就像撇取牛奶中的脂肪层那样（过去人们将牛奶中的油脂作为最宝贵的一部分），先从刚推出的新产品中取得一部分高额利润，然后再把价格降下来，以适应大众需求水平，这就是所谓的撇脂定价策略。在向用户收取电话初装费时，中国电信就采用了撇脂定价策略并获得了成功。

快速撇脂策略（Rapid – skimming strategy）又称双高策略，是指企业以高价格和高促销费用推出新产品，以求迅速扩大销售量，加强市场渗透和扩张，迅速收回产品成本的营销策略。

缓慢撇脂策略（Slow – skimming strategy）又称高低策略，是指企业以高价格和低促销费用推出新产品。采用高价格是为了尽可能多地回收每单位产品销售中的毛利，采用低水平促销是为了降低营销费用，两者结合可望从市场上撇取大量利润，这是理想的销售策略。但这一策略的适应性不大，只有在产品质量有明显优势，产品特点突出，而市场规模有限、容量不大，大多数的消费者对这种产品的性能、用途等已有所了解，愿意并有能力出高价购买，且潜在竞争的威胁并不大时，才宜于采用。

快速渗透策略（Rapid - penetration strategy）是指以低价格高促销费用推出新产品，目的在于先发制人，以最快的速度打入市场，给企业带来最快的市场渗透率和最高的市场占有率。

缓慢渗透策略（Slow - penetration strategy）是指以低价格低促销费用推出新产品，其目的是着眼于长期的最大限度的市场占有率，从低价中获取最大利润。

8.4 开发新产品策略

随着科学技术的飞速发展和消费需求的不断变化，市场上新产品层出不穷，产品的生命周期不断缩短。因此，新产品开发直接关系到企业的生存与发展。开发新产品策略是指根据消费国市场的环境开发某种新产品进入该市场。它是人力、物力、财力代价很高的一种策略。例如，20 世纪 90 年代初美国通用汽车公司研制的土星牌微型轿车花掉了 50 亿美元的研制费。又如，世界著名的欧洲空中客车公司于 2005 年 10 月宣布已与 9 家欧洲公司签署了协议，共同合作研制 A-350 型新型远程客机，计划投入的研制费为 43.5 亿欧元。1994 年 3 月 MCC 公司开始研发 Smart 微型车时曾获得欧盟的 4.5 亿法郎的补贴。由此可见，采用此种策略的企业一般都是实力雄厚的跨国公司。

8.4.1 新产品的概念与类型

国际营销学所指的新产品，是从企业的角度来说的新产品，也就是企业过去没有生产经营过，现在要生产经营的产品一律称为新产品，具体可分为以下几种类型。

（1）创新产品

应用新的科学原理、新技术、新材料生产的前所未有的产品，如汽车、飞机、电子计算机、电视机等刚出现时，就属于创新产品。由于研制难度大、时间长、投资多、风险大，绝大多数企业很难开发创新产品。

(2) 换代新产品

在原有产品基础上，部分采用新技术、新材料、新元件，使产品性能得到显著提高的产品，如彩色电视机相对于黑白电视机、全自动照相机相对于老式照相机而言便是换代新产品。

(3) 改进新产品

对产品的质量、性能、结构、材料、式样、包装等方面进行改进的产品。此类产品与原产品差别不大，研制容易，竞争激烈。如单卡收录机改进为双卡收录机，普通牙膏改进为药物牙膏。

(4) 仿制新产品

企业仿造市场上已出现的新产品，换上自己的商标后推向市场。仿制产品难度小、投资少、易为消费者接受，但会使市场竞争更加激烈。

8.4.2 开发新产品的意义

一般而论，产品特别是工业产品都是有产品生命周期的，迟早都要被市场所淘汰，都要退出市场。企业如果仅仅依靠一种产品或依靠处于生命周期同一阶段的一批产品来生存和发展，其结果必然会掉入产品生命周期陷阱中。而企业避免遭受此命运的办法，就是不断地开发新产品，使企业在任何时期都有一批产品进入和处于成熟期阶段。只有这样，一个企业才能生存下去，才能有所发展，才有生命力。美国著名的电话电报公司由当初一个小公司发展成为当今在美国排名第 15 位的大公司，靠的就是不断推出新产品，使企业始终保持旺盛的生命力。目前，该公司平均每天推出一种专利新产品。而拥有 130 年历史的胶卷先驱柯达，20 世纪 90 年代巅峰时期的市值曾经高达 300 亿美元，如今已经萎缩了 97%。2012 年 1 月 18 日，这个曾经统领摄影行业并享誉全球的品牌，宣布申请破产保护。究其原因就是忽视了产品的更新换代，未能及时赶上数码相机等现代技术的潮流。

专栏 8－5　宝洁公司在中国推出海飞丝洗发水

宝洁公司（Procter & Gamble）是一家美国日用消费品生产商，也是目前全球最大的日用消费品公司之一。2008 年，就市值和利润而言，宝洁公司分别位居世界第 6 位和第 14 位。宝洁公司是全世界日用消费品生产公司在产品研究与开发方面投入最多的公司，每年用于研发的投资多达 17 亿美元，它的 8300 多名科学家在全球 18 个大型研究中心工作，专门从事基础研究、产品开发、工艺设计、工程与设备等工作。

进入中国市场后，宝洁公司在北京成立了一个大型技术研究中心，专门研究适合中国人使用的产品，为中国消费者服务。它在中国推出的第一个产品是“海飞丝”洗发水。宝洁公司经过对中国市场的调研，发现许多中国人深受头屑困扰，而当时国内生产洗发水的厂家还没有去头屑这方面的技术。于是宝洁公司决定抓住这个市场机会，立即生产有去头屑功能的“海飞丝”洗发水，并将其作为在中国市场打响的第一炮。“海飞丝”一经推出，很快就受到了中国消费者的欢迎。

1999 年宝洁公司在中国内地的产品销售额已超过 130 亿元。海飞丝、飘柔、潘婷、沙宣四种洗发水占洗发水市场的份额达到 60% 以上，汰渍、碧浪两种品牌洗衣粉占洗衣粉市场的份额为 33%，舒肤佳香皂占香皂市场份额的 41%，护舒宝卫生巾占卫生巾市场的 36%。这些惊人的数据表明，宝洁已成为中国日用消费品市场上无人能敌的“霸主”。这与宝洁公司在中国市场不断推出新产品的营销策略是密不可分的。

资料来源：中国化妆品网，2008 年 11 月 6 日。

8.4.3 开发新产品程序

(1) 制定规划

国际企业开发新产品的第一道程序首先是对新产品进行规划，规划要解决以下几个问题。

①国际企业以什么新产品去实现成长战略，以什么新产品去实现竞争战略，以什么新产品去实现市场进入战略。

②为了避免掉入产品生命周期的陷阱，国际企业要在产品还未进入衰退期之前，甚至还处在成长期时就规划出届时以哪种新产品接替将要进入衰退期的产品。

③根据产品组合调整策略，国际企业要定期淘汰一部分现有产品，这样企业就要提前规划出以哪种新产品去填补因此而出现的产品真空。

④开发新产品特别是创新产品和换代产品的成功率太低、失败率太高，投入新产品开发的大量资源往往因开发失败而付之东流。因此，为了尽可能减少资源损失，开发之前就要在规划中对新产品的开发方向和开发范围加以严格规定，以防开发过程偏离开发方向、越出开发范围。

（2）新产品构思

构思是指应该去发展什么样的产品，向顾客提供什么样的消费利益，主要解决什么样的消费问题。构思的来源主要有以下三种。

①消费者。这是新产品构思的重要来源。因为消费者是市场上现有产品的使用者，他们在长期大量使用过程中会发现现有产品的严重缺陷或美中不足之处，因而会萌发一种改进产品的设想。国际企业若能捕捉到消费者的这种不满或改进的设想，便可以构思出新产品。比如，当年雀巢公司研制的新产品速溶咖啡和美国柯达公司研制的著名换代产品傻瓜照相机，其构思就来源于第二次世界大战后，西方发达国家的生活节奏普遍加快，人们渴望得到能够节省时间的新产品。

②竞争者。市场上竞争对手产品的优点或缺点往往会给国际企业一种启发，启发他们利用竞争对手产品的优点构思改进本企业的产品，或构思开发一种没有竞争对手产品缺点的新产品。比如，称霸美国轿车市场的日本节能型小轿车就是日本企业看到当年美国轿车虽豪华、车型大、功率大但耗油也大的严重缺点而构思开发的一种新产品，而且十分成功地使日本轿车一鸣惊人、畅销全球，并成为日本出口创汇的支柱产品。

③技术新发现。这是开发划时代新产品的重要构思来源，但多半是技术实力和资金实力雄厚的大型国际企业才有能力采用。电话、收音机、电视机、电子计算机、喷气式飞机等一大批划时代新产品的构思，就来源于新技术的发现。

（3）构思的筛选

根据构思研制出来的新产品不一定都能被市场所接受。据统计，每 40 个构思中只有一个构思形成的新产品被市场所接受，也就是说构思的成功率为 1/40。由于构思的成功率如此之低，对搜集来的构思进行筛选就变得十分必要。筛选的依据主要是该构思产品是否符合企业的长期或短期发展目标，企业是否具有开发此产品的能力，此产品是否有发展前途，市场潜力大还是小，原材料的来源是否有保证等。一般而言，构思的产品所需要的生产能力与企业现有的生产能力愈接近，构思的成功率愈高；构思产品对企业现有产品的市场营销手段与途径利用率愈高，构思的成功率也愈高。

（4）商业分析

对已筛选出来的构思产品预选其目标市场，然后根据市场需求初步规划构思产品的基本功能，再估算其销售额、成本与利润等，以便初步估计该构思产品是否具有商业价值。

（5）新产品的研制

将筛选出来的构思交给科技人员进行研制，其中包括制作样品、设计品牌、考虑包装与装潢三个内容。

（6）新产品的试销

将试制出来的样品投入到有代表性的市场进行销售。

（7）新产品的商业化

试销成功后，该新产品可进入批量化大生产阶段，即开发新产品程序的最后阶段。批量生产出的新产品要投放市场时，需要注意以下问题：

①目标市场要明确。

②进入目标市场的时机要合适。

③要制定一整套新产品营销策略组合。

8.4.4 新产品开发的具体策略

新产品开发是一项风险极大的事业。美国的一项研究发现，大约有20%～80%的新产品开发是失败的。为了减少新产品开发的失败率，降低新产品投资的风险，企业应采取正确的开发策略。

（1）抢先策略

企业利用自己的优势，如技术先进、信息灵通、资金雄厚，果断决策，研究与开发新产品，在竞争对手进入市场前迅速将产品投入市场，以便先声夺人，抢先在市场上和消费者的心目中占据一个有利的位置，成为生产这种产品的先行者，在技术上处于领先地位，竞争中处于领先地位。

(2) 跟随策略

当市场上出现畅销的新产品时，企业就应不失时机地加以仿制或改进，然后尽快投入市场。这种策略的优点是不需要长期、大量的投资来从事应用研究。相反，通过对新产品的改进可以克服缺陷，达到后来者居上的目的。这种策略适用于反应敏锐、应变迅速的企业，如松下公司把索尼公司首创的录像机改制成结构紧凑、质量可靠、价格适中的录像机，从而在市场占有率上超过索尼公司。

(3) 引进策略

即企业通过外部途径开发新产品，可分为三种策略：

①兼并策略，即企业收购或控制拥有某种新产品的其他企业。例如，日本索尼公司以 34 亿美元兼并美国哥伦比亚电影公司，很快就推出了自己的影视产品。

②专利获取策略，即企业从发明者手中购买生产某种新产品的专利，然后以自己的名义推出该种新产品。例如，世界上第一家生产圆珠笔的美国企业，就是从外国购买圆珠笔生产技术专利来进行生产的。第二次世界大战后，日本企业采用专利获取策略推出了大量新产品，如日本富士彩色胶卷就从美国柯达公司购买了专利。

③许可策略，即从国外某企业那里获得生产或销售某种产品的许可。例如，欧洲许多国家市场上销售的万宝路牌香烟，就是当地企业通过购买美国公司的许可后生产出来的；世界上 110 多个国家的 700 多家企业生产的皮尔·卡丹服装，就是当地企业购买了法国皮尔·卡丹的商标许可后生产出来的。

8.5　品牌与商标策略

品牌与商标策略是产品策略的一个重要组成部分。以品牌与商标来建立产品在市场上的地位，树立企业形象是企业的有效竞争手段。

8.5.1 品牌与商标的概念

①品牌（brand）。西方营销学关于品牌的定义：品牌是一个名称、术语、符号、标记、图案或其组合，用以识别一个或一群卖者的产品或劳务。品牌主要可分为生产者品牌和中间商品牌。

②品牌名称（brand name）。指在品牌中可以用语言称呼的部分，如奔驰、柯达、可口可乐、松下、日立等。

③品牌标志（brand mark）。指可以被认知与识别，但不能直接用语言表达的部分。品牌标志往往是某种符号、图案或专门设计的颜色、字体等。如美国米高梅电影公司以一只怒吼的狮子作为其品牌标志，而可口可乐的品牌标志则是用英文字母设计的专门图案。

④商标（trade mark）。品牌中的品牌名称或品牌标志经向政府有关部门注册登记后，称为商标。注册商标是一种工业产权，受国家法律保护，如可口可乐商标。

8.5.2 品牌与商标的作用

①商标使企业的产品特色受到法律的保护，可防止其他企业模仿或假冒，保护企业的正当权益。

②品牌与商标可以帮助消费者辨认和识别产品。因为品牌与商标代表着该种产品的质量标准或质量水平。由于消费者对众多产品都属于外行，因此按品牌或商标购买是消费者克服对产品外行的方法之一。

③品牌与商标是保证产品质量的监督工具，品牌与商标是区别同类商品的重要标志，不同的品牌与商标代表着不同的来源、质量、信誉和评价。企业为了保持自己产品已有的市场地位或消费者的信赖，必须兢兢业业始终如一地保证产品的质量水平。

④品牌与商标可促进企业的销售。消费者一般喜欢购买已得到信赖的品牌或商标的产品，所以品牌与商标实际上起到了促销作用。企业一般都十分重视品牌的培育和宣传，并会利用一切机会来提升品牌的影响，例如，美国华裔职业篮球运动员林书豪的横空出世让各大运动品牌嗅到了商

机，乔丹、匹克、李宁等中国企业纷纷想把林书豪作为形象代言人纳入麾下的消息频繁见诸报端，其原因就是因为名人当企业的代言人能够提升企业品牌的影响力，进而促进品牌产品的销售。品牌产品，尤其是像阿迪达斯和耐克这样的国际著名品牌产品，其销售量明显高于一般产品，就是一个很有说服力的例子。

专栏 8-6　星巴克（Starbucks）

虽然全世界都有咖啡馆和咖啡馆连锁店，但是星巴克通过使用“生活方式营销”这一特别品牌和销售“星巴克体验”，而不只是咖啡的途径，已经将其业务迅速扩展到许多国家。它的做法是通过营造特别的氛围、提供朋友般的服务、质量稳定的咖啡饮料和相关的服务产品来提供一个公众聚会场所，以丰富人们的日常生活。公司从美国起家，现在 32 个国家和地区拥有 7000 多家连锁店。

8.5.3　品牌与商标的设计原则

一个具有良好信誉的品牌或商标是一种无形的资产，如“奔驰”、“柯达”、“可口可乐”、“万宝路”、“日立”、“索尼”等，都是世界驰名的商标，具有很高的价值。

一个成功的品牌或商标的设计应遵循以下原则：

①简明性。品牌、商标要便于消费者识别和记忆、便于传播。如美国的箭牌口香糖、日本的索尼电器等。

②提示性。品牌、商标应向消费者提示产品所具有的某种效用或象征产品的某个特性。如“雪碧”柠檬水，给人以“晶晶亮，透心凉”的感觉。

③独特性。品牌、商标的设计应突出其新颖或独特，避免与其他企业的品牌或商标雷同，使企业的品牌、商标从众多的品牌中脱颖而出，引人注目。

④适应性。品牌、商标的设计应考虑到不同国家的文化背景、宗教信仰、语言文学和风俗习惯等的差异，不能触犯当地的禁忌。例如，中国向

英国出口的三羊牌闹钟，商标图案用的是三只山羊，而山羊在西方国家俚语中指色鬼，所以此闹钟在英国就不受欢迎。又如，中国出口美国市场的白象牌电池无人问津，原因是在西方国家象等同于呆头呆脑，令人生厌。“Sprite”饮料进入中国市场正好是一个相反的例子。“Sprite”这个商标是美国可口可乐公司的著名饮料，“Sprite”在英语中是“小妖精”的意思，不为中国消费者接受，但进入中国市场后，该商标改为“雪碧”却十分受中国消费者喜爱。

8.5.4 常用的品牌与商标策略

(1) 无品牌策略

无品牌策略是指产品不使用品牌或商标。这是因为企业在市场上树立一个品牌或商标的信誉需要花费大量费用，企业为了节省费用，提高竞争能力，有些产品就可以不使用商标或品牌。例如，有些产品不因生产经营者不同而形成不同特色，如电力、煤炭等。又如，有些产品消费者习惯上不辨认商标或品牌，或者没有必要选择产品的商标或品牌，如粮食、素菜等。再如，某些没有一定技术标准，且价低、简单、易耗的小商品，如卫生纸、纽扣等，对于这些产品，企业就没有必要花费大量的费用去采用商标或品牌，即可采取无品牌策略。

(2) 同一商标与多种商标策略

同一商标指的是企业生产的所有产品都使用同一个商标；多种商标指的是企业根据自己不同产品的不同特点，使用不同的商标。为了提高企业的信誉与知名度，扩大影响，节约开支，企业所有的产品均可采用同一商标。如誉满全球的皮尔·卡丹商标本是法国时装商标，后公司推出的服饰品、装饰品和日用品皆冠以皮尔·卡丹商标，显出其高贵、优异、豪华的风格。但是，为了适应不同消费者的不同需要，避免因个别产品的失败而影响整个企业形象，企业可采取多种商标策略，以显示产品的不同特色和档次。如美国通用汽车公司生产的普通大众轿车采用雪佛兰商标（Chevrolet），而豪华轿车则采用凯迪拉克商标（Cadillac）。

(3) 生产者商标与中间商商标策略

企业的产品既可以采用自己的商标，也可以采用经销商或中间商的商标。当企业打算长期占领市场，而且企业的实力特别是财力雄厚时，可以采用自己的商标，即生产者商标。当企业实力小，而且刚进入一个不熟悉的市场时，企业使用当地（目标）市场经销商的商标比较有利，即经销商商标。前者如美国通用汽车公司、德国奔驰汽车公司、日本松下电器公司都是使用企业自己的商标；后者如一些外国企业和美国企业的产品在美国著名大百货公司西尔斯百货公司销售时采用的是西尔斯公司的商标。近十几年来，美国大零售商、批发商都在发展自己的品牌。许多企业为了打开更多的销售渠道，常常使用中间商的品牌打入国际市场。

8.6　包装策略

包装策略是产品策略的一个重要组成部分。包装在整体产品概念中属于有形产品。目前，包装已成为强有力的营销手段。设计良好的包装能为消费者创造方便价值，为生产者创造促销价值。

8.6.1　包装的概念

包装（packaging）是指产品的容器和外部覆盖物或者指对产品进行包扎的过程。包装具有保护和美化产品，便于经营、消费或促进销售的功能。产品包装一般包括三个层次。第一，内包装，是产品的直接容器；第二，中层包装，其作用是保护产品和促进销售；第三，储运包装，又称外包装，其作用是便于储存、运输和辨认产品。此外，还有标签（labeling），即附在包装上的制造者、原产国、重量、产品说明以及配料的成分等文字和图案。

8.6.2　包装的设计原则

①安全原则。产品包装所选择的包装材料以及包装物的制作，都必须适合被包装产品的物理、化学、生物性能，以保证产品不损坏、不变质、不变形、不渗透、不串味，还要保护环境安全。

②印象原则。产品包装要充分显示产品的特色和风格，造型新颖别

致、图案生动形象，在众多的产品中具有强烈的标识感受和艺术性，给人留下深刻、美好的印象。

③沟通原则。包装要准确、鲜明、直观地传递产品的信息，并能显示含义，引起联想。包装的文字与图案说明要全面反映产品的各项属性，便于顾客了解、比较和选择。

④经济原则。包装材料的选择务求安全、牢固、价低、内部结构科学合理，外观形状美观大方，既能保护产品，又无不良副作用，也不致造成成本过高，加重消费者不必要的负担。

⑤信誉原则。企业应从维护消费者利益出发，尽量采用新材料、新技术，为消费者着想，给消费者方便，树立企业良好的信誉。杜绝在包装上弄虚作假、欺骗蒙蔽等损害消费者利益的不道德行为。

⑥尊重宗教信仰和风俗习惯。在包装设计中，必须尊重各国和各地区本土文化对包装的要求。包装的颜色、图案和文字不能有损消费者宗教情感和本地的风俗习惯。

8.6.3 国际产品包装策略

①类似包装策略。企业对其生产的产品采用相同的图案、近似的色彩、相同的包装材料和相同的造型进行包装，便于消费者识别出本企业产品。对于本企业的忠实消费者，类似包装无疑具有促销的作用，企业还可因此节省包装的设计、制作费用。但类似包装策略只能适用于质量相同的产品，品种差异大、质量水平悬殊的产品则不宜采用。

②配套包装策略。按各国消费者的消费习惯，将数种有关联的产品配套包装在一起成套供应，便于消费者购买、使用和携带，同时还可扩大产品的销售。如餐具、工具箱等。在配套产品中如加进某种新产品，可使消费者不知不觉地习惯使用新产品，则有利于新产品上市和普及。

③再使用包装策略。指包装内的产品使用完后，包装物还可作其他的用途。如各种形状的香水瓶可作装饰物，精美的食品盒可被再利用等。这种包装策略可使消费者感到一物多用而引起其购买欲望，而且包装物的重复使用也起到了对产品的广告宣传作用。

④附赠品包装策略。在包装物内附赠物品或奖券。这种策略是利用消费者好奇和获取额外利益的心理，吸引其购买和重复购买，以扩大销量。

我国出口的“芭蕾珍珠膏”，每个包装盒附赠珍珠别针一枚，顾客购至 50 盒即可换一条美丽的珍珠项链，这使珍珠膏在国际市场上十分畅销。

⑤改变包装策略。对原产品包装进行某些相应的改进或改换。更新包装可以起到促销的作用。当原产品声誉受损，销售量下降时，通过变更包装，可以以新形象吸引消费者的注意力，可以改变产品在消费者心目中的不良形象。但也要注意轻易改变消费者习惯识别的优质名牌产品的包装，只会给企业带来不利影响。

8.7　服务策略

8.7.1　服务的概念

服务策略也是产品策略的重要组成部分。服务在整体产品概念中属于附加产品，一般来讲是某种形式的劳务。在市场营销过程中，服务占有举足轻重的地位。有形产品必须和服务（附加产品）相结合，才能构成一件完整的产品，才能系统地满足消费者的需要。随着有形产品之间的质量差异逐渐缩小，服务方面的差异变得日益突出。在现代国际市场营销活动中，服务已成为强有力的竞争手段，对提高市场占有率影响很大。例如，日本东芝公司向市场推出的 CT 扫描仪，除了具有可靠性和高质量这些有形产品的特点之外，还提供许多属于附加产品的优越服务，如运输、安装、调试、维护保证，以及培训操作员、技术咨询、帮助用户拓宽应用领域等。尽管价格昂贵，但用户也乐于接受，因为一系列卓有成效的服务已使整体产品具有更大的效益。

8.7.2　服务的作用

①适应产品技术性能复杂化的要求。科学技术的不断进步，使得产品技术含量不断提高，对产品的服务功能提出了更高的要求。需要企业对目标顾客提供相关安装、调试、及时培训、指导消费等现代服务。

②维护消费者利益，争取重复购买。企业为了赢得顾客忠诚，为了争

取重复购买而竞相推出各项服务，不仅对顾客提供了利益保证，而且进行了利益追加，取悦顾客，诱导顾客下次光顾。

③提高企业竞争能力。服务作为一种非价格竞争手段，在增强企业竞争力方面发挥着日益重要的作用。在当代社会，服务深入到每一个角落，只要企业提供的服务比同行领先，就能赢得消费者的心。

8.7.3 服务的类型

服务分为两大类：一类是服务产品，即以服务本身来满足目标顾客需求的活动，如餐饮业、电信业、教育产业、医疗卫生、旅游业等；另一类是服务功能，即产品的延伸性服务，如企业出售计算机时附带提供安装、培训等服务。产品整体策略研究的是服务功能。服务一般分为售前服务、售中服务和售后服务。

8.7.4 常用的服务策略

(1) 售前服务策略

主要向消费者提供咨询，起到参谋的作用，包括以下三种内容。

①介绍产品。是指以文字或口头的形式向购买者介绍产品的质量、性能、规格、重量、体积、外观等。

②提供信息。是指向购买者提供有关企业本身的情况，如企业的历史，企业在同业的地位、信誉，企业的经营管理情况，企业的交通运输条件、交货方式、对产品提供的售后服务等。

③推荐产品。是指将企业不同产品的特点对购买者做介绍，并将最适合购买者需求的产品重点推荐给购买者。

(2) 售中服务策略

售中服务策略是在购买者购买过程中为其提供的服务。目的是为购买者的购买提供方便，包括下述三种内容。

①服务方式。是指为购买者提供方便的看货方式和取货方式。

②良好的服务态度。即认真解答购买者提出的问题，并做好现场试验，教会购买者如何使用产品等，而且自始至终应态度和蔼、彬彬有礼。

③服务设施。是指为购买者提供现场搬运、暂时储存的设施和器械。

（3）售后服务策略

售后服务是服务的重点，其策略包括以下内容。

①送货上门。即送货上门服务。这对一些大型、重型、贵重易损型产品来说尤其重要。

②安装服务。主要指为购买者安装、调试所购产品，有时甚至还要为其培训操作人员，这对大型耐用消费品和工业品来说是十分必要的。

③修理服务。对购买者在产品使用中出现的故障和质量问题，及时派出人员给予修理，以恢复产品的使用价值。

④退货服务。对于那些不符合企业承诺的产品，或购买者事后不满意的产品，给予更换或退货服务。这是对消费者负责和保持企业信誉的重要措施，企业要认真执行。

【讨论与思考】

1. 举例说明，市场上哪些产品采用的是整体产品概念？

2. 举例说明，目前市场上哪个品牌的产品正处于成熟期？哪个品牌的产品正处于衰退期？

3. 举例说明，国外企业在中国市场上的产品中，哪些采用延伸国内产品策略？哪些采用改造国内产品策略？哪些采用开发新产品策略？

4. 企业新产品开发包括哪几个步骤？

5. 企业的产品线组合策略有哪些？

6. 试述产品生命周期及其各个阶段的营销策略。

案例研究 8-1　柯达将被摘牌退市

又一个曾经的行业巨头似乎走到了尽头。据传，全球知名摄影胶片公司柯达正在考虑申请破产。这一消息导致柯达公司股价当日大跌超过了50%，仅剩下0.78美元。2012年1月18日，这个曾经统领摄影行业并享誉全球的品牌，正式宣布申请破产保护，其股票已经被多个权威评级机构认定为垃圾股。

“属于你的家庭欢乐，柯达为你记录”，这句上世纪90年代的柯达广告语就和如今的“如果你没有iphone，你就真的没有iphone”一样让人耳

熟能详。在那个没有数码相机的年代，柯达力压富士等品牌稳坐行业头把交椅。但是如今，已经有131年历史的柯达公司欠了一身债，不仅需要变卖专利来维持，而且还在纽约申请了破产保护。

柯达走到今天这个地步令很多人伤感。毕竟它是享誉全球的品牌，很多人都是在它的陪伴下成长的。在20世纪90年代巅峰时期，其市值曾经高达300亿美元，而如今已经萎缩了97%。

2000年之后，拍照从“胶卷时代”进入“数字时代”，昔日影像王国的辉煌也似乎随着胶卷的失宠而不复存在。柯达传统影像部门的销售利润从2000年的143亿美元，锐减到2003年的41亿美元。柯达的衰落在于它只是单一地巩固自身优势，而没有抓住行业趋势。

伊士曼柯达公司的历史

柯达公司由发明家伊士曼始创于1880年，其前身是“伊斯曼干版公司”（Eastman Dry Plate Company）。1880年，当时还是银行职员的乔治·伊士曼开始利用自己发明的专利技术批量生产摄影干版。后由于生产的第一部傻瓜型胶卷相机名为“柯达”（Kodak），并在市场获得巨大成功，公司遂改名为伊士曼柯达公司（Eastman Kodak Company），简称柯达。柯达公司总部设在美国纽约州罗切斯特市。

柯达公司在影像拍摄、输出和显示领域一直处于世界领先地位。柯达于1891年在伦敦附近建造了一座感光材料工厂。1896年，柯达公司成为在希腊雅典举行的第一届现代奥林匹克运动会主要赞助商。截至 1900 年，柯达的销售网络已经遍布法国、德国、意大利和其他欧洲国家。

20 世纪 90 年代是柯达公司的巅峰时期，那时它是世界上最大的影像产品生产商和供应商，其市场价值曾一度超过 300 亿美元。它的业务遍布 150 多个国家和地区，全球员工约 8 万人，其中 3.9 万人在美国。公司在美国、加拿大、墨西哥、巴西、英国、法国、德国、澳大利亚和中国设有生产基地，向全世界几乎每一个国家销售种类众多的影像产品，营业额一半以上都来自美国以外的市场。

然而，由于相机胶片的需求量下降以及带摄像头智能手机的兴起，柯达市值已经下降了 98%，目前已经不到 6 亿美元。

柯达将被摘牌退市　傲慢的代价

对于竞争日趋激烈的市场经济时代而言，企业的优胜劣汰亦遵循着均衡法则，随时有新生企业横空出世，随时有老牌企业黯然出局。很不幸，这一次悲剧落在拥有 131 年历史的柯达头上。2012 年 1 月 3 日，柯达公司宣布，它收到纽约交易所的警告，如未来 6 个月内股价无法上涨，则有可能摘牌退市。

对于 2005 年以来仅有一年盈利、2011 年股价跌幅高达 80% 的柯达而言，没落已是在所难免。柯达的没落，不仅是其技术创新的滞后，更是其对顾客消费体验忽视的必然结果。直到 2003 年，柯达才宣布全面进军数码产业，并于其后陆续出售医疗影像业务以及相关专利权。但是，当时佳能、富士等日本品牌已占据“数码影像”的龙头地位，就连韩国三星、中国华旗等企业亦已初具规模。此时，庞然大物般的柯达已经丧失占领“数码影像”的先机。

曾经的行业巨头，因对技术创新和消费体验的忽视，甚至出于对市场需求的傲慢，而被市场最终遗弃，柯达并非先例。2009 年 4 月，美国第三大汽车商克莱斯勒宣布进入破产保护；2010 年 6 月，拥有 101 年历史的通用汽车宣布进入破产重组轨道。与这些制造业巨头陨落的原因类似，曾作为互联网贵族的雅虎，亦因近 10 年在技术和媒体之间频繁摇摆不定，其市值与高峰时相比已跌去近 80%。

当然，在强调技术创新、专注消费体验的时代，老牌贵族转型成功屡见不鲜。这其中，IBM“大象能跳舞”的案例最为典型，这家拥有 80 年历史的IT老牌贵族，曾被比尔·盖茨预言“必将破产”，但是在具有前瞻眼光和超强决心的传奇CEO郭士纳的带领下，IBM早于1995年即已启动全面转型，并最终完成了从计算机软硬件供应商向IT服务商的完美转型。除此之外，今天美国市值最大的苹果公司，在2000年出现10亿美元的巨额亏损之后，在乔布斯的带领下，开始迅速向电子消费娱乐产品转型，进行全新的战略转型和重新定位，完成堪称经典的苹果转型四步曲，并于2007年将公司名字中的“电脑”两字去掉。

在这个日新月异的时代，唯有“创新”是不变的真理。这种创新，不但基于技术和管理层面，更基于商业模式乃至消费体验层面。而对于老牌企业而言，要么在固执和傲慢中死中，要么在持续创新中重新焕发生机。创新和变化虽不能确保企业永立潮头，但却是企业持续生存和发展的必要前提。

转型不利　贻误战机

柯达早在1976年就开发出了数字相机技术，并将数字影像技术用于航天领域。1991年柯达就有了130万像素的数字相机。但是到2000年，柯达的数字产品只卖到30亿美元，仅占其总收入的22%。2002年柯达的产品数字化率也只有25%左右，而竞争对手富士已达到60%。这与100年前伊士曼果断抛弃玻璃干板转向胶片技术的速度，形成莫大反差。

虽然2000~2003年的销售业绩只有微小波动，但销售利润下降却十分明显，尤其是影像部门呈现出急剧下降的趋势。具体表现在：柯达传统影像部门的销售利润从2000年的143亿美元，锐减至2003年的41亿美元，跌幅达到71%。在拍照从“胶卷时代”进入“数字时代”之后，昔日影像王国的辉煌也似乎随着胶卷的失宠而不复存在。

造成柯达危机最主要的原因是其反应迟钝。柯达过去当老大靠的就是胶片，与别人合作靠的也是这个金刚钻，人家还会沾你的光。而现在的数字时代，没有核心技术，企业的经营就会随时处于危险的状态，过去的一切都会在瞬间贬值。

柯达长期依赖相对落后的传统胶片部门，而对于数字科技给予传统影像部门的冲击，管理层作风偏于保守，满足于传统胶片产品的市场份额和垄断地位，缺乏对市场的前瞻性分析，没有及时调整公司经营战略重心和部门结构，决策犹豫不决，错失良机。

过去柯达的管理层都是传统行业出身，高层管理人员中有 7 位出身化学，而只有 3 位出自电子专业。特别是在市场应用和保持领先地位方面，传统产业领导忽视了替代技术的持续开发，从而失掉了新产品市场应有的领导份额。

对于现有技术带来的现实利润和新技术带来的未来利润之间的过渡和切换时机把握不当，造成柯达将大量资金用于传统胶片工厂生产线和冲印店设备的低水平简单重复投资，挤占了对数字技术和市场的投资，增大了退出与更新的成本，使公司陷于“知错难改”、“船大难掉头”的窘境。据统计，截至 2002 年底，柯达彩色胶卷洗印店在中国的数量达到 8000 多家，是肯德基的 10 倍，麦当劳的 18 倍。

当意识到数码趋势的重要性后，2003 年柯达开始转型。尽管他们每年给数码相机和相关产品研发投入 5 亿美元，并竭力要把柯达重塑成为一个数字式技术的企业，但效果甚微，不仅没有成功转型，还陷入了连续亏损的泥潭。柯达投身数码产品本来就比其他公司晚，在技术上没有任何优势的情况下，在竞争中败下阵来实属难免。相比之下，富士胶片的转型就要成功得多。胶卷有抗氧化的技术，富士就把这项技术用到了美容方面。现在的女性都希望能够减缓衰老，富士就很好地利用了自己的核心技术进行转型。

当昔日的竞争对手富士在美容产品领域进行第二次创业的时候，柯达公司却经受不住债务的压力，宣布将出售 1100 项专利来偿还欠款、维持现金流。尽管柯达仍然希望重振雄风，但实际上已经无法逆转大势。柯达已经逐渐被市场所抛弃，重回辉煌已很难。现在它要卖掉最后一样有价值的东西——专利。卖掉专利意味着柯达公司已经穷途末路。

由此可见，如果不能抓住发展的趋势，即使是行业的老大，即使过去拥有优势，也于事无补。

从传统胶片与数字影像产品市场占有率的比较可以看出，柯达对传统胶片技术和产品充满眷恋，并对数字技术和数字影响产品的冲击反应迟钝，这在很大程度上决定了柯达陷入成长危机的必然。

对中国企业的警示

当然，对于历史并不悠久的中国企业巨头而言，短期内依赖市场和成本的优势，尚能拥有相对舒适的生存空间。但是在竞争更加充分的未来，在要素资源成本持续上升的趋势下，任何故步自封、不思创新均难以赢得未来，而傲慢和忽视顾客消费体验更将令其难以在市场上持久。

案例研究 8-2 海尔现象在美国

2004 年 7 月 1 日，美国纽约著名的曼哈顿购物广场前，近千名美国人在临时搭起的海尔空调直销现场排起了长队，一个帐篷内用现金或信用卡付款，另一个帐篷提货，然后用免费拖车将空调运走。最终 7 个小时销售了 7000 台，平均 3.5 秒卖出一台海尔空调。

海尔现场直销的空调并没有降价，与商场销售的价格差不多，唯一的“实惠”就是免费赠送的价值 3 美元的小拖车，为什么会让从不愿排队购物的美国人打破常规呢？

海尔负责美国市场的负责人刁云峰认为，一方面是美国人已经认可了海尔品牌，一方面是这种直销方式吸引了喜欢尝试新鲜的美国人。

现场直销在中国司空见惯，在美国可算是新鲜事。海尔人看准美国人喜欢新鲜的特点，把装满空调的集装箱直接拉到了广场上，收到了奇效。

研究美国人的喜好，事事做到与众不同，是海尔空调在美国“遭抢购”的深层原因，也是海尔空调用 4 年时间在美国市场实现占有率第三的直接因素。

海尔产品进军美国市场的战略是“一列纵队”，先是冰箱产品进入，站住脚后，其他产品再进入。空调是海尔进军美国市场的第二种产品，2000 年初进美国时，虽然可以借助海尔冰箱创出的品牌效用，直接进入美国大连锁超市，但并没有很大的销量。

怎样让美国消费者注意到海尔空调呢？海尔人发现，美国连锁超市摆放空调一般是摆成 4 米 ×4 米或者 3 米 ×3 米见方的大堆，多种品牌堆在一起，任消费者挑选。而各家空调的外包装普遍是黑白印刷，外观都差不多，一眼看上去，没有多大差别。于是，海尔便把外包装箱改成彩色印刷，使用鲜艳的黄色和红色，这样一来，海尔在整个空调堆放处格外显眼，马上就吸引了美国消费者的眼球。

光是吸引眼球还不够，怎样让美国消费者愿意购买呢？当然是让他们了解安装海尔空调的好处。但是美国的连锁超市没有销售人员帮你介绍，怎样才能让消费者了解呢？海尔又想出了妙招。他们在空调包装箱上专门印刷了说明，告诉消费者：多大的房间，用多大功率的产品最合适；同时告诉消费者选择海尔空调可以带来的好处，譬如按照美国的能耗标准，用海尔空调可以少用多少度电，每年可以节省多少钱等。这些处处为消费者考虑的说明，果然打动了消费者的心。海尔空调进入美国的第二年，便实现了 10 倍的增长，销售量一下子达到了几十万台。

海尔的做法马上引起了竞争对手的注意，他们纷纷模仿，所有包装都鲜艳夺目了，所有包装箱上也印上了类似的说明，大家摆在一起又都差不多了。这时，海尔除了将包装改成素雅的颜色，继续保持与众不同外，更开始追求产品内在的与众不同。美国法律规定建筑外墙上不能挂东西，所以美国家庭单独安装的空调都是窗式空调，海尔人发现，这些窗式空调普遍体积大、噪音大。由于是安装在窗上，体积大就意味着挡住的光线多，噪音大引起窗体共振的声音会更大。针对这一缺点，海尔通过采用新技术、新工艺，使空调体积缩小了 1/3，同时噪音也大大降低。这种新的产品果然又赢得了美国消费者的青睐，但也又引来了对手的模仿，美国市场上多年未变的空调体积普遍开始变小了，多年未变的噪音也普遍开始降低了。海尔对此的应对策略是精益求精：每年推出的新品，体积都要再小一些，噪音都要再低一些，能耗都要再少一些，设计都要再新一些，以此始终保持领先地位。

与此同时，海尔通过一些细节的与众不同，塑造亲情化形象。在美国，由于窗式空调安装相对简单，所以美国人都是自己安装。根据这一特点，海尔设计在打开包装箱的第一时间，消费者便可一眼看到一个安装步骤，每一步都非常细致，让消费者感受到一种人文关怀。美国家庭经常出现丢失空调遥控器的现象，丢失了遥控器就会产生一些不大不小的麻烦，或者想开空调开不了，或者需要专门跑一趟腿再配一个。海尔则把这些麻烦解决在前面，他们为空调配备了两个遥控器，一个与机器分离，一个用子母扣贴在机器上，让消费者感觉到海尔点点滴滴为消费者着想。美国企业的服务电话，在工作时间内是人工值班，其他时间则是电脑值班。海尔则改成了 24 小时人工值班，让消费者 24 小时都能享受到海尔人亲切的问候……

靠着这些与众不同的策略，靠着不断满足美国消费者需求的创新，靠着真诚为用户着想的心，海尔拥有了越来越多的美国用户。目前，海尔空调在全美的市场份额已达到了18%，名列第三。海尔计划在2008年，坐上美国空调市场占有率第一的宝座。

资料来源：胡考绪、刘成："海外观察：'海尔现象'在美国"，《经济日报》，2004年7月28日。

案例研究 8-3 BRL Hardy 公司*

澳大利亚的企业目前在国际市场上面临的一个主要挑战就是：如何使它们的产品有别于竞争者的产品。全球葡萄酒市场是高度竞争的市场，其特点是竞争者多、商标多、产品也多。在众多的竞争者中有一个竞争者，就是BRL Hardy有限责任公司。

到2002年为止，虽然澳大利亚在世界葡萄酒市场上仅有5%的市场份额，但是在像英国和美国这样的重要市场，澳大利亚葡萄酒却是这些国家增长最快的进口商品，它正在夺取法国、意大利、德国和西班牙这些欧洲传统葡萄酒生产国的市场份额。澳大利亚迄今为止在葡萄酒市场上所取得的成功，不仅是因为其拥有能够生产成本合理且品质优良的葡萄酒的比较优势，而且还因为它的葡萄酒公司能够通过创建品牌来参与国际竞争。

BRL Hardy公司在全球葡萄酒市场中发现了一个有环保意识的独特细分市场，而后将其Banrock Station品牌的葡萄酒定位于这个细分市场。本案例将从上述产品定位策略的最初实施阶段开始，一直论述到"绿色"国际葡萄酒营销的推广计划。

背景

BRL Hardy有限责任公司是由澳大利亚南部的三家葡萄酒酿造厂于1992年组建而成的，这三家酿造厂是Berry Renmano、Thomas Hardy和Sons Pty。BRL Hardy公司是现在澳大利亚四大葡萄酒生产商之一，也是世界十大葡萄酒酿造集团之一。它的Banrock Station牌葡萄酒主要用澳大利亚南部Riverland地区种植的葡萄酿制而成，该品牌现在是公司葡萄酒产品组合中正在上升的"明星"。它的第一批葡萄酒是在1995年生产的，而现在的

---

* 本案例研究由澳大利亚新南威尔士警察局营销项目经理Mary Pugh和在西悉尼大学任教的Richard Fletcher两人合著的文章改编而成。该文最初以"绿色国际葡萄酒营销"（Green International Wine Marketing）为名在《澳大利亚营销》（Australasian Marketing Journal）杂志上发表。

年产量已经达到了 240 万桶。

1994 年，BRL Hardy 公司在 Banrock Station 这个地方得到了一块良田，面积达 250 公顷，可以用来种植优良品种的葡萄。公司其余的财产是由一块 900 公顷湿地和一块 600 公顷受保护的名叫 Mallee Woodland 的生态系统组成的。公司这些土地曾因长期耕作和放牧而深受其害。通过迁移牲畜、安装养鱼的栅栏和重新引入湿地的自然干湿循环系统等措施，BRL Hardy 公司和澳大利亚湿地保护组织共同实施了一项巨大的湿地再生工程。这些工作最终使得本地的鸟类、鱼类、水生植物、青蛙和昆虫都回来了，从而使墨累河逐渐恢复了生机。

250 公顷的新葡萄园被用来生产五种主要的葡萄酒。如表 8.1 所示，红葡萄酒比白葡萄酒更受消费者的青睐。

葡萄园每年的葡萄总产量是 5000 吨，可以生产出 350 万升或 38 万箱葡萄酒。而国内和出口对葡萄酒的需求是 200 多万箱，生产这些葡萄酒所需的葡萄是从 Riverland 当地生产商那里购买的。

表 8.1　Banrock Station 品牌下的主要葡萄酒种类

品　种	种植葡萄的公顷数
白葡萄酒	
Chardonnay	33
Semillon	43
红葡萄酒	
Merlot	20
Cabernet	
Sauvignon	48
Shiraz	59

澳大利亚和全球葡萄酒市场

就澳大利亚的葡萄酒生产商而言，增加葡萄酒出口的市场条件已经成熟。历史上，像法国和意大利这样的传统葡萄酒生产国在全球出口市场上拥有大量的份额，但它们正在走下坡路。整个 20 世纪 90 年代，这些传统的葡萄酒生产国在葡萄酒出口市场占据 67% 的份额。然而，新兴葡萄酒生产国如澳大利亚、新西兰、智利和南非的业务却蒸蒸日上。虽然相对而言这些新兴葡萄酒生产国的出口市场份额还比较小，但是它们却正在挤占传统生产国的市场份额。

几个世纪以来，优质葡萄酒都是与传统的葡萄酒生产商联系在一起的，而现在澳大利亚葡萄酒正处在一场由新兴葡萄酒生产商引领的新的消费潮流的最前沿，它提供质优、物有所值、口感好的果味葡萄酒。至2000年，澳大利亚葡萄酒出口额排名世界第四，并且成为新兴葡萄酒生产国的市场领导者。

澳大利亚葡萄酒在英国市场大获全胜。“澳大利亚”作为葡萄酒的品牌，在将对优质水果和休闲生活方式的感性认识转化为对其食品和葡萄酒的感性认识方面，正在提升原产国的形象。在英国和美国市场的这种定位已经刺激了人们对特级葡萄酒的需要。

自20世纪80年代中期以来，澳大利亚葡萄酒出口就已经有了实质性的增长。2000~2001财政年度结束时，澳大利亚出口了3.39亿升葡萄酒，比上年同期增长了17%。在之后10年，澳大利亚葡萄酒出口量预计在规模上要翻一番，达到6.76亿升，占产量的61%，目前占产量的47%。如表8.2所展示。

表8.2　澳大利亚国内市场增长与国际市场增长的比较（百万升）

年份	澳大利亚国内市场	国际市场
1990	301	42
2001	369	339
2010	437	676

制订国际战略

BRL Hardy公司所面临的挑战是如何在一个竞争日趋激烈的市场中保证出口销售得到增长。它需要研究澳大利亚葡萄酒在全球市场中面临的下列威胁：

- **新进入者：**市场存在着来自于新进入者的潜在威胁，尤其是来自于全球酒类巨头的威胁，如英国的Diageo公司和Allied Domecq公司，以及法国的LVMH公司和Pernod Ricard公司。这些公司认为，与白酒、啤酒和香槟酒相比，葡萄酒业务的发展非常迅速。这些酒类巨头的兼并业务咄咄逼人，它们对澳大利亚的葡萄酒制造厂产生了兴趣。

- **供应商**：葡萄供应商的威胁并不大，因为这些供应商几乎没有什么讨价还价的资本，但 Merlot 和 Verdelho 这两种葡萄的供应商除外，因为这两种葡萄的品种比较稀缺，所以供应商对市场的影响较大。由于用来酿造红葡萄酒的葡萄种植过多，澳大利亚的葡萄酒生产商能够以极具竞争力的价格获得优质葡萄。
- **买方**：由于在拥挤的市场难以确保销售的顺利，尤其是当国外主要市场的销售渠道大部分掌握在超市和大型酒类连锁店的手里时，来自买方的威胁很大。然而，有证据显示，由于澳大利亚葡萄酒质量稳定和供货及时等特点，分销商越来越看好澳大利亚的葡萄酒。
- **替代品**：尽管存在着与葡萄酒竞争的含酒精产品，但是葡萄酒仍然是全球销售增长最快的含酒精饮料。澳大利亚在优质葡萄酒的生产创新方面拥有比较优势，因为它生产的葡萄酒无需陈酿就可以喝，从而吸引了新的葡萄酒消费群和传统葡萄酒生产国中的年轻饮酒者。

BRL Hardy 公司回击了业内竞争对手对其进入国外市场的反应。在其海外目标市场中，BRL Hardy 公司通过实施细分市场的策略，使自己有别于其他的竞争对手。这一点是通过最初在英国和美国这两个主要市场将其 Banrock Station 品牌葡萄酒定位为“绿色”产品，以支持自然资源各种保护行动来实现的。这包括从不同的视角看待市场和地区，以便创造价值使自己的品牌与其他的竞争品牌不同。要发现新的价值观念的关键是提出四个问题，在表 8.3 中，Kim 和 Mauborgne 的两种模型对此进行了概述。

处理好这些关键问题使得 BRL Hardy 公司能够创立 Banrock Station 这个品牌——代表一种被定位为“优质的葡萄酒、安全的地球、健康的生活”的葡萄酒形象。

表 8.3　创造新价值的曲线

关键问题	有待创新的地方
1. 减少——应该把什么要素降到低于行业标准	价格
	葡萄从葡萄架到餐桌在市场上所花费的时间
	酒精含量

续表

关键问题	有待创新的地方
2. 创造——应该创造哪些行业还从未提供过的东西	主张健康的生活方式
	与自然环境和谐的葡萄酒理念
	与品牌的关系
3. 提高——应该把什么要素提到高于行业标准	葡萄酒的味道和质量
	新的葡萄酒风格
	使人感兴趣的品牌
4. 消除——应该淘汰哪些行业认为理所当然的东西	标准的标签和包装
	“世俗”因素
	葡萄酒本身说明一切

创建一个“绿色”品牌

创建一个“绿色”品牌意味着要渗透到葡萄酒买方的价值观和信仰中去。BRL Hardy 公司意识到，它在恢复宏大的 Banrock Station 湿地工程中的投资和成就可以与其顾客一同分享。这一战略在澳大利亚被证明是很成功的。每出售一瓶葡萄酒，其中的一部分收益就捐给自然保护项目，以确保恢复自然保护区并为了下一代而对其提供保护。公司在澳大利亚获得的所有收益都捐给澳大利亚的湿地保护组织和耕地保护组织。

从对发达国家（如澳大利亚）的葡萄酒消费人口分布情况分析来看，大多数葡萄酒消费者的年龄在 40 ~ 60 岁之间，女性消费者的情况更是如此。人们在提到这一代人的时候通常称其为婴儿潮出生的一代，这代人占国内人口的比例在澳大利亚约 24%，在美国约 33%。这个群体对环保问题很敏感，他们是最早的环保活动积极分子和环境保护主义者。这些人在 1970 年创立了第一个地球日。然而，说到葡萄酒的营销问题，这个群体所蕴藏的价值以前并未得到充分的挖掘。

为了实施这一战略，公司必须通过品牌来向消费者传递这一信息。品牌是联系消费者的纽带，这是因为品牌反映出对消费者信仰的认识，进而产生了产品的价值和个性。从战略上看，促成澳大利亚葡萄酒生产商在竞争中获胜的原因恰恰是品牌而非葡萄酒生产商的名字。

成功的葡萄酒、品牌及其引起的态度，必须与葡萄酒消费者自己的个性和独特的风格联系在一起。有些消费者正在寻求一种符合自己追求生活优越和健康的价值观，并且符合环保要求的产品。对于“绿色”葡萄酒而言，品牌的形象应该能够吸引这些消费者。葡萄酒的购买者正在思考与葡萄酒质量相关的东西——产品从何而来，以及他们购买什么。

虽然在消费者的购买决策中，质量、价格、方便程度依然是需要考虑的三个主要因素，但是第四个因素——与环境的兼容程度，即产品的环保情况，很快变成了购买的决定因素。通过将 Banrock Station 这个品牌的葡萄酒所具有的优质、现成可喝的特点与自然保护主义的个性相结合，BRL Hardy 公司为这个品牌创造了新的竞争优势。品牌口号“安全的地球，美味的葡萄酒”很容易使人们把 Banrock Station 这个品牌与支持环保联系起来。此外，店内的促销资料突出了 Banrock Station 牌葡萄酒的自然保护倡议，例如，葡萄酒瓶上的广告印着一只鹈鹕。这可以节省消费者用在评价其他品牌上的时间，并且帮助他们在零售店轻而易举地分辨出与众不同的地方。此外，Banrock Station 的绿色品牌形象在广告、大量关于环保工程的新闻故事、包装、促销、葡萄酒展销会和网站中反映出来。在网站上，消费者还可以作一次虚拟的 Banrock Station 公司之行。

将绿色品牌公正应用于国际市场

鉴于“绿色”营销方式在澳大利亚本土非常成功，BRL Hardy 公司决定将这种营销方式推广到其选择的具有长期销售增长潜力的海外市场。公司所选择的八个海外市场分别是美国、荷兰、加拿大、瑞典、新西兰、英国、芬兰和丹麦。这些国家的市场都是发达的市场，其消费者许多都是生育高峰期出生的，他们对环保问题十分敏感。在这些市场中，BRL Hardy 公司打算如法炮制其在澳大利亚本土的做法，与当地的环保组织结成战略联盟关系。市场进入战略的一个关键是与“绿色”组织结成战略联盟，以此来增进消费者对品牌所宣称的环保理念的信心和信任。每销售一瓶葡萄酒，公司都会拿出一部分利润给予战略伙伴，用于资助环保项目。Tony Sharley 是一名环境科学家，他负责管理 Banrock Station 牌葡萄酒的经营和澳大利亚湿地研究中心。他的加盟进一步推动了公司国际化战略的实施。Tony 与重要国际市场中的环保组织一起负责环保项目，并且能够验证 Banrock Station 品牌的绿色证书。

英国是澳大利亚最重要的葡萄酒市场，BRL Hardy 公司很多成功的品牌葡萄酒都销往这个市场。在英国，公司与当地的野禽和湿地保护组织一起，共同拯救湿地和野生动植物。销售 Banrock Station 牌葡萄酒所得的资金正在被用来支持对4000 英亩湿地保护区及其野生动植物进行持续的监控和维护。

BRL Hardy 公司在加拿大建立了自己的机构来协调环保项目，以帮助保护濒危鸟类和湿地（加拿大 Banrock Station Wine 湿地保护基金）。在美国，公司与 Arthur R. Marshall 基金会合作，支持对美国大沼泽地生态系统进行保护和恢复工作，并且还赞助为恢复大沼泽地远古森林而发起的“柏树种植日”活动。

在欧洲，公司与瑞典湿地保护基金会合作，用销售利润支持该地区的 Oster - Malma、Lida 和其他湿地的保护工程；在芬兰，它资助芬兰北部的著名湿地保护工程；在荷兰，它与 Staatsbosbeheer 自然公园和国际湿地保护组织共同合作保护湿地。最近，它还与丹麦自然保护组织开始了合作，后者把资金投入到郎格罕氏岛（Langeland）地区的湿地恢复工作。

在距离本国最近的新西兰，公司与新西兰湿地保护组织共同赞助全国的湿地恢复活动。根据赞助计划，第一年的利润将用来帮助在威灵顿的 Karori 动物保护区内开发一片湿地。此后，在 Wairarapa 地区的 Masterton 再开辟一片湿地。

国际市场销售额的增长

在澳大利亚，Banrock Station 这个品牌的葡萄酒定位是在优质葡萄酒这一范畴，它提供物有所值的葡萄酒。公司在其挑选出来的海外市场也采取了相似的价格定位策略。如所指的那样，其产品价格低于本国一些主要竞争者的价格。在英国，有一个分销系统是 BRL Hardy 公司必须认真对待的。在这个分销系统中，零售商是行业的“看门人”，10 家零售商就可能占市场份额的 70%。在这里，贴有分销商商标的葡萄酒已占市场相当大的份额。为了针锋相对，公司必须加强消费者对自己品牌的了解。这个目标正在通过使用电影和包括伦敦地铁在内的户外广告得以逐步实现。与之形成鲜明对比的是，在美国，葡萄酒的分销与快速消费品的分销十分相似，都是很少用分销商的品牌出售的。随着“支持环境保护”主题的提出和增强环保形象的销售点的支持，物有所值的要求在所有市场得到加强。

正是这种支持为品牌提出了独特的销售建议。在美国和英国，这种方式已被证明是越来越多有环保意识的消费者在购买时会考虑的决定因素。Banrock Station 牌葡萄酒正在证明自己是 BRL Hardy 公司打入国际市场的重要品牌。

毫无疑问，这一成功很大程度上是因为 Banrock Station 这个品牌的葡萄酒采取了“绿色”国际葡萄酒营销战略。为了使销售能够继续增长，公司必须通过继续投资环保项目来保持并建设品牌，并开发拥有大量环保型葡萄酒买家的新市场。

【讨论】

1. BRL Hardy 公司决定将其 Banrock Station 品牌的葡萄酒作为“绿色产品”在国际市场进行销售，试评价公司的这个决定。

2. 在像英国这样的市场，贴分销商品牌的葡萄酒占据市场的主导地位，这是一个好的策略吗？

3. BRL Hardy 公司是否应该在销售其“绿色产品”时考虑贴分销商的品牌？

第9章

国际营销价格策略

价格是营销组合中的一个重要因素。产品定价的高低直接影响企业的经济效益，也影响产品在国际市场上的竞争力。国内定价原本就很复杂，当产品销往国际市场时，各种不确定因素，如运费、关税、汇率波动、政治形势等，更增加了国际定价的难度。因此，国际企业必须把价格策略作为一个很重要的策略加以研究。

9.1 价格的基本概念

9.1.1 价格理论

资本主义经济学认为，决定产品价格的主要因素是市场上当时的供求关系平衡状态。由于市场的供求关系状态在不断变化，所以产品的价格也随之不断涨跌。

9.1.2 国际市场价格的构成

在国际市场上，有许多大宗商品（主要为初级产品）都已形成了具有一定代表性的国际市场价格。例如，以输出国为中心的集散地销售价格有：纽约交易所的棉花价格，芝加哥交易所的小麦和大豆价格，沙特阿拉伯的原油价格，新加坡的橡胶价格，加拿大铝的出口价格，瑞士木材的出口价格等。以进口国为中心的集散地价格有：伦敦市场的有色金属价格，鹿特丹的桐油价格，伦敦市场的茶叶价格等。它们是国际市场中应用最广泛、成交额最大的主要价格形式，具有很强的代表性和参考性。

国际市场价格通常由生产成本、流通费用、利润和税金四部分组成。

①生产成本。生产成本是国际市场价格的首要组成部分。在一般情况

下，商品的售价总是要收回其全部制造费用，这些费用包括全部固定费用和变动费用。

②流通费用。由于国际市场营销中的买卖双方一般相距遥远，进出口货物自卖方所在地运交买方所在地，相应地需要支付运费、装卸费、仓储费、保险费、银行手续费及其他各项费用。因此，与国内销售相比，其各项费用的支出明显增加，流通费用所占的比重相应要高一些。

③利润。一般消费品的国际销售往往需要经过出口中间商、进口中间商、国外批发商和零售商等多个流转环节，才能最终到达消费者手中。由于国际产品销售的时间长、环节多、风险大，因此，中间商的加成比重相对较大。

④税金。国际市场价格中的税金主要由关税及一般流转税组成。关税是一种特殊形式的税，是对从一国进入另一国的商品所收的费，其作用是为了保护本国的市场或增加政府收入。一般流转税除了包括国内的增值税、消费税外，还包括出口商品在目标市场国缴纳的进口税、消费税、增值税、零售税、营业税等，这些税收使得商品价格大幅度提高。

总之，国际市场商品的最终价格虽然由生产成本、流通费用、利润和税金等要素构成，但是由于受运输距离远、分销渠道长、中间人活动范围大以及税收和外汇变动等因素的影响，其价格变化幅度一般高于国内价格变动幅度。

9.1.3 影响价格的因素

(1) 市场供求因素

国际市场上影响价格最重要的因素就是供求因素。因此，掌握国际市场产品的供求规律，了解供求关系对国际市场产品价格的影响，对国际营销的定价有着重要意义。

产品的供给是指在一定价格水平上，供应商在市场上出售或准备出售的产品数量；需求是指在一定的价格水平上，产品的购买者从市场上购买或准备购买的产品数量。在一般情况下，当需求大于供给时，购买者会竞相提价以求购入产品，这时产品的价格就会上升；当供给大于需求时，供应商会竞相压价以求售出产品，这时产品的价格就会下跌；而当供求平衡时，产品价格稳定。通过分析需求对产品价格的影响，企业可以了解国际市场对产品价格的敏感程度，从而制定合理的定价策略。

在通常情况下，影响产品供求关系的主要有以下几个因素。

①需求价格弹性。国际市场上，有的产品价格变化后，市场销售量也随之变化，有的产品价格变化后，市场销售量变化不明显，这种销售量对价格的敏感程度称之为需求弹性。正因为价格会影响市场需求，所以企业制定的价格高低就会影响企业产品的销售，进而影响企业的国际市场营销目标的实现。因此，市场营销人员在定价时必须了解市场需求对价格变动的反应程度，即需求的价格弹性。需求价格弹性系数 E 为市场销售量的变化率与产品价格的变化率之比值。

$$E=\frac{\text{市场销售量变化率}}{\text{产品价格变化率}}$$

当 $E>1$ 时，说明该产品的需求弹性大，即产品价格稍有变化，就会显著影响其销售量，也就是说销售量对价格很敏感。

当 $E=1$ 时，说明产品价格变化幅度有多大，销售量的变化幅度也会有多大。

当 $E<1$ 时，意味着产品的价格有较大幅度变化时，市场的销售量只有小幅度变化，即销售量对价格不敏感，需求价格弹性小。

由于不同产品的需求价格弹性不同，企业在定价时应采取不同的价格策略。需要注意的是，无论是对弹性大的商品降价，还是对弹性小的商品提价，都应适当，要以企业能够获得最佳经济效益为原则。

知识链接

为什么不同的产品会有不同的需求弹性

导致不同产品具有不同需求弹性的主要原因是产品的性质、替代品以及产品在购买者预算中所占的比重大小。

①产品的性质。如果产品是必需品，则需求缺乏弹性；如果是奢侈品，则需求富有弹性。

②是否有替代品。如果有替代品，并且替代品对购买者的效用几乎相同，则需求富有弹性；反之，需求缺乏弹性。

③产品在购买者预算中占的比重小，则需求缺乏弹性；反之，需求富有弹性。

通常，对需求弹性大的产品，可以采用降价策略，由于需求弹性大，降价的百分率远小于需求增加的百分率，如果能在该产品的生产中实现规模经济，有效地降低成本，那么采用这种策略对企业是非常有利的；相反，如果某产品需求缺乏弹性，且没有替代品，那么采用高价策略将使企业在短期内获得较高的利润。

②购买者的可支配收入。在通常情况下，当一国居民的可支配收入增加时，该国对高档产品的需求量就会增加，而对低档产品的需求量将会减少。

③相关产品的价格。顾客对某种产品的需求，不仅取决于该产品的价格，而且还受到与该产品在使用上有相关性的产品的价格的影响。这种相关性或表现为替代关系，或表现为互补关系。如果某一种产品价格下降导致另一种产品的销量下降（比如自行车降价会导致摩托车销量的下降），那么它们之间就存在着替代关系；反之，如果某一种产品的价格下降导致另一种产品的销量增加（比如照相机降价会导致胶卷销量的增加），则它们之间就存在着互补关系。

（2）成本因素

产品成本是影响国际营销定价策略的一项重要因素。在国际营销活动中，产品成本主要包括：产品制造成本、仓储运输成本、分销成本、关税成本、风险成本等。

①生产成本。就产品制造成本而言，国际产品与国内产品包含的项目基本相同，主要有生产所必需的原材料和辅助材料费用、燃料和动力费用、职工的工资与福利费、产品的包装费、企业内部管理费用、固定资产折旧和特许权使用费等。但国际产品的质量要求往往较高，为满足这种高要求，生产成本不得不提高，特别是精美、坚固的包装等会造成额外费用，其中的某些费用是国内市场产品所没有的。

②仓储运输成本。国际货物从出口地到运送到进口地，往往要经过

长距离的运输、多次的装卸和相应的仓储过程，运输成本往往大于国内营销。运输距离的远近、运输方式（空运、海运、陆运）的选择等因素决定了不同的运输成本，从而影响到商品价格，通常可占货物价值的10%～15%。因此，在国际营销定价过程中，要将此项费用列入考虑范围。

③分销成本。相对于国内市场，国际市场的分销渠道跨度长、环节多、费用高。对出口产品而言，企业直接与当地消费者见面交易的情况很少。多数情况下，这些商品需通过中间商进行销售。就可能涉及的中间商而言，不仅有批发商与零售商，还可能包括出口商、进口商、经销商或代理商等。以分销的层次来说，许多国家或地区存在多级分销体系，如日本冗长复杂的分销系统。渠道拉长，中间环节增多，必然导致流通费用的增加，与此相适应，产品最终售价也会有所提高。

④关税成本。关税是指进出口商品经过一国海关边境时，由政府设置的海关向其进出口商征收的税收。征收关税的目的主要是保护国内产业和市场、增加政府的财政收入以及调整进出口货物结构。关税往往会给出口商造成沉重的成本负担，并导致商品价格的升高，进而影响到产品在当地市场的竞争力。

⑤风险成本。国际营销活动往往要承受更大的风险，各国货币汇率的不同会给进出口商带来不同的资金成本，形成更大的风险。此外，买方或卖方的信用风险、东道国可能发生的金融风险或政治风险等也加大了产品销售的成本，并体现到产品的售价上来。

国际营销中由于销售成本受多种因素的影响，这部分成本占的比重相当大，而生产成本所占比重反而较小。比如，中国市场上进口化妆品的销售成本大于生产成本，是大家所公认的。

(3) 市场竞争因素

企业定价时需要考虑的另一个重要因素是企业面临的市场竞争程度。在竞争性很强的市场上，企业几乎无力控制价格，其定价的主动性受到市场抑制，只能被动地接受市场价格。相反，在垄断性很强的市场上，企业在定价上就有相当大的自由，定价目标和策略的自主选择余地很大。因此，处于不同竞争程度市场上的企业影响价格和控制价格的能力是大不相同的。

价格竞争是国际市场竞争的主要手段，产品价格随市场竞争的激烈程度而变化。竞争分为直接竞争和间接竞争两种：直接竞争指的是相同或类似产品之间的竞争，如不同品牌自行车之间的竞争；间接竞争指的是完全不同但可以互相替代的产品之间的竞争，如自行车与摩托车之间的竞争。

(4) 企业定价目标

定价目标是影响企业价格行为的一个极其重要的内在因素，是企业确定定价策略和方法的依据。从事国际市场经营活动的企业，在制定其产品价格之前，必须首先确定企业的定价目标。在国际营销实务中，不同企业、甚至同一企业在不同时期或面对不同目标市场时，往往会选择不同的定价目标。归纳而言，企业的定价目标主要有以下几种。

①利润目标。利润目标是指把利润最大化作为定价目标。利润最大化并不是指短期内的利润最大化，也不仅指某一种产品的利润最大化，而是指企业长期的利润最大化和企业所有产品的综合总利润最大化。前者如大多数企业在其产品刚进入市场处于生命周期的投入期阶段时，往往将价格定得低于成本，以求尽快进入成长期阶段和成熟期阶段，日本的精工牌手表就是如此；后者如美国柯达照相器材公司将照相机的价格定得较低，而将胶卷的价格定得较高，以求获得企业总利润的最大化。

②市场占有率目标。市场占有率目标是指把争取最大的市场占有率作为企业的定价目标。这意味着两个效果：其一是市场占有率愈大，企业在市场上的地位愈强，竞争力愈强；其二是市场占有率愈大，销售量愈大，企业就可以达到规模经济效益，减少成本，增加利润。

③竞争地位目标。国际企业在国际市场上总是处于激烈的市场竞争之中。为了增强自己的竞争地位，或为了不被别的企业挤垮，就要随时关注自己企业和竞争对手企业在市场上的地位和实力，即力图增强本企业的地位和实力，削弱竞争对手的地位和实力，并把此作为定价目标。为了达到这一目的，企业必须采用一定的价格策略，如有的企业稳定本企业产品的价格，以便保持本企业在市场上已取得的地位；而有的企业则降低本企业产品的价格，甚至短时间内降到低于成本，以挤垮竞争对手或阻止竞争对手进入市场。

(5) 政府干预

政府对市场价格的干预对国际营销定价也有重要的影响。政府干预是指政府出于公众的利益而对某种产品的价格进行干预。此种干预可以是直接的，也可以是间接的。前者如政府垄断、规定毛利、限定最高价、冻结物价等；后者如调整关税、税率、汇率、利息、竞争规则等。

(6) 集团管制

集团管制是生产或经营某种产品的国际集团，如卡特尔、康采恩、同业公会等组织对成员的产品价格所作的规定或限制。其中最著名的就是20世纪70年代成立的石油输出国组织即OPEC组织。该组织在20世纪70年代采取一致行动大幅度提高了世界石油价格，成员国企业每年因此获得的额外收入高达1000亿美元。

综上所述，由于影响国际市场价格的因素复杂多样，既有经济的，又有政治的，而且变动频繁，难以及时准确地进行调查、分析和预测，因此国际营销产品定价成为企业面对的最复杂的决策问题之一。

9.2 国际营销产品定价方法

在影响国际营销定价的诸多因素中，产品成本、需求状况及市场竞争是最重要的。因此，企业常用的定价方法是成本导向定价法、需求导向定价法和竞争导向定价法。

9.2.1 成本导向定价法

成本导向定价法是以产品成本作为定价的基本依据，由于对产品成本理解的不同，形成了多种不同的成本定价法，这里主要介绍以下两种。

(1) 总成本加成定价法

这种定价法是指按照产品的总成本加上一定百分比的加成（利润）来制定产品的价格。零售企业普遍采用成本加成定价法。这种定价法的关键是加成（利润）率的确定。

加成（利润）率的确定应综合考虑商品的需求弹性和企业预期利润。在实践中，同行业往往形成一个为大多数企业所接受的加成率，如美国一些商品的加成率一般为：照相机28%，书籍34%，服装41%，装饰用的珠宝饰物 46%。

成本加成定价法具有简单易行的特点，在正常情况下，按此方法定价可以使企业获取预期利润。但这种方法忽视了市场需求和竞争状况的影响，而这两个因素又恰恰是实际定价时必须考虑的因素。因此，它缺乏灵活性，难以适应市场竞争的变化形势。

（2）变动成本加成定价法

变动成本加成定价法又称边际成本定价法，这种定价法的特点是不考虑产品的固定成本，而只在变动成本上加成一定百分比而形成产品的价格。这种方法适用于开工不足的企业或处于产品生命周期投入期阶段的产品。缺点是只能短期使用，长期使用会造成企业的亏损。

9.2.2　需求导向定价法

需求导向定价法是以消费者对产品的评价作为定价的基础。因此，如果企业对消费者的价值判断估计过高，就可能会定价过高；如果企业对消费者的价值判断估计过低，就可能会定价过低。因此，需求导向定价法的关键是确定消费者对企业产品价值的认知程度。这类定价方法具体有以下几种。

（1）认知价值定价法

认知价值定价法是指企业根据消费者对本企业产品的认知价值或认可价值定价，而不是根据该产品的生产成本定价。因此，在定价时，企业要通过市场营销调研确定该产品在顾客心目中所形成的价值，然后将产品价格定得低于该价值，最后核算在此价格下能否获得满意的利润，以决定取舍。

（2）习惯定价法

习惯定价法是指对于那些市场上已销售多年、形成固定价格的商品，企业尽力将其价格维持在消费者习惯接受的水平的一种定价方法。例如，在长期的消费活动中，有些消费者对其所消费的部分商品的认知产生了心理定势，或者说其认定某种商品的价格就应处于某一水平。比如在美国，每个汉堡包卖 75 美分、每个“热狗”卖 50 美分、每包口香糖卖 25 美分等，消费者对这些商品价格的变动比较敏感。实际价格高于或低于特定水平，都会给消费者带来涨价或商品质量下降等不良印象，进而对整个企业的销售产生影响。

(3) 需求差异定价法

需求差异定价法就是针对人们的种种需求差异，对同一产品或服务因市场需求的时间、数量、地点、款式、消费水平及心理差异不同而制定不同的价格，以满足消费者个体需求的一种定价方法。这种定价方法所制定的价格通常与产品的成本无关，只与购买者的需求状况相关。根据划分需求标准的不同，常有以下几种需求差异定价法。

①需求对象差异定价法。此法主要根据购买者购买能力的差异确定价格。一般而言，收入水平、年龄、职业、性别等情况不同的消费者对价格水平的接受程度有较大的差异，对于低收入者、学生等定价水平要低，而对于高收入者定价水平要高。

②购买时间差异定价法。指企业对处于不同时间的同一商品制定不同的价格。同一商品在不同时间的需求弹性差异是制定时间差别价格的直接标准。同一商品在销售旺季可定高价，销售淡季则可适当降低价格。例如，同一件时装在流行季节和非流行季节制定不同的价格，长途电话夜间收费比白天收费低，就属于此种定价。

③购买地点差异定价法。指同一商品因购买地点不同而采取不同的价格出售。同一商品在不同地点的销售存在着效用上的差异，制定不同的价格能使其效用更好地发挥。精品店与普通店、市中心与市郊或者农村、影剧院的不同位置所得到的消费感受是不一样的。因此，精品店、市中心的大商店、影剧院的好位置可以定高价，而其他地点则以低价为主。

④产品差异定价法。企业对不同款式、不同色彩的同一产品制定不同的价格，且价格与产品的差异程度不成比例。例如，一件带有手工绣花小图案的衣服与不带绣花图案的相同衣服定不同的价格，而且相差很大，不成比例，就属于此种定价方法。

⑤购买数量差异定价法。商品的成本通常随着购买数量的增多而降低，购买数量多有助于企业扩大生产规模，实现批量生产，从而获得规模经营效益。购买数量差异定价法正是从这一点出发，以不同的价格鼓励消费者多购买使用企业的产品。因此，对同一商品因购买量的不同可以采取不同的价格出售。

9.2.3　竞争导向定价法

竞争导向定价法，是以市场竞争对手的价格水平作为本企业的主要定价依据的一种定价方法，即企业给产品定价时，主要着眼点是对付竞争者。企业依照竞争对手的价格水准，结合自己的产品特色，制定具有竞争力的产品价格，并随着竞争者价格的变动及时进行调整，以确保和加强企业产品价格的竞争优势和企业的竞争地位。常见的竞争导向定价法主要有随行就市定价法、参照竞争价格定价法、投标定价法、倾销定价法四种。

(1) 随行就市定价法

随行就市定价法是指把本企业产品的价格定得与本行业竞争产品的平均价格一致。此定价方法适用于匀质产品，如粮食、原料、木材、钢材等，即不论哪个企业所生产的产品，只要规格相同，产品的质量是相似的。此方法既适合于完全竞争市场，也适合于垄断竞争市场。国际市场上咖啡、糖、石油等就是如此定价的。

在完全竞争的市场上，销售同类产品的各个企业在定价时实际并无多少选择余地，只能随行就市。如果定价高于时价，产品卖不出去；如果定价低于时价，也会招致行业内降价竞销。

在垄断竞争市场上，企业同样倾向于和竞争对手要价相同。这是因为：在垄断竞争市场上只有少数几家大公司，彼此十分了解，购买者对市场行情也很熟悉，因此，如果各大公司的价格稍有差异，顾客就会转向价格较低的企业。例如，全球胶卷行业的两大巨头美国柯达公司和日本富士公司尽管竞争十分激烈，但两家公司在胶卷售价上却始终保持较为克制的态度，其原因就是害怕因直接价格竞争而造成两败俱伤。

在异质产品市场上，企业有较大的自由度决定其价格。原因是产品差异化使购买者对价格差异的存在不太敏感。

(2) 参照竞争价格定价法

这种定价法是指在竞争对手的价格基础上，提高本企业产品的价格水平，以高价谋取高利润。当企业的知名度和信誉度较高，其产品相对于竞争者的产品具有显著的优势，并且购买者在意识到这种相对优势后，愿意付出高于竞争对手产品的价格时，可以采用这种定价方法。如瑞士手表以其悠久的历史、精湛的工艺、显著的特色而闻名世界，因此，瑞士钟表企业就可采用此种定价法，把产品的价格定得远远高于其他企业同类产品的价格。

（3）投标定价法

投标定价法是指在投标交易中，众多承包商或供应商互相竞价报出较低价，然后以最低价成交的方法。这种方法适用于国际上大型建筑承包工程、大型成套设备订货等。这种定价法是在完全竞争条件下进行的，因此也是一种竞争导向定价法，现流行于国际市场。在竞争投标的条件下，投标价格的确定，首先要根据企业的主客观条件，正确地估算完成指标任务所需的成本；其次要对竞争对手的可能报价水平进行分析预测，判断本企业的中标概率。企业中标概率的大小取决于参与投标竞争企业的报价情况。报价高，中标概率小；报价低，中标概率大；报价过低，虽中标概率极大，但利润可能很少甚至亏损，对企业并非有利。

（4）倾销定价法

倾销定价法是指一国企业为了进入或占领某国市场排斥竞争对手，以低于国内市场的价格，甚至低于生产成本的价格向国外市场倾销商品。采用此种定价法制定的价格，使用的时间一般比较短。一旦达到预期目的，即占领了国外市场后，企业就会提高价格，以收回在倾销中的损失，并获得应得的利润或垄断利润。但是，采用此种方法制定的价格，易受反倾销法的限制和制裁，因而风险比较大。

9.3 国际营销产品定价策略

国际市场营销定价策略是指企业在营销活动中，根据自身条件变化及所处的国际市场环境的具体情况，运用价格策略来获取竞争中的优势地位的一种手段。在国际营销中，企业常用的定价策略有心理定价策略、差别定价策略、折扣定价策略、调价策略、产品生命周期各阶段的定价策略和国际转移定价策略。

9.3.1 心理定价策略

心理定价策略是运用心理学原理，根据不同顾客购买产品时的动机和情感反应来制定价格，以扩大销售的价格策略。具体分为以下几种。

(1) 声望定价策略

声望定价是指企业利用产品在消费者心目中的声望、信任度和社会地位来确定价格的一种定价策略。名牌产品或著名企业的产品可采用“优质高价”策略，这既可以增加企业盈利，又让消费者在心理上感到满足。如皮尔·卡丹服装定价大大高于其他同类服装的价格就是采用这种策略。质量不易鉴别的商品最适合采用这种方法，因为消费者有崇尚名牌的心理，往往以价格判断质量，认为高价代表高质量，降价或低价反而无人购买。如我国的景泰蓝瓷器在国际市场上定价很高，就是成功运用高价策略的范例。在使用声望定价策略时，需求注意适当控制产品的市场拥有量。名车劳斯莱斯的价格在所有汽车中雄居榜首，除了其优越的性能、精致的做工外，严格控制产量也是一个重要因素。

专栏 9-1　品牌营销策略推动奢侈品涨价潮

据商务部一项调查显示，手表、箱包、服装、酒、电子产品五类产品的 20 种品牌高档消费品，在中国内地的市场价格比中国香港、美国与法国分别高出 45%、51% 和 72%。随着中国经济的快速发展与中产阶层的扩大，许多消费者开始将消费目标直指国际品牌产品。于是，纷纷出境旅游的新贵们，开始到发达国家和地区抢购“低廉”的奢侈品。

大量购买力被迫转移国外的现实，使各方关于调低关税的呼声越来越高。2011 年 3 月以来，中国商务部就一再放出可能调降进口关税的信号。然而进入 7 月，正当民众为是否调低进口奢侈品关税而争论不休时，各大奢侈品牌却悄然地掀起了新一轮的“涨价潮”。

短短几天的时间，LV 已经全线涨价，幅度达到 8%。除了 LV，其他奢侈品价格也相继上涨。卡地亚和劳力士则刚刚完成国内的涨价，涨价幅度为5%～10%。劳力士一款星期日历型腕表价格从24.55万元涨至25.78元，涨了1万多元。

高端化妆品也卷入了这一轮涨价潮中。雅诗兰黛、MAC、倩碧等品牌化妆品集体涨价。比如雅诗兰黛最经典的小瓶ANR特润精华，由原先的890元涨到了940元。

与此同时，欧莱雅集团旗下的兰蔻系列化妆品几乎全线涨价，上调幅度在30～100元之间，涨价幅度也在5%～8%。倩碧也将部分产品价格上调，倩碧“小白瓶”已从620元涨至680元。此外，香奈儿等品牌也开始涨价。

不少国际奢侈品品牌为了吸引这部分新贵，通常采取高价策略以保证其产品高端的形象。据上海美狄亚品牌策划执行总监称，这些国际奢侈品牌在国外其实并不昂贵，之所以能在国内市场卖这么高的价，并且价格越走越高，是因为国外企业看到我国境内市场的巨大需求和奢侈品资源的相对短缺性。此外，国外企业也摸透了国内消费者的心理，即崇尚名牌，以价格判断质量，认为高价代表高质量，降价或低价反而不买。

资料来源：中国产经新闻报，杨国华，2011年7月15日。

（2）尾数定价策略

尾数定价是指企业给产品定的价格不是整数，而是带有尾数，并且大多数情况下尾数是奇数。消费心理学认为，这一策略一方面给人以价格便宜的感觉；另一方面因其标价精确而给人以信赖感，使消费者愿意购买。著名的美国戴尔笔记本电脑2006年6月在中国市场上的人民币标价，按不同型号分别为9999元、6999元、5999元、4999元、3999元，采用的就是这种策略。此外，对于需求弹性较强的商品，尾数定价往往能带来需求量的大幅度增加。如将价格定为19.80元，而不是20元，就比较好销。

（3）整数定价策略

与尾数定价策略正好相反，企业在定价时采用较大的整数，如项链不定 3240 元，而定为 5000 元，手表不定 7100 元而定为 10000 元。这种定价会给消费者一种产品档次高、价值大的心理感觉，从而满足了某些消费者显示身份的心理需求。

(4) 招徕定价策略

招徕定价策略是指零售商故意将少数几种产品的价格定得很低，甚至低于成本进行销售的策略，目的是以低价吸引消费者前来购买“便宜货”的同时，购买其他正常价格的商品，即以少数产品的薄利或无利来促进其他产品的销售。此外，零售商还会经常利用节假日举行“大减价”酬宾活动，借此招徕顾客。

9.3.2　差异定价策略

在国际营销中，企业在很多情况下倾向于针对不同的消费者、不同的市场供求状况、不同的供货时间和地点等因素制定差别的定价策略。

(1) 顾客差别定价

这是指企业对同一项产品，根据顾客需求的迫切程度及对产品、行业的了解程度的不同而制定不同的价格。一般情况下，对于那种需求弹性大、用户了解程度高的产品，应制定较低的价格；而相反情况下，则可适当提高价格。例如，某汽车经销商按照价目表价格把某种型号的汽车卖给顾客甲的同时，按照较低价格把同一种型号的汽车卖给顾客乙。这种价格差别表明，顾客对产品的需求强度和对产品的了解程度有所不同。

(2) 时间、季节差别定价

在国际营销中，商品价格随着时间、季节变动而变动的幅度是很大的。就时间而言，不同时期、时点的价格策略都会有明显差异。对一些应季产品，季节对市场需求量往往产生很大影响。在淡季商品供过于求时，为了刺激消费，企业往往会将价格作较大幅度下调；而到了旺季，产品供不应求，此时为了调节供求平衡，应将价格适当提高。

(3) 地域差别定价

有时，由于地域不同，人们会对同一种商品产生不同的需求强度。因此，企业会对同一种商品制定出不同的价格。例如，我国传统出口产品茶叶、丝绸等在国际上享有盛名，需求旺盛，因此，对这部分产品的出口定价应大大高于国内销售价格。

9.3.3 折扣和折让定价策略

折扣和折让定价策略是指对基本价格作出一定的让步，即适当降低产品价格以促进销售。由于在国际营销活动中，相当多的企业都要借助于各种类型的中间商才能将产品销售出去，因此，企业为了实现其整体营销目标，就必须在定价时，考虑所有中间商的利益及最终用户面对的价格水平，以刺激他们的购买热情。常用的折扣定价策略有以下几种。

（1）数量折扣

数量折扣是指按购买数量的多少，分别给予不同的折扣，购买数量愈多，折扣愈大。其目的是鼓励大量购买，或集中向本企业购买。数量折扣包括累计数量折扣和非累计数量折扣（即一次性数量折扣）两种形式。累计数量折扣规定顾客在一定时间内，购买商品若达到一定数量或金额，则按其总量给予一定折扣，其目的是鼓励顾客经常向本企业购买，成为可信赖的长期客户。非累计数量折扣规定一次购买某种产品达到一定数量或购买多种产品达到一定金额，则给予折扣优惠。例如，购买一件商品，单价1元，购买10件，每件0.9元。非累计数量折扣鼓励顾客一次性购买大量产品。

（2）现金折扣

现金折扣是对在规定的时间内提前付款或用现金付款者所给予的一种价格折扣，其目的是鼓励顾客用现金购买或提前付款，以加速企业资金周转，降低销售费用，减少财务风险。现金折扣是国际企业经常采用的一种定价策略。采用现金折扣一般要考虑三个因素：折扣比例、给予折扣的时间限制、付清全部货款的期限。在西方国家，典型的付款期限折扣表示为“3/20，Net 60”，其含义是在成交后20天内付款，买者可以得到3%的折扣，超过20天，在60天内付款不予折扣，超过60天付款要加付利息。

提供现金折扣等于降低价格，所以，企业在运用这种手段时要考虑商品是否有足够的需求弹性，保证通过需求量的增加使企业获得足够利润。

此外，由于我国的许多企业和消费者对现金折扣还不熟悉，运用这种手段的企业必须结合宣传手段，使买者更清楚自己将得到的好处。

(3) 功能折扣

中间商在产品分销过程中所处的环节不同，其所承担的功能、责任和风险也不同，企业据此给予不同的折扣称为功能折扣，有时被称为贸易折扣，这种折扣是流通领域的惯例。功能折扣的比例，主要考虑中间商在分销渠道中的地位、对生产企业产品销售的重要性、购买批量、完成的促销功能、承担的风险、服务水平、履行的商业责任等。鼓励中间商大批量订货，扩大销售，争取顾客，并与生产企业建立长期、稳定、良好的合作关系是实行功能折扣的一个主要目标。功能折扣的另一个目的是对中间商经营的有关产品的成本和费用进行补偿，并让中间商有一定的盈利。

(4) 季节折扣

有些商品的生产是连续的，而其消费却具有明显的季节性。为了调节供需矛盾，这些商品的生产企业便采用季节折扣的方式，即对在淡季购买商品的顾客给予一定的优惠，使企业的生产和销售在一年四季能保持相对稳定。例如，啤酒生产厂家对在冬季进货的商业单位给予大幅度让利，羽绒服生产企业则为夏季购买其产品的客户提供折扣，旅馆、航空公司等在营业淡季时给旅客以季节折扣。

季节折扣比例的确定，应考虑成本、储存费用、基价和资金利息等因素。季节折扣有利于减轻库存，加速商品流通，迅速收回资金，促进企业均衡生产，充分发挥生产和销售潜力，避免因季节需求变化所带来的市场风险。

(5) 促销折让

促销折让是指企业为特殊目的，对特殊顾客以特定形式所给予的价格补贴或其他补贴。当经销商经销企业的产品时，一般都要进行一些促销活动，以利于产品的销售。但促销活动需要花费费用，这对经销商来说是一种经济负担，会降低经销商的积极性。因此，企业往往在产品定价时给予一定的折让，以弥补经销商在促销活动上的支出。例如，当中间商为企业产品提供了包括刊登地方性广告、设置样品陈列窗等在内的各种促销活动时，生产企业给予中间商一定数额的资助或补贴。又如，对于进入成熟期的消费者，开展以旧换新业务，将旧货折算成一定的价格，在新产品的价格中扣除，顾客只支付余额，如一台电视机标价为1000元，顾客以旧电视机折价400元，只需付600元。这种促销折让可以刺激消费需求，促进产品的更新换代，扩大新一代产品的销量。

9.3.4 调价策略

企业的产品定价后，不论是企业内部条件还是外部环境都在继续不断地变化，当初的定价就会不适应新的情况，如原料涨价、市场竞争加剧互相压价等，这时企业就要对过去的定价进行调整。企业产品价格调整的动力既可能来自于内部，也可能来自于外部。倘若企业利用自身的产品或成本优势，主动地对价格予以调整，将价格作为竞争的利器，则称为主动调整价格。有时，价格的调整出于应付竞争的需要，即竞争对手主动调整价格，而企业也相应地被动调整价格。无论是主动调整，还是被动调整，其形式不外乎是削价和提价两种策略。

（1）调低价格策略

在经济全球化的推动下，市场竞争已经从国内竞争扩展到国际竞争，企业由于诸多因素的交织作用，有时不仅会提高产品价格，也会降低产品价格。如下情况可能会导致企业降低价格。

①供过于求。当国际市场产品供过于求时，企业为了增加出口额，可能会千方百计地改进产品，增加促销手段或者采用其他措施。这些均不能奏效时，就要考虑降低售价。

②竞争加剧。国际市场上一旦出现了强有力的竞争者，往往会导致企业市场占有率的下降。例如，美国的汽车、消费电子产品、照相机、钟表等行业，由于日本竞争者的产品质量高、价格较低的竞争优势，美国产品已经丧失了一些市场份额。在这种情况下，美国一些公司不得不降低价格竞销。建立在“低成本、大批量”营销基础上的价格竞争策略，在国际商业网络中用得越来越多。

③成本优势。当企业进入国际市场的成本费用比竞争者低时，一般会考虑通过降低价格来扩大市场份额或提高市场占有率，从而扩大生产和销

售量并排挤竞争者。

综上所述，企业在采取降价策略前一定要考虑降价对整个产品线的影响及对企业利润的影响。由于价格高低常常被视为产品质量的象征，当产品降价时，顾客可能以为产品质量出了问题，并且还会怀疑原先是否受骗了，从而影响到产品线其他产品的销售。而且，降价势必会减少企业的利润。因此，企业必须权衡利弊，慎重选择此策略。

（2）调高价格策略

企业提高产品价格，有可能引起消费者或国外中间商的不满。但是，一个成功的提价策略可以使企业的利润大大增加。企业提高产品价格，除了追求更高的利润外，还有以下一些因素导致其不得不提高产品的价格。

①供不应求。当产品供不应求，无法满足全部顾客的需要时，企业必须提价，或者对客户限额供应，或者同时采用两种措施。

②市场竞争。在国际营销实践中，企业会出于对竞争者价格或产品的考虑而提价。即当同行业主导企业提价时，为了避免与其抵触所造成的损失，必须考虑随之提价。当企业产品在与竞争产品的抗衡过程中，已在顾客心理上确立了某种差别优势时，企业可以考虑利用自己的独特优势提价。但是，提价幅度必须能让顾客接受，并且能够维系顾客忠诚度。提价幅度过大，差别优势就可能丧失，顾客将另选品牌，转向竞争产品。

③通货膨胀。世界范围内持续的通货膨胀，使得企业的成本费用不断提高，如原材料成本和人力成本的上涨。与生产率增长不相符的成本增长速度，压低了出口企业的创汇幅度，使得许多企业不得不定期提高产品价格。

为了应付国际上普遍存在的通货膨胀趋势，企业可以采取以下方法来调整价格：

ⓐ采取推迟报价的策略，即企业决定暂时不规定最后价格，等到产品制成或交货时才规定最后价格。在建筑和重型设备制造等行业中，企业一般采取这种定价策略。

ⓑ签订短期合同，或者在长期合同中附加调价条款，即企业在合同上规定在一定时期内（一般到交货时为止）可按某种价格指数来调整价格。

ⓒ在物价上涨的情况下，企业不改变原有产品的报价，但将原来免费

提供的某些劳务另外计价，以达到实际上提高了产品价格的目的。

ⓓ减少价格折扣。企业削减正常的现金和数量折扣，限制销售人员以低于价目表的价格来签订合同。

ⓔ取消利润较低的产品。企业应该取消那些以前为了增加产品种类，而实际上利润较低的产品。对成套出口的系列产品，可以在中间增加一些利润高的品种。

ⓕ降低产品质量，或者减少产品功能和服务。企业采取这种策略在短期内能够获得一定的利润，但有可能影响企业声誉和形象，失去顾客对其的忠诚。

专栏9-2　ZARA服装——物美价廉且颇具时尚感的服装

作为时尚之都的“世界最美大道”，巴黎香榭丽舍大道的魅力无处不在。这里精品名店云集，令人目不暇接。受国际金融危机和欧洲主权债务危机的影响，这里一些装潢考究、陈列精美的专卖店生意萧条、门可罗雀。与此形成鲜明对比的是，同样在这条租金昂贵的大街上，Zara服装连锁店却生意火暴、顾客盈门。为什么会出现这种冰火两重天的景象呢?

走进Zara专卖店，你会发现这里的服饰不仅质优价廉、色彩靓丽，而且其时尚感绝不输于名品。这里多数商品的价位在30欧元左右，最低的只有6欧元，最贵的女装也罕有超过100欧元的。原来，“高贵不贵”是Zara竞争制胜的秘诀。

Zara是西班牙Inditex集团的主力品牌，在全球共有大约630个店面，年营业收入超过32亿欧元。虽然Zara常在租金昂贵的商圈开店(例如意大利米兰大教堂的精品圈，英国爱丁堡的王子街)，但它却以平价销售质量上乘的商品。Zara的市场定位是“买得起的快速时尚”。

据有关数据显示，国际名牌服装的仓储期一般为120天，而Zara只有12天，最快时只有7天。例如，当Dior新装刚刚在巴黎T台上亮相，两周之后，北京、上海的时尚男女就能够在Zara专卖店里惊喜地发现Dior最新款式的影子，然而其价格可能不到Dior的1/10。如此快速的周转率大大降低了仓储成本。

> 正常情况下，时装流行周期一般为一年四次，而 Zara 则以两周为单位，将新产品铺货至店面，一年 26 次快速推出最新流行服饰。这一做法打破了常规，能够迅速有效地感知和捕捉市场的瞬间变化，并快速做出反应，因此它根本不需要有大量的库存。
>
> 此外，Zara“多品种小批量”的营销策略，让顾客产生一种“看中意就应立即购买”的急迫感，使 Zara 的滞销库存和存货跌价损失十分有限，这足以弥补渠道租金的成本压力，从而使它能够提供物美价廉且颇具时尚感的服装。
>
> 资料来源：中国服装网，2009 年 11 月 12 日。

9.3.5 产品生命周期各阶段的定价策略

每个产品在某一市场上通常都会经历投入期、成长期、成熟期和衰退期四个阶段。对处于不同阶段的产品，应采用不同的定价策略。

（1）投入期的定价策略

在投入期阶段，企业定价总的策略思想是缩短投入期，更快地转入成长期。

①撇脂定价策略。这种策略的目的是通过高价投放新产品，在短期之内收回投资并迅速获利。即在营销过程中，利用部分消费者在新产品刚投放市场时，追求时髦、猎奇求新的心理，把产品价格定得尽可能高，以求立即赚取丰厚的市场营销利润，同时以大量的促销费用加以支持。这是一种短期策略，可迅速收回成本，适用于品牌知名度与美誉度高、需求价格弹性小、技术含量高的产品。例如，美国 IBM 公司当初推出电子计算机时就采用了这种策略。这种策略的主要缺点是：其一，因其在极短的时间内立即获取暴利，因而容易招致竞争者加入市场；其二，因价格一开始就定得很高，产品很可能打不开销路。

②渗透定价策略。这种策略的主要目的是通过低价投放新产品，迅速抢占市场份额，抑制竞争对手的渗入。即在产品刚进入市场时，使其价格低于同类产品，以吸引消费者购买，等到产品进入成长期或成熟期为广大消费者所接受时，再逐步提高价格，最终高于或等于同类产品的价格。这

种策略适用于具有一定规模效应、技术含量较低、需求价格弹性相对较大的产品。日本的精工牌手表就是采用这种策略在市场上站稳脚跟后。再逐步提价的。这种策略的优点是：可以迅速打开市场，也容易阻止竞争者进入市场。缺点是：产品的价格需要较长一段时间才能逐步到位，投资回收较慢。

（2）成长期的定价策略

进入成长期后，产品的销售量开始迅速上升，利润达到最高点，但此时的市场竞争日趋激烈。因此，为了尽快扩大市场，保持旺盛的销售量增长势头，企业可以考虑市场渗透定价策略。

（3）成熟期的定价策略

在产品成熟期，销量达到最高点，而利润增长速度却开始下降。此时，由于许多企业都进入到市场中来，市场竞争加剧，并且竞争的主要形式是价格竞争。此时企业可以考虑适当下调价格，以保持价格上的竞争力。实力雄厚的企业将处于价格主导地位，弱小企业则处于比较被动的地位，是价格的追随者。

（4）衰退期的定价策略

进入衰退期后，产品销量迅速下降，价格已降到最低水平，企业利润微薄。因此，企业应削价销售产品，以较低的价格吸引消费者。

9.3.6 国际转移定价策略

国际转移定价策略实际就是国际企业内部定价策略。国际企业为了追求利润最大化，或实现整体效益大于各子公司局部效益之和的效果，往往采取偏离国际市场正常价格、人为抬高或降低内部转移定价的手段进行各子公司之间的内部贸易，即运用内部转移定价这种手段促使原料、中间产品、最终产品和劳务在各子公司之间进行合理流动，从而达到整体利润最大化的目的。具体策略如下：

（1）少缴关税的策略

当将企业的产品由关税较低的甲国子公司转移到关税较高的乙国子公司，而且乙国实行的是从价税时，那么就将转移价格定得很低，这样乙国子公司就可缴纳较少的关税，从而使国际企业的整体利益提高。

（2）少缴所得税的策略

当将企业的产品由所得税较低的甲国子公司转移到所得税较高的乙国子公司时，就将转移价格定得很高，即该产品在乙国赚取的利润很低，这样乙国子公司缴纳的所得税就少，从而使国际企业的整体效益提高。

（3）减少外汇管制影响的策略

当将企业的产品从没有外汇管制的甲国子公司转移到对外汇实行管制的乙国子公司时，可将转移价格定得很高，还可将从乙国子公司转移至丙国子公司的产品的转移价格定得很低，以便人为地使乙国子公司的利润减少，甚至没有利润，使乙国子公司的正常利润以隐蔽的形式汇出，从而使国际企业的整体效益所受的不利影响较小。

（4）减少通货膨胀率影响的策略

如果某子公司所在国出现较高的通货膨胀率，那么为了避免资金在该国子公司大量积聚，减少通货膨胀带来的资金损失，当向该国子公司转移产品时，应将转移价格定得高一些，同时在由该子公司向其他国家子公司转移产品时，应将转移价格定得低一些，从而以隐蔽的形式将该国子公司的资金抽走，从而使国际企业整体效益损失较小。

跨国公司灵活运用价格转移策略能够合理避税，减少损失，实现公司整体利润最大化。据权威期刊美国《商业周刊》在 2004 年所作的估计，近些年来跨国公司在中国投资开办的企业，由于使用了价格转移这一策略而少缴纳的税款大约在 300 亿元左右。中国政府对此基本上无可奈何。同样，中国的国际企业在外国投资开办的企业，由于使用了价格转移这一策略也少交纳了很多税款，外国政府对此基本上也是无可奈何。

【讨论与思考】

1. 企业的定价目标有哪几种？
2. 影响企业定价的因素有哪些？
3. 以成本、需求、竞争为导向的几种定价方法有什么区别和联系？
4. 国际转移定价的主要目的和做法是什么？
5. 国际营销企业选择统一价格策略或差别价格策略，各有何利弊？应如何选择？

6. 结合具体事例，分析我国企业遭遇国外反倾销调查的原因。你认为企业应如何有效防范？

案例研究 9-1 宜家（IKEA）的低价格策略

宜家是经营家居用品的一家瑞典企业，创立于1943年，创始人是瑞典人坎普拉德。创立之初主要经营文具邮购、杂货等业务，后转向以家具为主业，在不断扩张的过程中，产品范围扩展到涵盖各种家居用品。

宜家发展稳健且迅速，目前它在全球共有180家连锁商店，分布在43个国家和地区，员工达7万多名。2003年，宜家实现了110亿欧元的销售收入和超过11亿欧元的净利润，成为全球最大的家居用品零售商。

宜家的营销策略有很多值得借鉴的地方，低价策略就是其中之一。

宜家的经营理念是“提供种类繁多、美观实用、老百姓买得起的家居用品”。这就决定了宜家在追求产品美观实用的基础上要保持低价格，实际上宜家也是这么做的。

那么宜家是如何在保持“美观实用、种类繁多”的基础上实现低价格策略的呢？实际上，低价格策略贯穿于从产品设计到造型、选材、OEM厂商的选择和管理、物流设计、卖场管理的整个流程。

（1）低价格思想贯穿于产品设计始终

宜家的研发体制非常独特，能够将低成本与高效率结合为一体。

①宜家的低成本设计理念及模块式设计方法 。

宜家的设计理念是“同样价格的产品，比谁的设计成本更低”，因而设计师在设计中常常将竞争焦点集中在能否少用一个螺钉或能否更经济地利用一根铁棍上，这样不仅能降低成本，而且往往会产生杰出的创意。

宜家发明了“模块”式家具设计方法。宜家的家具都是拆分的组装货，产品分成不同模块，分块设计。不同的模块可根据成本在不同地区生产，有些模块在不同家具车间也可通用。这样不仅设计的成本得以降低，而且产品的总成本也能得到降低。

②先确定成本再设计产品。

在宜家有一种说法：“我们最先设计的是价签。”设计师在设计产品之前，宜家就已经为该产品设定了比较低的销售价格及成本，然后在这个成本之内，尽一切可能做到精美、实用。例如：邦格杯子的设计者在 1996 年接到设计一种新型杯子的任务时就被告知这种杯子在商场应该卖到多少钱。就邦格杯子而言，价格必须低得惊人——只有 5 个瑞典克朗。也就是说，在设计之前，宜家就确定这种杯子的价格必须能够真正击倒所有竞争对手。

③产品设计过程中重视团队合作。

单纯靠设计师自己，很难在设定的低价内，完成高难度的精美设计、选材并估计出厂家生产成本。设计师背后是一个研发团队，它包括设计师、产品开发人员、采购人员等。这些人一起密切合作才能够在确定的成本范围内做出各种性能变量的最优解。他们在一起讨论产品设计，研究采用什么材料，并选择合适的供应商。每个人都利用自己的专门知识在这一过程中发挥积极作用。例如，采购人员与世界范围内的供应商有着良好的联系，因此，他们更了解哪家供应商能够在适当的时间，以适当的价格，并且保证以最高的质量来生产这种产品。

④能够为了节省成本而考虑得面面俱到。

设计是一个关键环节，它直接影响了产品的选材、工艺、储运等环节，对价格的影响很大。所以宜家的设计团队必须充分考虑产品从生产到销售的各个环节。

仍以邦格杯子设计为例。为了以低价格生产出符合要求的杯子，设计师必须充分考虑材料、颜色和设计等因素，如杯子的颜色选为绿色、蓝色、黄色或者白色，因为这些色料与其他颜色（如红色）的色料相比，成本更低。

为了在储运、生产等方面降低成本，设计师最后把邦格杯子设计成了一种特殊的锥形，因为这种形状使邦格杯子能够在尽可能短的时间内通过机器，从而达到节省成本的效果。

邦格杯子的尺寸使得生产厂家一次能在烘箱中放入杯子的数量最多，这样既节省了生产时间，又节约了成本。宜家对成本的追求是无止境的。宜家后来又对邦格杯子进行了重新设计，与原来的杯子相比，新型杯子的高度小了，杯把儿的形状也作了改进，可以更有效地进行叠放，从而节省了杯子在运输、仓储、商场展示以及顾客家中碗橱内占用的空间，进一步降低了成本。

(2) 不断创新以降低成本

宜家不断采用新材料、新技术来提高产品性能并降低价格。以奥格拉椅子为例，在宜家人眼中，奥格拉椅子是一种近乎完美的椅子：漂亮，结实，重量轻而且很实用。起初，奥格拉椅子用木材生产，随着市场变化，其价格变得太高，于是宜家就采用平板包装来降低成本；当平板包装也不能满足低成本要求时，宜家的设计师采用复合塑料替代木材。后来，为了进一步降低成本，宜家将一种新技术引入了家具行业，即通过将气体注入复合塑料，节省材料并降低重量，并且能够更快地生产出产品（还可以对产品实行平板包装）。从奥格拉椅子，人们可以看出宜家在成本上所下的工夫。

另一个很有名的创新例子是丘比思储物单元。1994 年丘比思储物单元开始生产，这是宜家最早使用框架板制造的产品之一。宜家使用了一种生产门的技术来使丘比思更结实、更轻便、更便宜。

(3) 为了降低成本与 OEM 厂商密切合作

与 OEM 厂商的通力合作表现在以下两个方面：一是在产品设计过程中；二是在产品生产过程中。

在产品开发设计过程中，设计团队与供应商进行密切的合作。在厂家的协助下，宜家有可能找到更便宜的替代材料，更容易降低成本的形状、尺寸等。就邦格杯子而言，设计师在 OEM 厂家的建议下，对其形状和尺寸进行了重新设计，可以在烧制过程中更好地利用空间，使生产更加合理化，从而降低了一定的成本。

产品设计完成之后，为了说服 OEM 厂商对必需的设备进行投资，宜家向他们承诺一定数量的订单。这样厂家就愿意为了生产宜家的产品而购置设备。就宜家而言，节省了投资。

当然，也有遇到麻烦的时候。几年前，宜家不得不收回一种儿童玩具，并下令停止该玩具的生产。这种玩具的眼睛有脱落的危险，对儿童的安全不利。可是停产又带来了另外一个问题：这种玩具由印度一家工厂生产，该工厂有 600 名雇员，一时间 600 名工人无事可做。为了维护与客户这种通力合作的关系，并兑现自己的承诺，宜家派了一名设计师到工厂查看情况，以便找到解决问题的办法。

该设计师查看了工厂以及所用的材料后，与供应商一起工作，开发出一个全新系列的产品。两个星期后，设计师带着法姆尼靠垫返回了瑞典，这是一种带有手臂的精美靠垫，产品推出后立即受到顾客的喜爱。

法姆尼靠垫取得了巨大的成功。更值得一提的是，顾客对这种产品的需求很大，结果仅依靠该生产厂原有的600名雇员还不够，后来工厂又招收了许多新的雇员。

宜家这种负责的态度，使供货商愿意与其合作，使宜家“质优价廉”的产品策略得以顺利实施。

(4) 与顾客合作打造低价格

宜家把顾客也看作合作伙伴。顾客翻看产品目录，光顾宜家自选商场，挑选家具并自己在自选仓库提货。由于大多数货品采用平板包装，顾客可方便将其运送回家并独立进行组装。这样，顾客节省了部分费用（提货、组装、运输），享受了低价格；宜家则节省了成本，保持了产品的低价格优势。

(5) 全球生产管理及物流体系有利于降低成本

在产品成本方面，宜家除了与OEM供应商通力合作外，也鼓励各供应商之间进行竞争。宜家倾向于把订单交予那些总体衡量价格较低的厂商。宜家在为产品选择供货商时，把产品运抵各中央仓库的成本作为基准，再根据每个销售区域的潜在销售量来选择供货商，同时参考质量、生产能力等其他因素。

为了进一步降低价格，宜家在全球范围内调整其生产布局。宜家在全球拥有近2000家供货商（其中包括宜家自有工厂），供应商将各种产品由世界各地运抵宜家全球的各中央仓库，然后从中央仓库运往各个商场进行销售。由于各地不同产品的销量不断变化，宜家也就不断调整其生产订单在全球的分布。

例如，宜家亚太地区的中央仓库设在马来西亚，所有前往中国商场的产品必须先运往马来西亚。这种采购方式能使宜家总的成本降低。但是对于中国来说，成本较高，特别是对于家具这类体积较大的商品来说，运费在整个成本中会达到30%，直接影响到最终定价。

随着亚洲市场特别是中国市场所占的比重不断扩大，宜家正在把越来越多的产品或者产品的部分数量放在亚洲地区生产，这将大大降低运费对成本的影响。目前，宜家正在实施零售选择计划，即由中国商场选择几个品种，交由中国的供货商进行生产，而后直接运往商店。事实证明，这项计划非常成功。

例如，尼克折叠椅原先由泰国生产，运往马来西亚后再转运中国。采购价相当于人民币 34 元一把，但运抵中国后成本已达到 66 元一把。再加上商场的运营成本，最后定价为 99 元一把。年销售额仅为每年 1 万多把。实施这项计划后，中国的采购价为人民币 30 元一把，运抵商店的成本增至 34 元一把，商场的零售价定为 59 元一把，比以前低了 40 元，年销售量猛增至 12 万把。

（6）平板包装策略降低成本

在储运方面，宜家采用平板包装，以降低家具在储运过程中的损坏率及占用仓库的空间。更重要的是，平板包装大大降低了产品的运输成本，使得在全世界范围内进行生产的规模化布局生产成为可能。据说平板包装的灵感来自宜家早期的一位员工。一天，这位员工突发奇想，决定把桌腿卸掉，这样可以把它装到汽车内，而且还可避免运输过程中的损坏。从那时起，宜家开始在设计时考虑平板包装的问题。平板包装进一步降低了产品的价格。同时，宜家也开始形成了一种工作模式，即把“问题转化为机遇”。当然，同样是平板包装，宜家的设计师在产品设计过程中还是要考虑产品如何设计才会使生产、储运成本最低。

案例研究 9-2 斯沃琪（Swatch）手表

swatch

斯沃琪集团简介

尼古拉斯·G·海耶克先生出生于1928年，是Swatch集团（总部设在瑞士比尔市）的共同创始人、集团董事长及董事会成员。1985年，历时四年多的Asuag与SSIH公司重组工作完成，两家公司最终合并成立Swatch集团，由尼古拉斯·G·海耶克先生携手一批瑞士投资者共同接管，成为这家新集团公司的主要股东。1986年，海耶克先生荣任集团董事长兼首席执行官。

Swatch集团旗下拥有众多腕表品牌，其中包括：Swatch（斯沃琪）、Breguet（宝玑）、Omega（欧米茄）、Longines（浪琴）、Rado（雷达）、Tissot（天梭）。在Swatch集团及其腕表品牌的复兴之路上，尼古拉斯·G·海耶克先生发挥了决定性作用。他在20世纪80年代初制订的战略方针，最终引领整个瑞士制表业重新走向辉煌，并再次荣登全球领先地位。

斯沃琪集团产品创新

Swatch手表作为瑞士名表的典范，在世界名表中以其青春、时尚、色彩缤纷以及活泼的设计颠覆了手表的传统造型。Swatch手表获得全世界的认同与接受，风格独具的Swatch手表在全球各地的成功仅用了短短的18年时间。然而，20世纪80年代初期Swatch刚起步时，这个市场还曾被专家视为毫无前途的市场。但是，最终斯沃琪用其业绩创造了神话。

在Swatch之前，没有任何流行品牌获得过这样的成就：在极短的时间内，占据全球爱好者的心，除了维持既有的版图，同时还持续向其他领域延伸发展。在千禧年前夕，Swatch依旧充满活力、强烈大胆、创意十足并且极具煽动力，销售业绩也同样蒸蒸日上。斯沃琪成功的原因在于，它不仅仅是报时的手表，更是戴在手上的“时装”和艺术品或装饰品。

Swatch传递的讯息触动着不同国家与文化、不同年龄层的消费者。Swatch总裁海耶克充满感情的表述——“让大家知道你的每一秒钟都不虚度。充满好奇心，大胆，勇于接受新事物，让自己的生活独一无二，更重要的是，与别人分享这个想法！”——使人们认识到Swatch大获全胜的原因。

如果没有信任自己眼光的勇敢领导者，Swatch就不会诞生。与这个手表相关的每件事物都充满着革新：从外观到内部零件、技术以及问世的方式。在任何地方她都以独特的方式凝聚目光的焦点。艺术家及设计师为她的容貌努力，流行大师为她裁剪衣裳。限量发行的斯沃琪表现已成为收藏家必买的珍藏品。由于不局限于传统的营销手法，与众不同的品味，创新者大胆无畏的精神，致使诞生于20世纪80年代初的塑料手表才能发展成为个性鲜明的国际知名品牌。

斯沃琪历史沿革

上世纪70年代中期，瑞士制表业曾一度陷入空前的危机。但从技术上说，随着1979年“Delirium”（全球最薄腕表，内部仅安装限量机件）的诞生，来自日本的竞争已不复存在。但真正标志着行业势头回转的是SMH（瑞士微电子和制表公司）的成立。面对危机，该公司推出了Swatch。这是一款纤细的塑料腕表，内装51个机件（通常一块表有91个或更多机件），不仅品质一流，而且价格低廉。1983年，Swatch开始正式上市。自那时起，Swatch品牌就不断发展，成为有史以来最成功的腕表。其母公司Swatch集团也成为全球最大且最具活力的制表公司。

多少年来，新产品开发一直与传统Swatch塑料腕表的发展齐头并进。Swatch是多届奥运会和世界杯滑雪比赛的官方计时器，这是Swatch杰出技术能力与先进科技结晶的绝佳体现。

斯沃琪品牌故事

20世纪70年代末，瑞士制表业陷入空前危机。当时，瑞士出品的钟表产量在全球市场中的比例已从43%急剧下降到15%。复兴瑞士制表业成为刻不容缓的艰巨任务。1978年，世界上诞生了当时厚度最薄的腕表，这再次向瑞士制表业发出严峻挑战。

瑞士制表业决心迎难而上，造出更为轻薄的计时器。

1985年，Swatch之父——尼古拉斯·G·海耶克在对Asuag和SSIH进行了历时四年多的重组后，最终促成两家钟表公司合并成立Swatch集团。Swatch集团的制表工匠不仅缔造了新的超薄表记录，更发明了全新的制表工艺。这一制表工艺采用一体式表壳，并将表壳的底部作为安装机芯的底板。机芯从腕表的上方进行安装，安装蓝宝石水晶玻璃镜面则成为最后一道工序。

化繁为简，这是对制表工艺一次大胆却异常成功的颠覆。然而，是否能够使用塑料制作出更节省成本的腕表呢？Swatch集团带领瑞士制表业踏上了征服下一个挑战的征程。

使用塑料制作的腕表应具有容易上链和设置的机芯，必须能够从其塑料表壳的一面安装机芯。此外，塑料表的男装、女装表款还应当采用相同的底座。经过无数次改进，Swatch集团的制表工匠使用51个零部件代替了通常构成腕表的至少91个零部件，最终使塑料表成为可能。

Swatch腕表采用瑞士石英机芯、人工合成材料制造，兼具防水防震、计时精确、价格便宜等出众优点。腕表尤为适合批量生产，并具备丰富的色彩选择。

这款年轻、创新的腕表在瑞士独家制造，已成为激情四射、趣致动人、生活情趣的完美象征。

以“廉价”手表取胜

20世纪80年代初，瑞士表在廉价的“西铁城”、“精工”和“卡西欧”等品牌的冲击下，在中低档品牌市场上地盘尽失。为了重振瑞士表的雄风，1981年瑞士最大手表公司的子公司ETA开始推出了著名的斯沃琪手表。

为了推销斯沃琪手表，他们做出了一个惊人的举动，设计了一个巨大的斯沃琪手表，500英尺长，悬挂在德国商业银行总部大楼，显示如下扼要的信息：“斯沃琪瑞士60德国马克”。德国商业银行是法兰克福最高的一幢摩天大楼。该举动即刻引起了轰动，德国新闻界为斯沃琪免费做了许多广告。在接下来的两个星期内，每个德国人都知道了斯沃琪。斯沃琪还打破了人们“便宜没好货”的传统观念。价格虽然只有40美元到100美元不等，但它具备瑞士表的高品质：重量轻，防水防震，电子模拟，表带是多种颜色的塑料带，各种颜色都很鲜艳，很适合运动。

斯沃琪的老板哈耶克为了让戴斯沃琪成为一种娱乐，专门建立了斯沃琪会员俱乐部，向会员消费者出售特制手表，邀请他们参加俱乐部的活动。俱乐部会员还会收到漂亮的斯沃琪手表杂志——这是一份按季度出版的全彩色杂志，上面刊登关于斯沃琪手表的全部信息。

斯沃琪也成为一种时尚标志，成为一种流行的符号。“去年的斯沃琪表不能替代今年的斯沃琪表。”这是斯沃琪的目标。斯沃琪每年都不断地推出新式样手表，精心设计有创意的广告来积极地刺激消费者的兴趣，以至于人们都焦急地期待新产品的出现。许多人拥有的斯沃琪手表都不止一块，因为他们希望在不同的时间、不同的场合佩戴不同颜色的手表。斯沃琪的战略使许多着迷的顾客蜂拥而至，不断地购买新式时尚手表。有位商人拥有25块斯沃琪手表，每天他都要换一套西服、领带、衬衫和一只斯沃琪手表。

斯沃琪还突破了手表简单的计时功能——它对时间概念的新演绎，不仅在于款式的千姿百态和色彩的绚丽丰富，而且运用了高科技的成果，体现了丰富的艺术想象力。例如，1998年4月，斯沃琪在上海几大著名商厦举行的“swatch1998”春夏新款展示，就像一次艺术品展览。斯沃琪赋予每一新款一个或浪漫或深沉的名称：有的蕴含着令人回味的文化内涵，如“光谱”、“瞄准时间”、“第四时间”架构在“时间动力学”的理论之上；“玫瑰”、“禁果”、“提醒我”、“往日情怀”等，对热恋中的情人具有极强的诱惑力；而“探险”、“潜望镜”、“碳元素”等，对极欲探索科学奥秘的青少年来说，无疑是努力学习的动力机。斯沃琪特殊的品牌个性，牢牢抓住了年轻人的心。

斯沃琪另类营销还体现在独特的促销技巧上——维护高品位低价位的品牌形象，需要非常的促销技巧。低价位和高品位似乎难以调和，但斯沃琪却另有一套功夫。所有的斯沃琪手表在推出5个月后将停止生产，因此即使最便宜的手表都将是有收藏价值的。而且斯沃琪公司每年分两次推出数目极为有限的时髦手表设计版本。斯沃琪手表的收藏家有特权参与投标，购买其中的一种设计版本。问题是公司可能只生产4万只手表，而收藏家的订单却有10万份甚至更多。公司只好举行抽签活动来决定可以购得手表的4万位幸运收藏家。佳士得（Christie' s）拍卖行对以前的斯沃琪手表定期举行拍卖，有一位收藏家为一只为数不多的斯沃琪手表花了6万美元。

虽然斯沃琪手表只有很短的历史，但它已取得了“现代古董”的地位。在里斯本博物馆，专门设有限量版斯沃琪手表的陈列台，并有防弹玻璃的保护。而斯沃琪公司自身拥有几百万美元的“斯沃琪情感经历”展览，在全世界巡回展出。斯沃琪公司拥有自己的零售商店。在米兰著名的维·蒙·拿破仑新潮街上，斯沃琪店吸引的游客人数要比该街上其他任何著名商店都多。有时顾客人数过多，则由商店通过扩音器报出四位数字，只有当顾客的护照号码中含有这四位数字时，才可进入商店购买。

斯沃琪的另类营销很快收到高回报，1983 年开始实施的企业设计，使斯沃琪的价值有了巨大增长。到 1992 年，斯沃琪公司的销售额达到 20 亿美元，利润为 2.8 亿美元，公司的市场价值超过了 38 亿美元。

案例研究 9-3　宝马进入中国市场的营销组合（B）

BMW 品牌营销战略

宝马的品牌营销战略主要突出两大环节：其一，驾驶乐趣与突出运动特性；其二，较为含蓄的价值表达方式。

(1) 驾驶乐趣与突出运动特性

这是宝马集团所有三种品牌的共同诉求。尽管层面不同、细分市场不同，但同样值得信赖。在宝马品牌的全部八个车型系列中，都在诉求一个众所周知的“Sheer Driving Pleasure”理念。中国人所说的“坐奔驰，开宝马”，便集中突出了宝马汽车独特的驾驶体验。驾驶性，是宝马在品牌营销中着力突出的特点。为此，宝马汽车在发动机设计与制造、滚珠轴承、传动装置等方面投入巨额资金进行研发。同时，宝马汽车特别是高端跑车尤其重视空气动力学方面的设计和研究，在斯图加特拥有公司巨额投资建立的风洞进行空气动力学的实验。与驾驶体验相对接，宝马汽车拥有强大的动力系统，其运动特性在男性消费者群体中尤为受欢迎。

(2) 较为含蓄的价值表达方式

宝马的设计理念一直以运动为主题，追求简洁、科技、华贵。宝马汽车多采用流线型造型，车体较为宽大，特别是从 1 系到 7 系多款车型当中，人们在品味其各自特色的同时总能够找到其内在的一致性和相似性，即其传递出的一种从内而外的自信和从容。相较于奔驰对“独享”的尊崇，英美系豪华车张扬火辣的个性，宝马汽车较为含蓄的价值追求更加符合中国消费者的文化审美习惯。这也是宝马在豪华车市场的增长率几年来一直高于奔驰、奥迪等主要竞争对手的重要原因。

BMW 产品策略

针对不同的消费群体和消费偏好，宝马的产品策略是开发生产全方位的汽车产品，各种型号都设置不同的产品定位，传递出不同的消费者体验和价值理念。在产品线方面，宝马涵盖了从轿车、跑车到 SUV 全方位产品。

在中国地区，宝马公司根据顾客的需求，着重推销宝马 3 系、宝马 5 系、宝马 7 系。这几个车型的共同特点，除了宝马汽车的共同优点外，其良好的节能性能也尤为突出。

宝马 3 系的定位是年轻、运动。3 系原为中高级小型车，新 3 系有三种车体变化：四门房车、双座跑车、敞篷车和三门小型车，共有七种引擎。车内空间宽敞舒适。宝马 3 系敞篷车和运动型多功能车 X5 是宝马家族的新宠，以浪漫和实用将力量、典雅和乐趣集于一身。

宝马 5 系的定位是商务、运动。备有强力引擎的中型房车 5 系是宝马的新发明。它除了在外形上比 3 系大，二者的灵敏度是相似的。拥有两种车体设计的 5 系配有从 180 马力到 400 马力的引擎，四个、六个或八个汽缸。5 系所提供的多种车型，可以满足消费者对各类大小汽车的所有需求。

宝马 7 系的定位是豪华商务车。该系列无论外观还是内部都属于宝马大型车等级。7 系的房车特点包括了优质、舒适及创新设计，已成为宝马汽车的象征。7 系除了有基本车体以外，还有加长车型可供选择。7 系代表着杰出的工程设计、前沿的科技创新、无法比拟的震撼力和纯正的驾驶乐趣，是宝马品牌价值的最好诠释。

BMW 的价格策略

宝马汽车走高端路线，定价水平远高于大众汽车品牌。即使与同类汽车相比，宝马汽车的价格一般也要高出 10% ~20%。

宝马制订高价策略是因为，一定程度上高价也就意味着宝马汽车的高品质，意味着宝马品牌的地位和声望，表示宝马品牌与竞争品牌相比具有的专用性和独特性，更显示出车主的社会地位。

宝马的高价策略是以公司拥有的优于其他厂商品牌的优质产品和完善的服务特性以及宝马品牌象征的价值为基础的。

这一定价策略在中国豪华车市场有其合理性。因为中国奢侈品消费者还处于炫耀性消费的阶段，非常重视产品的独享性和排他性。宝马的高价成为一个高门槛，使得拥有宝马汽车本身变为一张个人名片，因而获得广大高端消费者的青睐。

BMW 的渠道策略

BMW 在中国采取分销渠道与直销渠道相结合的方式，但这经历了一个长期发展和变化的过程。

宝马汽车的渠道销售经历了不同的发展阶段。宝马汽车刚进入中国时，中国的汽车产业还很不发达，销售渠道很不健全。当时的宝马采取了谨慎且易于控制的短渠道，主要包括一级渠道和直接渠道。一方面，通过网销直接将商务车直接销售给消费者。另一方面，在中国寻找一级或者多级经销商参与，同时结合独家分销。这种短渠道和窄渠道的结合，有利于宝马对市场的控制。

2003 年宝马与华晨汽车成立合资公司，随后华晨方面放弃华晨宝马的营销工作，宝马则实际操纵了华晨宝马的渠道销售。鉴于当时国家政策，宝马原有合作销售商燕宝公司另成立一家公司，用两个牌子一套人马的方法实现了进口宝马和华晨宝马的并网销售。

2005 年宝马（中国）汽车贸易有限公司成立，总部设在北京，负责宝马和 MINI 品牌在中国内地的进口、销售、营销和售后服务。

而 Rolls Royce 品牌很多车型的销售，需要消费者与宝马中国总部直接联系，经过身份核实、手续确认，符合购买资质才可以购买。

BMW 在中国分销的发展也经历了三个不同的阶段。

摸索期：与华晨合作成立合资公司，授权华晨生产宝马 3 系和宝马 5 系。凭借品牌优势和过硬的质量和服务，在全国打开市场。

成长期：成立 BMW（中国）汽车贸易有限公司，负责宝马品牌和 MINI 品牌的进口车销售，同时在全国发展代理商，大力扩展销售网络。

稳定扩充期：在这个阶段，BMW 对经销商的利益充分考虑，并给经销商提供稳定的销售支持。

在销售地点的选择上，BMW 出于维护自身高端品牌形象的目的，主要以 4S 店为销售地点，在综合性汽车大卖场不设位置。同时，通过广泛参与高端车展，举办新车发布会和产品推介会，进一步树立自身在消费者心目中的价值形象，强化消费者对 BMW 品质与价值的认同。

BMW 的促销策略

汽车作为耐用消费品具有单位价值高、产品专业性强、更换频率比较低的特点，而豪华车市场比较有限，所以品牌形象和宣传推广显得尤为重要。

BMW公司的促销策略主要关注的是向顾客提供详尽的产品信息，并通过各种促销方式使宝马增加与顾客直接接触的机会，通过相互沟通信息，树立起良好的品牌形象。为了使信息有效地传递给目标顾客，宝马还采取了促销中的广告与公共关系方面的策略。

广告方面，宝马公司进行以传播宝马品质为核心内容的宣传。宝马为包括中国在内的亚洲地区制订了一套广告计划，保证在亚洲各国通过广告宣传的宝马品牌形象是统一的。同时，这套广告计划要通过集团总部的审查，保证与公司在欧美地区的广告宣传没有冲突。宝马公司同时通过电视、报纸、杂志等多种媒介，介绍宝马公司的成就和成功经验，强调宝马的设计、安全、舒适和全方位的售后服务。

为了弥补广告不能与目标顾客进行直接接触的缺陷，宝马公司通过公关活动达到这一目的。宝马公司在亚洲主要举办了宝马国际高尔夫金杯赛和宝马汽车鉴赏巡礼两个公关活动。举办这些活动是因为高尔夫球历来被认为是绅士运动，其业余爱好者大都是收入较高并具有一定社会地位的人士，而这些人也正是宝马汽车的目标市场。宝马汽车鉴赏巡礼活动的目的是在特定的环境里，在高级的展览中心陈列展示宝马汽车，把宝马的基本特性、动力、创新和美感以及它高贵、优雅的品牌形象展示给目标消费者。

第10章 国际营销分销渠道策略

现代市场经济中，企业所生产的产品必须经过一定的途径或环节才能到达消费者手中，这种途径或环节就称为分销渠道，简称渠道。企业运用这些渠道高效率地将产品送到消费者手中，所采用的手段就是渠道策略。

10.1 国际营销分销渠道

10.1.1 国际营销分销渠道的概念

分销渠道是连接生产者与消费者的桥梁，也是独立于生产和消费之外的一种流通环节。其起点是生产商，终点是消费者及用户，其间往往有中间商。

国际营销分销渠道是完整的跨国商品流通、实现商品所有权国际转移的过程，其起点是国内的生产商，终点是国外的消费者及用户，两者的空间距离较远，时间间隔也较长，往往需要较多国内和国外的中间商。

由于存在政治、经济、文化、信息等诸多沟通障碍，国际分销渠道的建立和经营管理难度很大，一般比国内分销渠道长且复杂。在不同国家和地区，由于渠道长短不同，企业需要采取不同的渠道模式和策略。

在研究分销渠道时，习惯上将生产企业称为生产商或制造商，而把渠道中所有独立组织称为中间商。

专栏10-1 从西班牙埃切尔发生烧鞋事件看国际市场营销渠道问题

2004年9月16日，在西班牙东南部城市埃切尔爆发了一起针对当地中国温州鞋商的暴力示威。示威者抢劫华商鞋店皮鞋，烧毁华商开设的鞋仓库，造成损失达100多万欧元。经过分析，此次事件的发生很大程度上与温州鞋的低廉价格以及温州企业经营模式的缺陷有关。向西班牙出口鞋的中国企业常常采用将大量价格低廉的鞋“直销”西班牙市场的贸易方式，即商品到达西班牙后，不进入对方的批发零售渠道，而由自己设仓库或设店，直接进行批发零售。从表面上看，这种方式可以省却一些中间环节，可以不雇佣或少雇佣当地员工，但实质上加剧了与当地同行业甚至是与当地文化的对立，极易出现矛盾、摩擦甚至冲突，结果得不偿失。反观外国的高中档商品，从汽车、家电、化妆品到日用消费品，谁曾见过有外国人在我国商店里直接站柜台销售呢？所以，我国的企业应该认真学习和借鉴跨国企业的经验，在从事国际市场营销时使企业逐步本土化。在经营方式上，华商应主要负责市场调研、经营决策和管理，而日常销售业务应主要雇佣当地人来做。采用这样的方式，既可以解决当地就业问题，又可缓解与当地制鞋业的矛盾，从而达到站稳脚跟、逐步发展、互利共赢的目标。

资料来源：浙商网，2005 年 4 月 5 日。

10.1.2 分销渠道中间商的类型

(1) 按所有权分类

①经销商。这是指从上一个渠道购入产品，然后再将产品销售给下一个渠道环节的中间商。此中间商在购入之后、售出之前对产品拥有所有权。

②代理商。这是指在产品出售者和产品购入者之间进行联络，并为促成双方达成交易进行服务（如办理交易手续等）的中间商。此中间商对产品没有所有权，产品的所有权在成交之前属于渠道的上一个环节（出售者），在成交之后跳过该中间商而属于下一个环节（购入者）。

(2) 按销售对象分类

①批发商。批发商是从生产商那里，或从上一个渠道环节那里大批量购入产品，再把产品小批量销售给零售商或下一个渠道环节的中间商。

②零售商。零售商是从批发商那里购入产品，再把产品直接销售给消费

者的中间商。零售商包括百货公司、专业商店、连锁店、超市、邮购商店、摊贩等。

(3) 按跨越国境的方向分类

①出口商。出口商是指把国内产品销售到国外的中间商，即产品在出口国国内生产，通过本国的出口商办理出口业务。

②进口商。进口商是把国外产品销售到国内的中间商。

10.1.3　国际市场分销渠道的结构

国际市场分销渠道结构由出口国和进口国两部分组成。以产品出口企业为例，一次分销的完成必须经过三个环节：在第一个环节出口国渠道中，企业既可以通过出口商出口产品，也可以由企业自设的出口机构直接出口；第二个环节是出口商与进口商之间的渠道，即跨越国界由本国市场进入另一个国家或地区的市场，由出口商和进口商从中衔接交换，也可以由出口商直接销售给批发商或零售商，甚至最终消费者，也可以由生产企业直接交付给国外顾客；第三环节是进口国渠道。

并不是所有交易都必须经过进口商、批发商、零售商才能到达最终用户手上，有的可以越过其中的一级或两级批发商。

企业如何选择国际市场分销渠道？是自己掌握全部的市场营销业务，还是交出部分或全部营销工作给不同类型的中间商，则应该根据产品特点、市场规模、竞争程度来选择最佳的分销结构。

图 10.1 是国际市场分销渠道的基本模式，它展示了出口国产品是如何转移到进口国消费者手上的。

第一种渠道未经任何中间商就完成了商品流通过程，出口国制造商通过邮购或自己在进口国设立销售机构的方式把产品直接销售给进口国的最终用户，是最短的分销渠道。

第七种渠道经过的中间商最多，是最长的一种分销渠道。

第二、三、六种渠道结构说明，进口国的一部分批发商、零售商可以不通过进口商从事进出口业务。

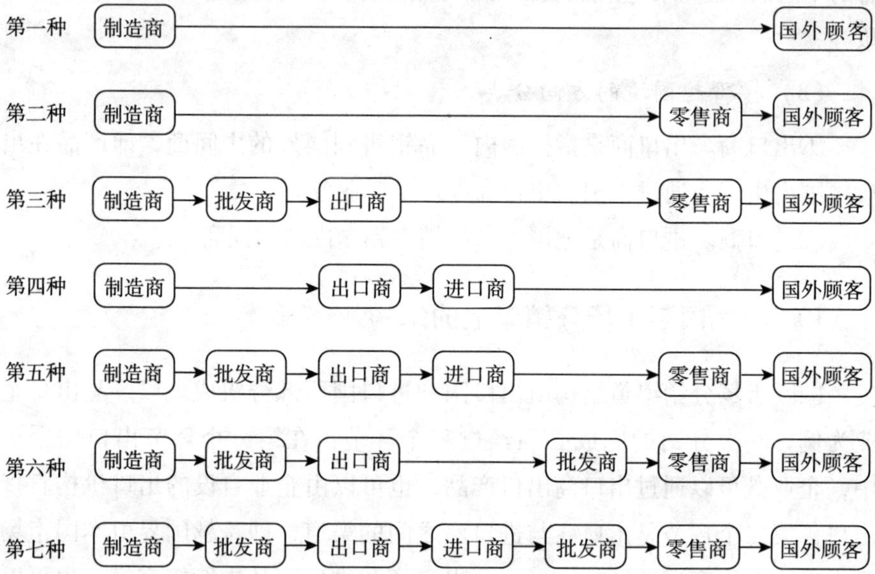

图 10.1　国际市场分销渠道的基本模式

10.1.4　分销渠道几个名词的含义

（1）分销渠道的层次

分销渠道的层次是指产品在分销渠道转移过程中所经过的环节，每一个环节称作一个层次。

（2）分销渠道长度

分销渠道长度是指产品在分销渠道转移过程中所经过的层次数。所经过的层次愈多，销售渠道就愈长，反之就愈短。

（3）分销渠道宽度

分销渠道宽度是指企业的同一种产品同时平行使用不同类型渠道的种类数。现代国际营销中，同一个企业的不同产品，甚至同一产品，可同时平行采用不同类型的渠道。

（4）分销渠道深度

分销渠道深度是指同一个企业的产品在分销渠道的每一个层次上所使

用的中间商数量。对于许多产品，特别是生活消费品，企业往往使用深度较大的分销渠道。

10.1.5　分销渠道的作用

（1）集中与分散作用

中间商将各个国家不同企业生产的不同用途、质量、性能、型号、特色、商标的产品从世界各地集中到同一个市场中，另外又将某国某一企业生产的产品分散到世界各国市场上，这是分销渠道最基本、最重要的作用。例如，美国的大型百货公司一般集中 25 万种以上的产品销售给消费者。又如，美国通用汽车公司通过 1.8 万家独立的经销商将产品分散销往全世界各地。

（2）减少生产商的交易次数

假如没有分销渠道，而由生产商将产品直接出售给最终消费者，那么交易次数将多得难以想象，如美国通用、福特、克莱斯勒三大汽车公司 2002 年的汽车年产量分别为 400 余万辆、300 余万辆、200 余万辆，如此巨量的汽车若是完全由企业自己直接销售给最终消费者，会使企业不堪重负，不能集中力量用于生产。有了分销渠道，生产商就可用批发的形式，一次交易就可将很大数量的一批产品销售出去，从而大大减少了生产商的交易次数，有利于生产商把主要力量用在生产上。

（3）沟通市场信息

市场信息是生产商的眼睛和耳朵，企业只有充分掌握准确的市场信息，其生产才能有的放矢。销售渠道中的各种中间商，在其经销过程中都会有意无意地从消费者那里收集到一些市场信息，这些市场信息转达给生产商后，对生产商的国际营销会大有裨益。

10.1.6　分销渠道比较

企业进入国际市场的分销渠道有三种方式：间接出口、直接出口和国外生产。其中每种方式又可以分为多种具体的渠道。本书第 7 章关于“国际市场的进入方式”实际上是从不同的侧面对渠道进行的介绍。在此为了对分销渠道进行比较只作简单的介绍。

(1) 间接出口

间接出口就是国内生产企业将产品委托给国内中间商，让他们代为进行出口销售的一种渠道方式。一般来说，企业都从间接出口开始，在本国生产产品，然后通过一定的组织将产品输送到国外。对于生产企业而言，其实质类似于国内销售，因为他们自己并不直接将产品销售到国外，而是将产品卖给国内的中间商，再由国内中间商输送到国外进行销售。

(2) 直接出口

企业不通过中介机构，直接把产品卖到国外客户手中，就是直接出口。采用直接出口方式进入国际市场的企业一般都有专门的进出口部或国际部，有专业的进出口业务人员，自己从事出口活动，包括市场选择、市场调研、单证制作、产品定价等。虽然企业直接出口的成本比间接出口的成本高，但这种方式销量大，而且企业在实践中可以获得较丰富的市场信息，并且可以培养国际营销专门人才，这是企业走向国际化更高阶段的必经之路。

(3) 国外生产

间接出口和直接出口都是将国内生产的产品销售到国外去，但有时候，采用国内生产然后出口的方式不一定很理想或者根本不可能，如运输成本太高、关税壁垒或配额限制、对进口产品的歧视等，这就迫使出口企业不得不改在目标市场国就地生产。国外工厂往往建立在那些劳动成本较低的国家，当地生产使企业产品的设计、运输和服务能更好地满足市场需求。

10.2 国际市场分销渠道选择

企业要选择一条有效的销售渠道，首先要分析影响分销渠道选择的因素，然后进行分销渠道选择的决策，最后要对分销渠道进行管理和控制。

10.2.1 影响企业选择国际分销渠道的因素

企业在选择分销渠道时会受到产品、市场、企业自身条件、政策等因素的制约。因此，在进行分销渠道选择决策时，企业要全面考虑这些因素。

（1）产品因素

①产品价格。一般来说，产品价格高，中间商会因考虑经营风险较大而不愿经销和代销。所以产品价格越高，越应该减少流通环节，可由销售人员直接销售，或只经过很少的中间环节，以避免因最终售价提高而降低竞争力。反之，价格低的产品，其利润也低，需要薄利多销，可通过中间商增加市场覆盖面。

②产品的体积和重量。产品的体积和重量，对仓储条件、运输方式和流通费用有着直接的影响。体积大、分量重的产品往往意味着较高的装运成本和重置成本，一般来说，宜选择最短的分销渠道，如矿石、建筑材料、机械设备等，尽量使搬运距离最短，搬动次数最少。体积小，分量轻，价格便宜的产品，可采用较长的分销渠道。

③产品的耐腐性。产品是否易腐和易损，是实际运输和储存中非常关键的问题。对于那些易腐、有效期短的产品，如食品，要求从生产者到达消费者手中的时间越短越好，因此，企业宜采用最短的分销渠道，使易腐产品尽快送到消费者手中。对于易损的产品，如字画、装饰品、雕塑品等，也不宜通过过多的中间环节转手，减少运输过程中的损毁。

④产品的技术性和服务性。有的产品技术要求比较高，有时需要附加一定的售后服务，如安装、调试、维修甚至人员培训等。此时，企业宜采用直接渠道策略。如精密仪器、成套设备，这些产品一般都采用短而窄的分销渠道，即由生产企业直接销售给用户，再由生产企业派出专业人员去指导用户安装、操作和维修。如果通过中间商来销售，中间商可能对产品的各项性能不是很了解，有可能对顾客造成误导，为以后的销售埋下隐患。

⑤产品的标准化程度。一般来说，渠道的长度和宽度与产品的标准化程度成正比，产品的标准化程度越高，渠道越长、越宽。

⑥产品的时尚性。时尚产品的式样和款式容易发生变化，如为适应一时的流行趋势而设计的各种时装，分销渠道应尽量缩短，以免流转环节过多。而那些款式和式样不易发生变化的产品，则分销渠道可以适当长一点、宽一点，以便广泛销售。

⑦产品的独特性。产品越有独特性，所采用的渠道就应越窄，例如中国的民族工艺美术品，在国际市场上大多采用独家经销的渠道策略。

⑧产品生命周期的阶段性。在产品处于新产品引入期时，尚未被大家认识，消费者对产品缺乏必要的了解，此时，企业宜采用直接销售的策略；对于处于成长期的产品，则宜采用长而宽的渠道策略；而当产品处于成熟期时，企业应减少中间商，采用缩减渠道的策略。

（2）市场因素

①消费者分布。消费者的数量多而分散，市场范围大，则需要较多的流通环节，宜采用长而宽的分销渠道；消费者的数量多，但很集中，则可采用较少的流通环节；消费者数量少而分布又很集中时，企业宜采用短而窄的分销渠道。

②购买批量大小。对购买次数虽少但一次购买量较大的市场，应采用直接或短而窄的分销渠道；而对购买次数多但一次购买量小的市场，应采用间接销售。

③竞争特点。在目标市场上存在各种竞争者，实力大小不一，企业在制订渠道策略时必须结合竞争者所采用的渠道策略，或采用“避其锋芒”或采用“针锋相对”的策略。一般情况下，企业要尽量避免和竞争者使用相同的分销渠道。也就是说，如果竞争者使用和控制着传统的分销渠道，该企业就应使用其他不同的分销渠道来推销其产品。但有时，同类产品也采取与竞争者相同的渠道，以便让顾客进行价格、质量等方面的比较。

④消费者的购买习惯。有一些价格低廉的日用品，消费数量大，购买频率高，顾客无需仔细选择，用时可随时就近购买。因此，企业应尽量多采用中间商，扩大销售网点，其分销渠道应长而宽。对于一些耐用品，则可采用较少的中间商，甚至在一个地区只通过一个零售商推销其产品，分销渠道应短而窄。

(3) 生产企业自身的因素

企业自身的状况对选择渠道起着重要的作用。企业的长期发展目标、规模、财力及现行的营销策略等因素都影响着企业对分销渠道的选择。

①企业的声誉与资金。享有盛誉且资金雄厚的大公司，在选择渠道策略上有很大的余地。因其优越的条件不但可吸引大量中间商渴望成为其分销渠道的成员，同时也可以帮助其控制分销渠道成员。

②企业的产品组合。产品组合的深度与广度决定着生产企业必须与多少用户打交道。产品组合越广越长，则应选择较宽的分销渠道；相反，则应选择较窄的分销渠道。产品组合的相关性与分销渠道的同质性有密切关联，产品组合的相关性愈高，分销渠道的同质性就愈强。

③企业自身的销售力量。如果企业拥有丰富的销售经验，并且能够提供各种服务，则应该选择短渠道策略。反之，则应选择较长的分销渠道，让具有相应经验和能力的中间商参与到渠道合作中来。

④企业对渠道的控制要求。如果企业要求严格控制产品的价格、新鲜程度或时尚程度，则要尽可能选择短而窄的分销渠道。

(4) 经济环境

经济繁荣时期，需求增长较快，愿意参与渠道合作的中间商也较多，这为企业采用较长、较宽的分销渠道创造了有利的条件。经济衰退时期，可选择的中间商不断减少，企业为降低售价只能从减少中间环节、削减成本上寻找出路，从而迫使企业采用最短、最窄的渠道策略。

(5) 法律环境

在国际市场上选择渠道成员，必须考虑本国和进口国的相关法规和政策，如国家规定有些产品专营或对某些产品进出口加以限制等，对于这些产品，企业没有选择分销渠道的权力。

(6) 社会环境

企业在选择国际市场分销渠道和渠道合作伙伴时，应考虑当地企业和民众对本企业的“感情”和民族主义情绪。不少国际企业选择分销渠道时采用“国外生产”的策略，就是为了缓解对方国家日益高涨的民族主义情绪。

10.2.2 国际市场分销渠道策略

国际企业根据以上几种影响因素，在制订分销渠道策略过程中，一般有以下两种类型策略可供选择。

(1) 长渠道策略和短渠道策略

①长渠道策略。所谓长渠道，是指企业采用两个或更多中间环节把产品销售给最终用户。长渠道策略则是指企业在市场上利用长渠道将企业的同一种产品销售出去的策略。此种策略的优点是企业可以把全部销售工作交给中间商去做，自己集中力量生产和开发新产品，而中间商则利用自己具有的资金、专业知识和经验等优势，集中力量搞好产品销售工作，并为生产企业收集有关市场信息。缺点是渠道越长，环节或层次就越多，信息传递越慢，制造商对渠道的控制越弱；而产品在渠道上停留的时间越长，损耗就越大。此外，产品每经过一个层次，就要增加一次流通费用，最后到达最终消费者手中时，价格必然较高，这必然会影响该产品的销售量和市场占有率。

②短渠道策略。所谓短渠道，是指企业用较少中间环节，或一个也不用，完全由自己将产品销售给用户。短渠道策略则是指企业在市场上利用短渠道将企业的同一种产品销售出去的策略。此种策略的优点是减少了渠道层次，缩短了时间，减少了流通费用，能尽快将产品送到消费者手中，提高了渠道效率；能减少流通中的损耗，有利于企业开展销售服务工作，提高企业信誉。缺点是企业承担了过多的商业职能，分散了企业的资源，不利于企业集中力量进行生产和新产品的开发。

(2) 宽渠道策略与窄渠道策略

企业在出口产品时，不仅要考虑使用多少层次的中间商，即渠道多长最为合适，还要考虑每一个层次上使用多少渠道成员，即渠道多宽最为有效。

①宽渠道策略。宽渠道策略是指企业在同一市场上利用多种不同类型的分销渠道，同时为自己企业的同一种产品进行销售工作的策略。此种策略适用于大路产品，特别是生活消费品。其优点是产品的市场面广，产品可到达不同国家、不同地区和不同市场；缺点是不同类型分销渠道的中间

商在销售本企业同一产品的过程中容易产生矛盾，甚至在同一市场上出现不同的价格和服务，因此不利于企业的信誉。

②窄渠道策略。窄渠道策略是指在同一市场上只利用一种类型的分销渠道，为自己企业的同一种产品进行销售工作的策略。此种策略适用于高价值产品，特别是生活耐用品和工业品。其优点是产品在市场上不易出现矛盾，价格、服务等比较一致，有利于企业建立信誉；缺点是市场面很窄。

（3）渠道深度策略

渠道深度策略是指企业的产品在同一市场上的同一环节或同一层次中，采用的中间商是多一些还是少一些的策略。有以下三种：

①密集性分销策略。密集性分销策略又称为广泛性分销策略，是指在渠道的每一个环节或每一个层次尽可能多地使用中间商。其优点是可使销售网点较广泛地分布于国际市场的各个角落，使外国消费者有更多机会更方便地购买到本企业的产品。采用密集性分销渠道的产品多为人们日常生活中需要经常使用、价格不高、购买频率高而每次购买量有限的商品，如香烟、肥皂、糖果、饼干等。此种策略的好处是市场覆盖面广，潜在的买主有较多的机会接触到产品，因而能够迅速扩大产品的销售。不足之处是生产商不易监督和控制为数众多的中间商，为他们提供的服务也有限；此外，广泛、普遍、密集地铺开网点加剧了中间商之间的竞争，既会造成销售力量的浪费，也会降低中间商的责任和忠诚度。

②选择性分销策略。选择性分销策略是指在渠道的每一个层次只挑选一部分中间商来销售本企业的产品，是企业使用较为普遍的一种策略。此种策略适用于所有的产品，但比较起来更适合于消费品：如时装、家具、家用电器等，生产资料中的标准品如机械零部件、设备等。此策略的优点是企业通过对中间商的挑选，保留了效率最高、合作态度最好的合格中间商，因此企业对产品的控制能力增强，最终能使整个渠道的效率得到提升。此种策略的不足之处是可能会限制产品的市场覆盖面，降低顾客购买的方便性。

实施分销策略时，有的企业推出新产品时采用选择性分销，当产品进入成长阶段，改为密集性分销，以扩大销售网络，力求增加市场占有率；而有的企业正好相反，开始时采用密集性分销，然后根据经营绩效，淘汰一部分不理想的中间商，变为选择性分销。

③专营性分销策略。专营性分销也称为独家分销，指出口企业给予一家经销商或代理商在一定区域、一定期限内对某个系列或某个品种的产品以独家销售的权利，分销商在该地区不得再销售其他竞争者的产品，生产者也不得再给其他中间商经营其产品的权利。专营性分销是一种最窄的销售渠道，通常适用于高档名牌消费品以及重要工业品，如皮尔·卡丹服装、高级手表、汽车、电子计算机、摄像机等。此种策略的优点是企业对中间商在销售价格、促销活动、信用和各种服务方面有较强的控制力，中间商的销售积极性也高、责任心强。不足之处是市场覆盖面窄，顾客购买不方便，会影响到销售；此外，还存在选错中间商的风险，一旦选错了中间商，或中间商出现倒闭破产等情况，企业便会失去该市场。

10.3 国际营销分销渠道管理

企业在完成分销渠道选择的决策之后，还要加强对渠道的管理和控制，以谋求企业和中间商之间的相互支持和友好合作。渠道管理的好坏直接影响分销渠道的效率，甚至影响开拓国外目标市场的整体营销计划。

10.3.1 整体渠道概念

树立整体渠道概念对国际企业有效管理分销渠道十分必要。现代国际营销学认为，国际企业应对产品从离开企业起直到到达最终消费者手中为止，所经过的整个渠道给予关心和注意，甚至按照企业的有关策略加以控制，这就是现代国际营销中的整体渠道概念。这一概念是由现代营销观念引申出来的。现代营销观念认为企业的中心任务为满足消费者的需求，企业的营销活动也应以满足消费者的需求为中心。根据现代营销观念，如果企业把产品转移到分销渠道中后就不再对其关心，显然不能保证产品到达最终消费者手中时，消费者一定会满意。这是因为：产品在销售渠道中可能因渠道效率太低而受阻，也可能因渠道某个层次中间商服务质量不好，而使消费者得不到满意的附加产品——服务。因此，从整体产品概念来衡量，消费者没有得到满意的产品，企业的营销观念——满足消费者的需求——就不能得到实现，企业的整个营销活动就会出现困难，企业的战略目标就很难实现。因此，按照现代营销观念的整体渠道概念，国际企业要对整个分销渠道给予关心，甚至加以控制。正是基于这个原因，很多有条件的大型国际企业都建立了自己的销售网。

专栏 10－2　整体渠道概念及其价值

理光公司为了占领美国复印机市场，在美国建立了一个经销商数目虽不多，但实力强大的经销网络。为了组建这一网络，理光公司投资不菲，并为网络提供各种先进的管理技术和必需的各种配件和消耗材料。从某种程度上说，理光公司在美国复印机市场上的占有率和利润会因此下降。但是，公司决策层认为，这一选择将会给自己带来巨大的潜在利益。

对于国际企业来说，国外市场上的分销渠道决策是一项十分重要的决策。许多国际企业不仅从事产品出口业务，还往往在国外市场上进行产品的生产和营销。这些企业要将产品顺利地送到最终顾客手中，就必须建立完整的销售渠道网络，同时必须考虑各国市场的分销渠道特点、分销渠道结构和渠道成员状况等问题。但是，许多生产企业和出口企业并不重视国外市场上的分销渠道决策。这些企业认为，把产品卖给国外的进口商就万事大吉了。这种观点和做法是不正确的。国际营销者的任务并未随着产品抵达海外市场或产品在海外生产出来而告完成。国际营销人员应关心从生产者到最终消费者的整个分销渠道，这一思想在现代营销学中被称为整体渠道概念。这一概念将产品自生产者到达最终购买者所经历的过程视为一个有机整体，它强调产品能否顺利有效地送达最终消费者手中取决于全体渠道成员的协调努力。

随着我国改革开放的不断深入，越来越多的企业从事国际经营，在我们的企业中强调整体渠道概念是有现实意义的。这是因为，长期以来，在我国的出口企业中普遍存在一种看法和做法，即国内生产的产品出口到国外之后，或在国外投资建厂生产出来的产品一经销售出去之后，企业的营销工作就大功告成。为了出口创汇，只要把产品卖给国外的进口商似乎就达到了这一目标，所以根本不用去关心诸如国外市场上的渠道结构如何、产品在国外市场上经历多少层次的中间商才到达最终用户、各级中间商的加成率大小、各渠道成员的状况如何、各层中间商的推销方法是否有效、最终用户的购买情况是否满意等问题。这说明，在我国许多出口企业人员的心目中，并没有整体渠道概念。从赢利角度来看，这种做法是欠佳的，因为渠道中有些成员的效率很低，它们会影响整个渠道的效率，产品的销售可能在渠道中任何一个环节受阻。

因此，无论那些在国外有生产和营销业务的国际企业，还是那些仅仅从事出口业务的外贸公司，甚至那些仅仅从事间接出口的生产企业，都应关心和重视把国外进口商和最终用户连接起来的国外销售渠道，并且要从整体渠道概念出发进行国际营销渠道的实际决策。

资料来源：薛云建、刘爱兰，“整体渠道：延伸企业能力”，中国营销传播网，2007 年 1 月 27 日。

10.3.2 国际营销分销渠道成员的选择

国际企业要顺利地将产品送至用户手中，就必须建立相应的分销渠道，而渠道的效率高低则与中间商素质有很大关系。一般来讲，国际企业所采用的产品分销渠道都会包括很多成员——中间商。中间商的选择是一项艰难的工作，一旦选错，其后果难以预料。国际企业必须先确定各种中间商应具备的条件，然后从符合这些条件的中间商中逐一选出比较理想的中间商。一般情况下，要选择具体的中间商必须考虑以下条件。

(1) 服务对象

中间商的销售对象是否是生产商所希望的潜在顾客，这是一个最根本的条件。因为生产商都希望中间商能打入自己已确定的目标市场，并最终说服消费者购买自己的产品。

(2) 中间商的产品种类和组合

选择时，一要看中间商承销的产品种类及其组合情况；二要看各种经销产品的组合关系，是竞争产品还是促销产品。一般认为，应该避免选用经销竞争产品的中间商，即中间商经销的产品与本企业的产品是同类产品，比如都为21 英寸的彩色电视机。但是，如果本企业的产品竞争优势明显，则可以选择出售竞争者产品的中间商。因为顾客会对不同生产企业的产品进行客观比较，然后作出购买有竞争力产品的决定。

（3）中间商的地理区位优势

选择零售中间商最理想的区位，应该是顾客流量较大的地点。批发中间商的选择，则要考虑它所处的位置是否利于产品的批量储存与运输，通常以交通枢纽为宜。

（4）中间商的产品知识

许多中间商之所以被实力雄厚且拥有名牌产品的生产商选中，是因为它们对销售某种产品有专门的经验，能够很快地帮助企业打开销路。因此生产企业应根据产品的特征选择有经验的中间商。

（5）合作程度

中间商与本企业的合作诚意要大，积极性要高。这是因为中间商与生产企业合作得好，会积极主动地推销企业的产品，这对双方都有益处。有些中间商希望生产企业也参与促销，扩大市场需求，并相信这样会获得更高的利润。生产企业应根据产品销售的需要，确定与中间商合作的具体方式，然后再选择最理想的合作中间商。

（6）企业规模与经营能力

中间商的规模与经营能力包括中间商的资产总额、营业额、利润额、员工人数、员工素质、设备、仓储、运输等条件，这些都与生产企业的发展休戚相关。因此，应选择规模大、经营能力强的中间商。

（7）中间商的促销政策和技术

采用何种方式推销商品直接影响销售规模。有些产品比较适合广告促销，有些产品适合通过销售人员推销；有的产品需要有效的储存，而有的则需要快速运输。因此，要考虑到中间商是否愿意承担一定的促销费用以及是否具备必要的物质、技术基础和相应的人才。

（8）中间商的综合服务能力

现代商业经营服务项目甚多，选择中间商要看其综合服务能力如何，有些产品需要中间商向顾客提供售后服务，有些在销售中要提供技术指导或财务帮助（如赊购或分期付款），有些产品还需要专门的运输存储设备。合适的中间商所能提供的综合服务项目与服务能力，应与企业产品销售所需要的服务要求相一致。

企业在实际选择渠道成员时，能否选择到合格的中间商，关键要看生产企业的产品对中间商吸引力的大小。吸引力大者容易挑选到满意的中间商，吸引力小者就不容易挑选到满意的中间商。因此，在实际挑选中间商时，上述标准很难全部达到企业的要求，这种情况下能够达到某几项主要标准即可。

10.3.3 国际营销分销渠道成员激励

选定了分销渠道成员后，分销渠道也随之建立。企业必须经常激励中间商，要采取各种措施来充分调动他们的积极性。对中间商的激励，目的是促使双方友好合作，互惠互利，融洽感情。激励的方法主要有：

①给中间商提供适销对路的优质产品，这是对中间商的最好鼓励。

②给中间商取得较高利润的机会，提供优惠的供货条件，以提高经销的积极性，这对刚进入市场的产品和知名度不高的产品尤其重要。例如，日本企业在进入美国市场时，最初大多选择独家代理商，支付给对方的费用超过任何竞争者，使中间商愿意为其效劳。

③为中间商培训维修服务人员。许多产品需要安装调试、维修、改装、技术改造以及其他业务技术咨询，这些生产企业不能完成或不能全部完成的工作，就必须由中间商代为办理，因此需要帮助中间商培训人才。这一点在工业品市场上已成为重要的非价格竞争手段。

④给中间商以独家经销权，即指定某一中间商为独家经销商或独家代理。这样做可以让中间商在市场上排除竞争对手，使其可以控制市场，从而调动中间商的经销积极性，例如，在某一市场上，若有许多家经销商经营本企业的产品，这些中间商就不愿意花钱为本企业的产品做广告宣传；如果本企业产品只有一家中间商独家经营，那么该中间商就乐于为产品做广告宣传，因为该中间商可以独享广告宣传与增加销售所带来的一切好处。此外，中间商独家经营一种产品，特别是作为大企业或名牌产品的独家经销商，可以树立在市场上的声望和地位。

⑤企业还可以与中间商共同承担有关费用，或给中间商以广告津贴和推销津贴等，以减轻中间商的负担。

⑥给成绩突出的中间商一定的奖励。

总之，一个精明的企业必须要认真研究目标市场的情况，客观地衡量本企业与中间商双方的得失，共同议定销售策略，建立休戚与共的长期伙伴关系。

10.3.4　国际营销分销渠道中间商的评估

对中间商的评估实际包含两方面的工作：一是对分销渠道进行评估，这种评估的标准主要是经济效益；二是对中间商进行评估，这种评估主要是对中间商的平均库存、运输时间、仓储质量、促销上的合作程度、分销配额的完成情况、为顾客提供服务的质量等做出鉴定，必要时可对中间商做出调整。

（1）对分销渠道评估

对分销渠道的评估内容主要有三项：分销渠道已取得的经济效益是否达到渠道设计时的预计经济效益；企业对渠道的控制力是否与设计时企业应有的对渠道的控制力相符；分销渠道的应变能力。企业对分销渠道进行评估的目的，是为营销决策者在制订继续利用现有分销渠道还是建立新的分销渠道决策提供准确依据。有时企业发现竞争对手建立起一个全新的分销系统来与自己展开竞争，而这时自己又处于明显的不利地位，这时企业也会作出废弃旧渠道，重建新渠道的决策。无论从何种角度来讲，完全废弃已有渠道的现象比较少见，更多的是改造和建立新的分销渠道。

（2）对中间商评估

要使渠道中的所有中间商明确了解到中间商也处于一个优胜劣汰的竞争状态之中。国际企业应经常性地对分销渠道成员加以考查和评估，评估内容包括：对销售额的贡献、对利润的贡献、仓储质量、促销上的合作程度、分销配额的完成情况、为顾客提供服务的质量等。根据已确定的标准进行评估，目的是随时对中间商加以必要的调整。对达不到规定标准的中间商应采取各种措施调动其积极性，或者将其从渠道中排除。

10.3.5 国际营销分销渠道的调整

由于市场环境，分销渠道和企业内部条件等不断发生变化，对分销渠道的适当调整是必要的。国际企业对中间商进行评估后，通常要对渠道系统进行修改，使之适应不断出现的新情况。比如，当消费者的购买方式发生变化、中间商信誉较差、市场扩大或缩小、产品进入生命周期的下一个阶段，以及竞争者的分销渠道与本企业的渠道发生冲突时，都需要对现有的渠道结构进行调整。如日本企业在打入美国市场时，初期几乎都是请美国的中间商代销的，打美国公司的商标。一段时间后，日本企业开始尝试着用自己的商标，自己开设门市部或直接找连锁商店和百货公司销售。到市场完全熟悉以后，它们就脱离美国公司，自己独立经营，直至在美国创办分公司。分销渠道的调整有三种情况：增减分销渠道中的某些渠道成员、增减某一类型的分销渠道、调整整个分销渠道。

(1) 增减分销渠道中的某些渠道成员

当分销渠道的个别成员不能完成企业布置的销售任务，违背了企业的有关营销策略意图时，或当企业变换了进入市场方式，需要增减渠道成员时，就有必要对其进行调整。但在国际市场上更换中间商绝非易事，必须慎重从事。这是因为当企业剔除某一中间商时，很可能引起其他中间商的恐慌。另外，被剔除的中间商也可能被竞争对手拉去，从而增加竞争对手的市场占有率。而当企业增加某一中间商时，很可能引起其他中间商的抵触情绪，进而影响他们与企业的合作态度。因此，增减个别中间商要反复考虑后才能进行。

(2) 增减某一类型的分销渠道

当某一类型分销渠道本身出现了较严重问题，或市场出现了某种重大变化时，就要调整这一类型的渠道。但是，这将会给企业带来较大的风险。因为去掉某些市场渠道会减少销售量，单位成本上升，致使一部分人员和设备闲置，竞争者会抢占这些市场份额等。因此，增减渠道决策要比增减渠道中个别成员决策更慎重。

(3) 调整整个分销渠道

对整个分销渠道的调整属于大的调整，是企业最难的决策。对整个分销渠道进行调整的原因，可能是企业自身条件发生了重大变化，如企业决定用自有经销商代替独立的经销商；也可能是市场情况发生了重大变化。无论出于什么原因，这样的决策都会在很大程度上改变企业的营销组合，因此需要企业高层仔细分析、判断，以做出正确的决策。

【讨论与思考】

1. 什么是分销渠道？渠道长短和宽窄的含义是什么？
2. 举例说明中间商的存在有什么必要？
3. 影响分销渠道选择的因素有哪些？
4. 试分析下列商品在城市究竟采取哪种分销形式（密集性分销、独家分销、选择性分销）最好：高级手表、非名牌自行车、刮脸刀片、可口可乐。
5. 中间商的进货量和进货点应如何确定？
6. 零售商和批发商有哪些主要区别？
7. 生产企业利用代理商推销产品有什么好处？西方零售商主要有哪些类型？对我国零售网点建设有何启示？
8. 如何对国外分销渠道进行控制？

案例研究 10-1　LG 电子公司的渠道策略

LG 电子是 LG 集团最大的子公司。1959 年，LG 电子开发出第一台收音机，由此拉开了韩国电子产业的序幕。40 多年来，LG 电子在电子、信息通讯领域持续进行技术革新和研究开发，逐步发展成为引领韩国电子事业及全球电子、信息通讯产业的中心企业。

LG 电子从 1994 年开始进军中国家电业，目前其产品包括彩电、空调、洗衣机、微波炉、显示器等种类。LG 把营销渠道作为一种重要的资产来经营。通过把握渠道机会、设计和管理营销渠道，LG 拥有了一个高效率、低成本的销售系统，提高了其产品的知名度、市场占有率和竞争力。

（1）准确进行产品市场定位并选择恰当的营销渠道

LG 家电产品系列种类比较齐全，其产品规格、质量主要集中在中高端。与其他国内外品牌相比，LG 最大的优势在于其产品性价比很高，消费者能以略高于国内产品的价格购买到不逊色于国际著名品牌的产品。因此，LG将市场定位在那些既对产品性能和质量要求较高，又对价格比较敏感的客户。LG选择大型商场和家电连锁超市作为主要营销渠道。因为大型商场是我国家电产品销售的主渠道，具有客流量大、信誉度高的特点，便于扩大LG品牌的知名度。在一些市场发育程度不很高的地区，LG则投资建立一定数量的专卖店，为其在当地市场的竞争打下良好的基础。

(2) 正确理解营销渠道与自身的相互要求

LG对渠道商的要求包括：渠道商要保持很高的忠诚度，不能因渠道反水而导致客户流失；渠道商要贯彻其经营理念、管理方式、工作方法和业务模式，以便彼此沟通与互动；渠道商应该提供优质的售前、售中、售后服务，使LG品牌获得客户的认同；渠道商还应及时反馈客户对LG产品及潜在产品的需求反应，以便把握产品及市场走向。渠道商则希望：LG制定合理的渠道政策，造就高质量、统一的渠道队伍，使自己从中受益；LG还应提供持续、有针对性的培训，以便及时了解产品性能和技术的最新发展；LG提供更多方面的支持，并能够依据市场需求变化，及时对其经营行为进行有效调整。

(3) 为渠道商提供全方位的支持和进行有效的管理

LG认为企业与渠道商之间是互相依存、互利互惠的合作伙伴关系，而非仅仅是商业伙伴。所以在渠道策略和具体的措施方面，LG都给予经销商大力支持。这些支持表现在两个方面：利润分配和经营管理。在利润分配方面，LG给予经销商非常大的收益空间，为其制定了非常合理、详细的利润反馈机制。在经营管理方面，LG为经销商提供全面的支持，包括信息支持、培训支持、服务支持、广告支持等。尤其具有特色的是，LG充分利用网络对经销商提供支持。在其网站中专门设立了经销商GLUB频道，不仅包括LG全部产品的技术指导、性能特点、功能应用等方面的详尽资料，还传授一般性的企业经营管理知识和非常具体的操作方法。采用这种方式，既降低了成本，又提高了效率。

然而经销商的目标是自身利润最大化，与LG的目标并不完全一致。因此，LG对渠道商进行有效的管理，提高其经济性、可控性和适应性。渠道管理的关键在于价格政策的切实执行。为防止在不同销售区域出现窜货现象，LG 实行统一的市场价格。对渠道商进行评估时，既考察销售数量，又重视销售质量。同时，它通过与渠道商签订合同来明确双方的权利与义务，用制度来规范渠道商的行为，有效防止了某些经销商为了扩大销售量、获取更多返利而低价销售，从而使经销商之间保持良性竞争并互相制衡。

（4）细化营销渠道，提高其效率

LG 依据产品的种类和特点对营销渠道进行细化，将其分为 IT 产品、空调与制冷产品、影音设备等营销渠道。这样，每个经销商所需要掌握的产品信息、市场信息范围缩小了，可以有更多的精力向深度方向发展，更好地认识产品、把握市场、了解客户，最终提高销售质量和业绩。

（5）改变营销模式，实行逆向营销

为了避免传统营销模式的弊端，真正做到以消费者为中心，LG 将营销模式由传统的“LG→总代理→二级代理商→……→用户”改变为“用户←零售商←LG + 分销商”的逆向模式。采用这种营销模式，LG 加强了对经销商特别是零售商的服务与管理，使渠道更通畅。同时中间环节大大减少，物流速度明显加快，销售成本随之降低，产品的价格也更具竞争力。

资料来源：中国猎课网，张德伟，2009 年 4 月 6 日。

案例研究 10-2　宜家（IKEA）的“卖场展示”渠道策略

（1）自设卖场控制渠道

宜家的渠道策略是在世界各地开设独立的卖场，专卖宜家自行设计生产的产品，直接面向消费者，控制产品的终端销售渠道。宜家在全球共有 180 多家连锁商店，分布在 40 多个国家和地区。

（2）使宜家卖场成了一种生活方式的象征

宜家是一个家具卖场的品牌，也是家具的品牌。通过一系列运作，宜家的卖场在人们眼中已不单单是一个购买家居用品的场所，更代表了一种生活方式。所以当你看到追求时尚的年轻人提着印有 IKEA 标志的购物袋神采飞扬地走出宜家卖场，你不会惊讶——国内也有不少商家试图这样做，但并不成功。宜家的成功不仅仅在于它整合了商流、物流，更在于整合商流、物流的核心理念——生活方式。在人们心中，使用宜家产品已经像吃麦当劳或喝星巴克咖啡一样，成为某种生活方式的象征。

第 11 章
国际营销促销策略

促销是营销组合中的一个重要因素。在当今竞争激烈的国际市场上，企业要想获得成功，仅仅拥有适销对路的产品、合理的价格、良好的销售渠道是不够的。这是因为现代科技的飞速发展使当代整个世界的生产力得到极大提高，产品极其丰富。令人眼花缭乱的各种产品让消费者无所适从，不知该买哪种好。这对企业来说是十分不利的，而这恰恰是促销的用武之地。为此，国际企业必须运用适当的促销组合策略，来让外国消费者认识和熟悉本企业的产品，激发其购买欲望，促使其产生购买行为。上述活动统称为促销活动，所采用的策略统称为促销策略。

11.1　促销与促销组合

11.1.1　国际促销的含义

(1) 促销

促销是促进产品销售的简称。促销是一种非价格竞争，它注重研究消费者的心理需求。在买方市场条件下，促销尤为重要。世界著名营销学家菲利普·科特勒对促销的定义是：销售促进是刺激消费者或中间商迅速或大量购买某一特定产品的手段，包含了各种短期的促销工具。

从广义上来说，国际市场促销是企业与国外消费者的一种信息沟通行为。它是企业将其产品或服务的信息传递给目标顾客，帮助消费者认识产品或服务所带来的利益，进而诱发消费者的需求，激发他们的购买欲望，促使他们采取购买或消费行为，以实现销售的一种活动。

由于文化、社会环境的不同，国际市场促销会遇到很多沟通的障碍。因此，从某种意义上讲，促销也是排除信息沟通障碍的过程，只有成功地跨越这些障碍，才能实现促销沟通的目标。

(2) 促销的实质

促销的实质是信息沟通。产品促销的过程就是企业与消费者的信息沟通过程。

①促销的核心是沟通信息。企业与消费者之间达成交易的基本条件是信息沟通。企业将有关产品和服务的存在及其性能、特征等信息，通过文字、声音、图像或实物传送给顾客，增进顾客对其产品和服务的了解，引起顾客的注意和兴趣，帮助顾客认识产品或服务所能带给他们的利益，才可能激发他们的购买欲望。

②促销的目的是引发、刺激消费者产生购买行为。在消费者可支配收入既定的条件下，消费者是否产生购买行为主要取决于消费者的购买欲望，而消费者的购买欲望又与外界的刺激、诱导密不可分。因此，促销需通过各种传播方式把产品或服务等有关信息传递给消费者，以激发其购买欲望，使其产生购买行为。

③促销是排除信息沟通障碍的过程。在实际信息沟通过程中，存在着沟通对象不明、沟通目标不清、沟通渠道选择不当和忽视沟通效果分析等障碍。因此，及时排除这些障碍对企业有效开展促销活动具有十分重要的意义。

④促销的方式包括人员促销和非人员促销两种。人员促销也称为直接促销，是企业用推销人员向消费者推销产品或服务的一种促销活动。非人员促销，又称间接促销，是指企业通过一定的传媒传递产品或服务等有关信息，以促使消费者产生购买欲望、发生购买行为的一系列促销活动，包括广告、公共关系和营业推广等。

11.1.2　促销的作用

(1) 传递信息，强化认识

销售产品是市场营销的中心任务，信息传递是产品顺利销售的保证。信息沟通是争取顾客的重要环节，也是强化分销渠道中各个环节之间的协作，加速商品流通的重要途径。在产品正式进入市场以前，产品销售的信息沟通活动就应开始了。企业必须及时向中间商和消费者传递有关的产品销售情报。通过信息的传递，使社会各方了解产品销售的情况，建立起企业良好声誉，引起他们的注意和好感，从而为企业产品销售的成功创造前提条件。

(2) 突出特点，诱导需求，树立形象

在激烈的竞争环境条件下，市场上有许多同类产品，同质化现象越来越突出，消费者或用户往往很难辨别或觉察。企业通过促销活动，例如借助商标、产品特征、价格和质量 等宣传该产品与竞争企业产品的不同特点及其给消费者带来的特殊利益，这样不但有助于消费者对本企业产品加深了解并唤起好感而诱导需求，还能使消费者形成对本公司产品的偏好心理，建立起与众不同的产品形象，从而有利于加强企业在市场竞争中的优势。

(3) 刺激需求，增加销售量，拓展市场

在促销活动中，营销者在向消费者传递产品信息时，通过各种促销手段提醒、强化消费者对本企业产品的需求，一定程度上起到了诱导作用，变潜在需求为现实需求，激发他们的购买行为，从而增加销售量，拓展企业市场。

(4) 反馈信息，提高经济效益

促销活动能使更多的消费者或用户了解、熟悉和信任本企业的产品。通过消费者对促销活动的反馈，企业可以及时调整促销决策，使企业生产经营的产品适销对路，扩大企业的市场份额，巩固企业的市场地位，从而提高企业营销的经济效益。

11.1.3 促销组合策略

国际市场促销组合策略，就是有计划、有目的地将国际市场人员促销、广告、营业推广和公共关系等各种促销方式结合起来并综合运用，从而达到最佳促销效果的一种营销策略。

(1) 国际市场促销方式

国际市场的促销活动种类繁多，主要有人员推广、广告促销、营业推广和公关促销四种形式，它们构成了促销组合的方式。这四种形式各有特点，既可以单独使用，也可组合在一起使用，以达到更好的效果。

①人员推销。人员推销是指企业派出推销人员或委托推销人员直接与消费者接触，向目标顾客进行产品介绍、推广，促进销售的沟通活动。

②广告促销。广告促销是指企业按照一定的预算方式，支付一定数额的费用，通过不同的媒体对产品进行广泛宣传，促进产品销售的传播活动。

③营业推广。营业推广是指企业为刺激消费者购买，由一系列具有短期诱导性的营业方法组成的沟通活动。

④公关促销。公关促销是指企业通过开展公共关系活动或通过第三方在各种传播媒体上宣传企业形象，促进与内部员工、外部公众良好关系的沟通活动。随着营销理论和实践的不断进步，促销的方式也在不断更新和变化。如“企业赞助”，这是企业广告和公共关系结合的一种新的促销方式，企业赞助的范围也很广泛，它在企业促销中起着越来越重要的作用。

(2) 国际市场促销的基本策略

一般情况下，国际企业可以采取三种基本的促销策略，即推进策略 (push strategy)、拉引策略 (pull strategy) 及推拉结合策略。

①推进策略。推进策略是指企业通过促销努力，将产品由制造商销售给批发商，批发商转而销售给零售商，零售商转而销售给消费者的一种策略，即企业将产品推销给分销渠道第一个层次的中间商，再由第一个层次的中间商推销给第二个层次的中间商，以此类推，由最后一个层次的中间商将产品推销给最终消费者。在推进促销策略中，主要采用人员推销的手段，适用于具有很强推销队伍的大企业。适用推进策略的一般是价格较高的产品，如家具等日常耐用消费品。

②拉引策略。拉引策略是企业直接针对最终消费者进行的促销，即企业通过树立良好的企业形象、品牌形象与产品形象，使消费者对产品产生兴趣和需求，并向零售商购买，零售商转而向批发商订货，批发商转而向制造商订货的这样一种与推进策略方向相反的促销策略。此策略以广告手段最为有效。此策略适用于推销队伍不足的中小型企业。优点是触及面广，传播速度快，形式活泼，形象生动；缺点是针对性不强，不能立即促成交易。适用拉引策略的产品一般是价格低的日用消费品或方便产品，如香皂、牙膏等。

③推拉结合策略。任何一个企业，都不会单一采取推进或拉引策略，而通常是两种策略并用。企业要视产品及市场特点，采取先推后拉、先拉后推或推拉同时进行等方式，展开对中间商或最终消费者的促销攻势，此种策略被称为推拉结合策略。

(3) 影响促销组合的因素

国际企业究竟采取推进策略还是拉引策略，应视情况而定。为使促销组合能发挥整体的促销效果，企业应根据以下因素来确定促销组合。

①促销目标。它是企业从事促销活动所要达到的目的。企业在不同时期及不同的市场环境下，都有其特定的促销目标。而促销目标不同，促销组合和策略也就不同。

以扩大市场份额为目标。即在一定时期内，在某一市场迅速增加销售量，以此来扩大企业的市场份额。这个促销目标强调的是近期效益。因此，为实现此目标，促销组合的选择、配置应更多地使用广告和营业推广。

以树立企业形象为目标。即企业总体的营销目标是在某市场上树立企业形象，为其产品今后占领市场赢得有利的竞争地位。显然这属于长期目标，实现这一目标，需要制定一个长期的促销组合方案，公共关系则是非常重要的，而与之相配合的广告宣传在手段和内容等方面也会有所差异。

②产品性质。不同性质的产品应采用不同的促销策略。一般说来，工业品具有技术性强、价格高、批量大等特征，购买一般要经过研究、磋商、审批等手续。因此，应以人员推销为主，辅之以广告与公共关系；而消费品是供个人或家庭生活使用，面广量大，应以广告宣传为主，结合营业推广，辅之以人员推销和公共关系。

③市场状况。市场状况不同，促销组合和策略也有所不同，具体有以下几种情况。

从市场地理范围大小看，若促销对象是小规模的或相对集中的本地市场，应以人员推销为主；而对广泛的或分散的全国甚至世界市场进行促销，则宜多采用广告、公共关系及营业推广。

从市场类型看，消费者市场因消费者多而分散，多数靠广告等非人员推销方式，并且目标市场的其他特性，如消费者收入水平、风俗习惯、受教育程度等也会对各种促销方式产生不同的影响；而对用户较少、批量购买、成交额较大的生产者市场，则主要采用人员推销方式。

在有竞争者的市场条件下，制定促销组合和促销策略还应考虑竞争者的促销方式和策略，要有针对性地不断变换自己的促销组合及促销策略。

④产品的价格和销售渠道。一般来讲，对于价廉利薄的日常生活用品，需要大批量销售，广告的效果较大；而价高利厚的产品，消费者的选择性很强，多采用人员推销的方式，以便于克服消费者购买的阻力。如企业采用直销的方式，自己负担整个销售工作，那么促销组合的重点应放在人员推销上；反之，如果销售渠道很长，环节很多，促销组合的重点应放在广告上，以吸引消费者到商店去购买产品。

⑤产品的生命周期。对于处在不同生命周期阶段的产品，企业的营销目标及重点都是不一样的，因此促销方式也不尽相同。

在产品引入期，产品刚刚面世，鲜为人知，企业要尽量让消费者认识、了解新产品。因此，这一阶段应以广告宣传和人员推销为主要的促销方式，在促销策略上可以选择推进策略。

产品进入成长期，产品开始畅销，可观的销售增长和利润开始吸引竞争者进入市场，这时促销的重点应放在宣传本企业产品的商标品牌上，争取消费者的偏爱，激发消费者的选择需求。这一阶段，人员推销的任务是发展销售渠道，争夺市场占有率；广告的内容要从告知转向宣传品牌的突出优点和特色，以提高产品和企业的声誉。此阶段促销应以拉引策略为主。

产品到了成熟期，需求趋向饱和，竞争者众多，竞争日益激烈，但竞争的态势已趋于稳定，弱势竞争者被挤出，市场产品也逐渐相似。这一阶段，广告是消费品的主要促销方式，广告的内容应集中宣传本品牌与其他品牌的不同之处，强调产品的附加利益。因此，这一阶段企业可采用推拉结合的策略进行促销活动。

产品进入衰退阶段，由于生产和销售开始下降，整个促销预算逐步削减。因此，一般只适合运用提示性广告来保持消费者的记忆，而把营业推广作为主要的促销方式。

⑥促销预算。企业开展促销活动，必然要支付一定的费用，并且不同的促销方式所需的费用是不相同的，不同的行业用在促销方面的费用支出也大不相同。例如，在美国，化妆行业的促销费用高达营业额的 30% ~ 50%，而机械行业则为 15% ~20%。2002 年通用汽车公司花在每辆汽车上的促销费用平均高达 2431 美元。可见产品的促销费用是企业的一笔大支

出。为此，在满足促销目标的前提下，确定促销预算额时，要考虑营业额、促销目标的要求、产品市场生命周期、适应竞争需要等因素，选择适当的促销策略。

11.2 国际营销人员推销策略

11.2.1 人员推销的含义

人员推销是指通过推销人员深入中间商或消费者进行直接的宣传介绍活动，使中间商或消费者采取购买行为的促销方式。它是人类最古老的促销方式。在商品经济高度发达的现代社会，人员推销这种古老的形式焕发了青春，成为现代社会最重要的一种促销方式。

人员推销是一项专业性很强的工作，是一种互惠互利的推销活动，它必须同时满足买卖双方的不同需求，解决各自不同的问题，而不是片面的产品推销。人员推销不仅是卖的过程，而且是买的过程，即帮助顾客购买的过程。推销员只有将推销工作理解为顾客的购买工作，才能使推销工作进行得卓有成效，达到双方满意的目的。人员推销不是推销产品本身，而是推销产品的使用价值和实际利益。顾客不是购买产品实体本身，而是购买某种需要的满足；推销员不是推销单纯的产品，而是推销一种可以解决某些问题的方案。能否成功地将推销产品解释为顾客需要的满足，能否成功地将推销产品解释为解决顾客问题的方案，是保证推销效果的关键因素。因此，推销员应该说的是“推销品将使顾客的生活变得如何好”，而不是“推销品本身如何好”。

人员推销在各种促销方式中占有重要的地位。据统计，1981 年美国企业用于人员推销方面的费用高达 1500 多亿美元，而同年用在广告方面的费用仅为 610 亿美元，而且在美国有 640 多万人从事人员推销工作。

人员推销方式多用于工业品的销售，这是因为工业品的购买者往往少而集中，而且产品的技术性强，销售时需要专门的内行人员向用户进行介绍；人员推销也适用于价格较高或技术含量较高的耐用消费品的促销。

人员推销的基本要素为推销员、推销产品、推销对象。

11.2.2　人员推销的基本形式

①上门推销。上门推销是最常见的人员推销形式。它是由推销人员携带产品样品、说明书和订单等走访顾客，推销产品。这种推销形式可以针对顾客的需要提供有效的服务，方便顾客，故为顾客广泛认可和接受。

②柜台推销。柜台推销是指企业在适当地点设置固定门市，由营业员接待进入门市的顾客，推销产品。门市的营业员是广义的推销员。柜台推销与上门推销正好相反，它是等客上门式的推销方式。由于门市里的产品种类齐全，能满足顾客多方面的购买要求，为顾客提供较多的购买方便，并且可以保证产品完好无损，故顾客比较乐于接受这种方式。

③会议推销。会议推销是指利用各种会议向与会人员宣传和介绍产品，开展推销活动。譬如，在订货会、交易会、展览会、物资交流会等会议上推销产品。这种推销形式接触面广、推销集中，可以同时向多个推销对象推销产品，成交额较大，推销效果较好。

11.2.3　人员推销的特点

①灵活性。推销人员可根据现场顾客的情况，随时调整改变自己的推销策略与方法，以适应不同顾客的行为和需要，利于最后达成交易。

②针对性。与顾客的直接沟通是人员推销的主要特征。由于是面对面接触，销售人员能及时捕捉和把握态度、气氛、情感等方面的变化，有利于销售人员有针对性地做好沟通工作，解除各种疑虑，引导购买欲望。

③有效性。销售人员通过展示产品，解答质疑，指导产品使用方法，使目标顾客能当面接触产品，从而确信产品的性能和特点，易于引发消费者的购买行为。

④友谊、协作的长期性。销售人员与顾客直接打交道，交往中会逐渐产生信任和理解，加深双方感情，建立起良好的关系，容易培育出忠诚顾客，稳定企业销售业务。

⑤信息传递的双向性。在推销过程中，销售人员一方面把企业信息及时、准确地传递给目标顾客，另一方面把市场信息、顾客的要求、意见、建议反馈给企业，为企业调整营销策略提供依据。

11.2.4　人员推销的不足

①费用支出较大。由于人员推销直接接触顾客，促销活动面窄，而且费用较多，增大了产品销售成本。例如，美国企业人员推销费用通常占到企业总销售额的8%～15%，而广告费用仅占总销售额的1%～3%。

②对推销人员要求较高。人员推销的成效直接取决于推销人员素质的高低。尤其随着科技的发展，新产品层出不穷，对推销人员的要求越来越高，一般不易找到合格的推销人员。

11.2.5　常用的人员推销策略

①诱导性策略。诱导性策略又称“诱发——满足”策略。这是指推销人员通过交谈，发现顾客感兴趣的产品，然后诱导他对所感兴趣的产品产生购买动机。接着，因势利导，不失时机地介绍本企业的产品如何能满足这些需要，使其产生购买行为。这种策略要求推销人员有较高的推销艺术，使顾客感到推销员是他的“参谋”。

②试探性策略。试探性策略又称“刺激——反应”策略。这是指推销人员采用事先准备好的几个谈话方案，逐项刺激顾客，试探其需求，同时密切注意对方的反应，然后进行说服、宣传，激发顾客的购买行为。

③针对性策略。针对性策略又称“配合——成交”策略。这是指推销人员事先已了解顾客的需要，从而有针对性地对顾客介绍本企业的产品，并投其所好，引起对方的兴趣和购买欲望，促成交易。

11.2.6　人员推销的步骤

人员推销一般需要经过以下七个步骤。

①发掘。是指找出潜在顾客。

②事前准备。是指在与顾客见面前进行必要的事前准备，包括熟悉本企业的产品知识，掌握顾客个人情况，了解竞争对手的产品特点、竞争能力、竞争地位等知识。

③接近。是指根据顾客不同的性格类型。采取不同的对策与其交谈。推销人员在顾客面前，无论是仪容外表，还是谈吐等内在素质，都应给顾

客留下一个好的第一印象，即推销人员在推销产品前首先要推销自己，为今后保持联系打下一个良好的基础。

④介绍。这是推销过程的中心内容。即推销人员把企业产品的有关信息准确而有效地传播给顾客，其中包括利用各种资料，如小册子、说明书、图片、音频文件、视频文件等，通过视觉和听觉给顾客以深刻的印象。介绍中要重点强调本企业的产品能给顾客带来哪些利益和好处。

⑤应付异议。介绍之后，顾客一般会提出一些疑问或否定的意见。此时推销人员应给予圆满而周到的答复，以消除顾客的疑虑，使推销活动向下一步发展。

⑥成交。上述几个步骤进行完毕后，或在上述任何一个步骤中，若顾客有了购买的表示，此时推销人员应抓住时机达成交易，签订购销合同。推销人员在此阶段还可以为顾客提供一些优惠条件，以便促成交易。

⑦事后跟踪。是指成交之后，推销人员应认真履行合同或督促本企业有关部门认真履行合同，并负责做好诸如安装调试、培训人员、维修等售后服务工作，使买主对本企业的产品感到满意，以利于今后的重复购买。

11.2.7　人员推销管理

做好国际市场促销人员的管理工作，有利于提高和保证促销人员的素质，提高促销工作的效率和效益。对促销人员的管理主要包括招聘、培训、激励和评价四个方面的内容。

①人员招聘。推销人员对国际企业而言是最重要的财富。企业的销售工作要想获得成功，就必须认真挑选销售人员。这不仅因为普通销售人员和高效率销售人员在业务水平上有很大差异，一旦用错人，将给企业造成巨大的浪费。因此，挑选高效率的销售人员成为管理决策的首要问题。

在发达国家，企业一般要求具有大学文化程度的人担任此项工作，而且对他们有较高的素质要求。如在海外工作环境下，具备果断的决策能力，能承担风险；面对不同的经济、文化等背景，具有较强的学习能力和适应能力；要有旺盛的精力、坚忍不拔的毅力，善于从顾客角度考虑问题；在独立工作、缺少监督的情况下，要能自觉地努力工作，忠于自己的职责。实践中，各企业还要结合自身的实际情况，确定适当的招聘条件和标准。推销人员的来源有母国、目标市场国和其他第三国。目前愈来愈趋向于从目标市场国招聘推销人员，这主要是文化适应这个因素在起作用。

②人员培训。企业要通过培训让推销人员了解自己的职责，熟悉企业的有关情况，掌握产品知识、市场知识、业务知识。对于本国外派的促销人员，应着重进行语言、礼仪、生活习俗和商业习俗以及海外工作可能遇到的特殊问题等方面的训练；对于目标市场当地的促销人员，则应侧重于让他们充分了解公司及公司文化，学习与产品相关的技术知识，掌握产品促销技巧，提高其促销能力。

③人员激励。促销工作是一项充满艰辛和挑战的工作。有些促销人员不需要管理层的督促就会努力工作。然而，大多数促销人员是需要鼓励和特殊的刺激才会努力工作的。对销售人员的激励越大，他们做出的努力便越大，对企业的贡献也就越大。最有价值的奖励是工资，随后是提升、个人发展和作为某群体成员的成就感。价值最低的奖励是好感与尊敬，安全感与表扬。

激励因素因国家不同而异。把金钱激励放在第一位的，在美国是37%；而在加拿大的销售人员中，只有20%的人认为它是第一位重要的；澳大利亚和新西兰的销售人员对一张支票激励表现出的热情最少。

④评价。国际营销企业可以通过严格的规章制度、促销计划、促销定额等方式对促销人员进行有效的制约。

企业要制定行之有效的评估标准和评估方法，对促销人员进行定期评估考核。科学的评估考核制度可使企业全面了解促销人员的业绩，也是对促销人员进行激励和鞭策的依据。对促销工作的评价可分为定量和定性两部分内容。定量部分主要包括销售额、市场占有率、市场增长率、新发展客户数、促销费用率等考核指标。定性部分主要考核促销人员的服务质量、顾客满意度、顾客忠诚度等。国际营销企业应注意根据各国不同的市场、竞争、促销成本方面的差异，制定相应的评价标准。

11.3 国际营销广告策略

11.3.1 国际营销广告概述

国际营销广告是企业在国际营销中，为了实现一定的目的，以付费的方式，通过广播、电视、报纸、杂志、网络等大众传媒，向目标国家市场的消费者和公众传递有关企业及产品信息的促销活动。

广告运作过程中主要涉及四个方面：广告主（出钱做广告的企业）、广告媒体（电视、广播、报刊、杂志等）、广告代理（为广告主代办广告业务者）和广告制作公司（专门制作各类广告，如影视、图片等的专业公司）。

（1）国际广告的特点

①公众性。广告是一种高度大众化的信息传递方式，可面对广大公众。

②渗透性。广告可多次或长时间重复同一信息，使信息逐渐渗透到消费者的脑海中。

③表现性。广告可采用文字、语言、声音、动作、图形、色彩等方式来呈现信息，表现力很强。

④非人格性。广告只能对公众独白，而不能双向交流，因此广告具有非人格性。

（2）国际广告的作用

国际广告在企业开展国际促销活动中越来越成为不可或缺的促销形式。这是因为国际广告有着不可低估的作用。主要表现在以下几个方面。

①有利于国际目标市场的消费者了解企业及其产品。通过国际广告活动能够将企业及其产品等有关信息传播到国际目标市场。目标市场消费者接收到这些信息，并存留在记忆中，成为其日后选购这类产品的重要依据。

②有利于在国际市场上树立企业形象。国际广告是企业及其产品进入国际市场的先导。广告宣传能够提高企业及其产品的知名度，也有利于树立企业形象，为打开产品市场奠定基础。

③指导消费，促进销售。国际广告向目标市场消费者宣传产品的使用与保养方法，给消费者传授产品知识，指导消费者更好地使用产品。这种指导作用对于新产品尤为重要。广告能使消费者对企业产品由不知到知，再到产生兴趣，最后到激发其购买欲望，从而促进产品销售。

在当今国际市场上，国际企业的广告费用支出已高得惊人，究其原因正是国际广告具有上述重要作用。如1988年美国企业用在广告方面的支出已高达1200亿美元，即平均每个美国人将近500美元。又如，日本松下电器公司的广告费占到其总销售额的9.1%，东芝电器公司也达到了6.7%。宝洁公司进入目标市场最常用的“武器”是广告。据权威的市场调查公司统计，1999年宝洁在中国市场上投入的广告费超过5亿美元，占中国日用化工领域的10%左右。但在不同国家，广告的重要性不尽相同，如美国一国的广告费就占了全世界广告费的近一半，而与此同时，一些非洲国家甚至没有广告方面的支出。美国可口可乐公司将其营销活动的成功归纳为一句话：“成功在于广告。”

11.3.2 国际市场广告的限制性因素

国际广告实质上是一种跨文化的信息传播，沟通双方不同的文化背景，以及在信息传递活动中的各种外在因素，都会对信息的沟通产生不利影响，主要的制约因素有以下几点。

(1) 社会文化因素的差异

与来自不同文化背景的人进行交流会遇到很多困难，创造性地克服困难是广告业务中最富挑战性的任务之一。不同国家可能有着不同的文化环境，这就决定了不同国家或地区有着不同的价值观念和行为准则，对广告中常用的图案、颜色和数字等具有不同的理解。因此，在国际广告活动中必须对此给予足够的重视。

(2) 语言文字的差异

国际广告是企业在国外目标市场上开展的一种促销活动。由于不同国家或地区在语言文字上有很大差异，因此，一定程度上影响了企业及其产品等信息在目标市场上的传递，进而影响了广告的促销效果。为达到良好有效的传播效果，广告用语应简洁明快，寓意深刻。但同样的含义要用另外一种语言简洁而准确地表达出来并非易事。例如，20世纪20年代，可口可乐一开始被翻译成了一个非常古怪的中文名字，叫“蝌蝌啃蜡”。因此，可口可乐当时被消费者接受的程度可想而知。直到后来可口可乐公司请了一位在英国的上海教授，将Coca－Cola翻译成了“可口可乐”，不但保持了英文的音译，还比英文更有寓意。可口可乐四个字生动地暗示了产品给消费者带来的感受——好喝、清爽、快乐、可口亦可乐，让消费者胃口十足。由此可见，广告用语的翻译和设计必须以对不同语言的深入了解为基础，特别要考虑到各国的文字寓意，要极力避免可能产生的歧义。

(3) 广告媒体的限制

目标市场中可以获得的广告媒体的数量、种类、消费者的媒体习惯等都会影响企业的广告活动。经济发达的国家通常广告业也比较发达，可供选择的广告媒体有很多；而在一些经济落后的国家，宣传的媒体较少，大众传媒的普及率较低，可供企业选择的媒体非常有限。媒体的限制会影响广告在促销活动中的作用，还会迫使企业更多地依赖促销组合中的其他因素。

(4) 政府的管制

各国都有自己的广告法规和管理政策，有些国家的政府对产品类型进行限制，如在希腊早上 7 点至晚上 10 点之间禁止播出任何玩具广告；科威特不许做离奇广告，而且电视广告只限于晚上播放；阿拉伯国家禁止烈酒、药品、香烟、打火机等广告。有些国家还对广告信息内容与广告开支进行限制，如许多国家有广告审查制度，还有许多国家禁止使用比较广告。

总之，国际广告的限制因素是多方面的，企业只有注意并克服上述种种障碍，使广告信息能有效地传递给目标受众，才能达到理想的促销宣传目的。

11.3.3　国际市场广告策略

国际市场广告策略一般包括五项最重要的内容：广告目标策略、广告预算策略、广告设计策略、广告媒体策略和广告效果评估策略。

(1) 广告目标策略

企业的广告目标，取决于企业的整体营销目标。企业在实现其整体营销目标的过程中，又可分为若干不同的阶段，在每一个阶段，广告起着不同的作用，具有不同的功能，因而有着不同的目标。归纳起来，企业的广告目标主要有通知广告、劝说广告和提示广告三大类。

①通知广告。主要是介绍新产品的有关信息，以使新产品尽快进入国

际市场。通知广告主要适用于产品生命周期中的引入期，主要目标是促使初始需求的产生。

②劝说广告。主要用于产品的成长期。这个时期需求的特点是选择性需求，即顾客对某一种产品有需求，但还没有形成品牌偏好，可在不同品牌中进行选择。此时广告的目标主要是劝导外国消费者在购买时，在众多同类产品中选择本企业的产品，以便在竞争中取得优势。例如，皇家芝华士（Chivas Regal）企图说服消费者相信该公司的英格兰威士忌与众不同、具有独特风味。

③提示广告。适用于产品成熟期，即通过广告不时地提醒外国消费者该产品还在继续供应市场。例如，可口可乐是众所周知的产品，早已处于成熟期，它的广告目标不再是介绍和劝说人们购买，而是提示人们购买。可口可乐公司在世界各地老市场中所做的广告都属于此类广告，目的在于提醒人们想起可口可乐。

广告目标制约着广告预算策略、广告信息策略和广告媒体策略，不同目标的广告有着不同的要求，需求投入的成本也不同。

（2）广告预算策略

广告目标决定后，企业即可制定广告预算。企业制定广告预算的方法有很多，比较常用的几种是：量力支出策略、销售额百分比策略、竞争对手策略和目标任务策略。

①量力支出策略。这种策略是指根据企业财务的支出能力确定广告费用预算。此策略简单易行，但缺点是完全忽略了广告促销与销售之间的因果关系，忽略了广告促销对销售的影响，因此很难达到预期的广告效果。

②销售额百分比策略。这种策略是指按照企业销售额的一定百分比来确定广告费用预算。目前大多数国际企业都采用此策略。此策略的优点是广告费用预算有一定的保证。缺点是颠倒了广告促销与销售之间的因果关系。例如，企业的销售因遇到强有力的竞争而下降，为了加强竞争力和扩大销售，应增加促销支出。可是按照这种方法，销售额下降就要减少广告费用支出，使企业不能充分发挥广告的促销作用。另外，当市场出现了有利于企业的机会，企业理应通过加大促销力度和增加广告费用预算来抓住市场机会时，广告费却因百分比限制而不能增加，因而有可能失去市场机会。

③竞争对手策略。这是一种向竞争对手看齐的预算方法，是指根据竞争对手广告费用的实际水平来确定本企业的广告预算。此策略适用于企业刚进入一个不太熟悉的新市场或市场竞争十分激烈的情况。企业采用这种方法出于两种理由：一是同行业中多数竞争对手的促销预算是在长期实践基础上形成的，有其合理性，值得效仿；二是竞争对手之间的促销预算大致相同，有助于避免“促销战”。但由于本企业与竞争对手之间在资源、机会、目标和商誉等方面存在着不同程度的差异，因而将竞争对手的预算作为本企业广告费预算的依据不一定合理，也不一定能够避免“促销战”。

④目标任务策略。这种策略是指按照要达到的营销目标和任务的实际需要来确定企业的广告费预算，是一种比较科学的策略。具体做法是：首先确定广告促销目标（如提高销售增产率、市场占有率、品牌知名度等），然后确定为达到这些目标所要完成的任务，最后再估算完成这些任务所需用的广告费用。美国通用电气公司等企业采用的就是这种策略。但此策略也有缺点，即确定预算时仍有一定的主观性。

除了上述四项主要预算策略外，国际企业在制定广告预算时还要考虑如下几个因素。

①产品生命周期。对处于生命周期不同阶段的产品，广告预算应有所不同，如引入期的产品需较高的广告预算，而成熟期的广告预算应按销售比例有计划地缩减。

②市场份额。占有较大市场份额的产品广告预算应较高，市场份额较小的产品广告预算应低一些。此外，企业要想扩大某种产品的市场份额时，其广告预算也要比仅仅保持目前市场份额的产品的广告预算高。

③竞争的激烈程度。当市场竞争激烈时，广告预算要高。

④广告频率的高低。广告频率的高低，即重复次数的多少，对广告预算有直接关系。如果企业决定多次重复进行广告促销，广告预算就要高。

⑤产品的差异性。如果产品是仿制品，与同类产品极为相似，就需要较高的广告预算，以便宣传它具有同类产品所不具备的优越性。如果产品确实具有无可比拟的独特性能，广告预算就可相对少些，只要将产品的特性告知顾客即可。

(3）广告设计策略

企业在确定了广告目标和预算之后，还要设计广告内容，即信息表达。一则广告信息的效果不仅取决于“说什么”，而且还有赖于“怎么说”，即信息的表达方式。特别是对那些差异性不大的产品（如洗涤剂、啤酒、文具等），广告信息的表达方式更为重要，能在很大程度上决定广告的效果。

在表达广告信息时，应注意运用适当的文字、语言和声调，广告标题尤其要醒目易记、新颖独特、引人入胜，以尽量少的语言表达尽量多的信息。例如，联想集团曾经用过的广告语“人类失去联想，世界将会怎样”、杭州娃哈哈公司的“喝了娃哈哈，吃饭就是香”等，都给人留下深刻印象，耐人寻味，历久难忘。此外，还应注意版面画面的大小和色彩、插图的运用，并将效果与成本加以权衡，然后作出适当的抉择。

广告信息的表达，一般有以下几种策略。

①一贯性策略。一贯性策略是指长期的广告信息传播中，广告的内容、风格、口号一直保持不变。这可使消费者在接受广告的长期过程中形成牢固的印象，有利于企业产品的畅销。比如，美国万宝路香烟广告，从 20 世纪 50 年代至今的几十年中一直使用牛仔这一形象。

②挑战性策略。这是针对竞争对手的一种策略。在广告中突出竞争对手企业产品不具有但本企业产品具有的特色或企业的经营实力。例如，针对可口可乐饮料中含有咖啡因成分，百事可乐名牌产品“七喜”牌饮料的广告词是“从来不含咖啡因，也永远不含咖啡因”。

③柔软性策略。柔软性策略是指广告不采用硬性说教的形式，而采用间接迂回的方式宣扬本企业的产品特点，使消费者在看广告或听广告词的过程中无意地接受了广告所要表达的内容。这种策略的特点是为产品打造可引起某种联想的气氛或形象，给人以暗示，但不对产品性能作任何直接宣传。比如，美国宝洁公司在中国电视上所做的洗发水广告，呈现在观众眼前的是年轻漂亮姑娘飘来飘去的长发形象，而不是连篇的赞美词。

④名人旁证策略。这种策略是指利用社会名流对产品的评价、介绍或使用，来提高该产品的知名度和可信度。美国耐克公司就是由于采用了请著名篮球明星穿着耐克牌运动鞋进行公开篮球比赛这一策略而大获成功的。

⑤借题发挥策略。这种策略是指利用千载难逢的社会事件，借题发挥，大肆宣传，以提高企业和产品的知名度与声誉。例如，20 世纪 80 年

代上海某居民家中发生火灾，火灾后在清理现场时，发现现场中金星牌电视机外壳已严重烧毁，但接上电源打开一试还照常显示出清晰的图像。此事被该电视机的生产企业获悉后，专门为此制作了电视广告，广告中具体显示出该电视机虽然外壳已被烧毁，但性能照旧，质量过硬。由于成功的借题发挥，从而大大提高了该企业和该产品的声誉。

⑥现身说法策略。这种策略是让使用本企业产品的消费者在电视、广播、报纸等媒体上现身说法，现身展示使用该产品的效果与好处，以使消费者信服，从而提高该产品或该企业的声誉。中国的电视广告和广播广告中经常看到或听到对某种药品或化妆美容产品的现身说法，就属于此策略。

⑦标准化策略。标准化策略是指企业的同一种产品在不同国家目标市场上所做的广告，其内容与形式完全相同，或基本相同。这是国际广告的一种基本趋势，也是当代国与国之间经济联系、文化联系、交通通信联系愈来愈密切的结果。其优点是节约广告成本，并使产品在全世界消费者中建立的印象一致；缺点是适用的产品不多且适用的国家和地区不广。

⑧差异化策略。这种策略是指企业的同一种产品，根据世界各国经济发展水平不同、文化背景不同、宗教信仰不同、价值观不同，而在不同国家的市场上采用不同的广告内容和形式。这是当前国际企业较多采用的一种策略，是由现实世界中世界各国的经济、文化、价值观等存在较大差别这一因素所决定的。此策略的优点是广告较好地适应了各国消费者的文化背景与价值观，因而广告效果较好；缺点是广告成本高，以及企业的同一产品在不同国家消费者中建立的印象不一致。

（4）广告媒体策略

企业在完成了广告信息设计后，就要选择恰当的广告媒体。广告媒体的选择在很大程度上决定着促销的效果，甚至会影响到企业开拓国际市场的成败。企业在选择广告媒体时，一定要考虑以下几方面因素。

①媒体的类型及特点。

报纸。这是国际广告中使用最多的一种广告媒体。它的优点是时效性强，传播面广，针对性强，可信度较高，费用低廉，制作简单，手续方便等；缺点是广告是静态的，不易引起注意，形式较单调。这种媒体适用于大多数生活消费品和少数工业品。

杂志。杂志的优点是针对性强，接近专业消费者，易保存，转借率高；缺点是时效性差，影响范围不广，制作成本比较高。这种媒体特别适用于专业性很强的工业品。

广播。这是传递信息最快，也是覆盖面最广的广告媒体。优点是传播速度快，传播面广，且不受交通、气候等自然条件的影响，制作容易，价格低廉，一般只有电视广告费用的1/10。缺点是仅靠声音传播信息，转瞬即逝，印象不深，不易保存。这种媒体适用于大多数生活消费品和少数工业品。

电视。这是集声音、形象、色彩于一体的传递信息的广告媒体，也是发展最快的一种媒体和企业使用最普遍的媒体之一。它在国际广告中的使用率位于报纸之后，居第二位。其优点是覆盖面广，传播迅速及时；形象真实，感染力强，给观众以深刻的印象；表现手法灵活多样，易被观众接受。缺点是成本高，以美国为例，电视广告费平均每 30 秒达 2000 美元；针对性差；展示时间短，不易于记忆。电视是大多数国家的主要传媒，但多数国家对其商业广告的经营有一定限制。

户外广告。户外广告牌是集文字、图形、色彩于一体的媒体。优点是大众化，持续时间长，成本低，且可进行地理选择；缺点是传播的信息量较小，而且在一些国家受到法律的限制和公众的反对。

邮寄广告。邮寄广告是通过邮寄的方式发放产品说明书、价目表等，可以根据产品和目标市场的特点，准确选择广告对象，深入地介绍产品的特点，且制作费用低廉。不足之处是反馈的主动性较差，反馈周期性较长。

网络广告。网络广告的优点是信息传播不受时空限制，传播速度快，成本低廉；可传播图、文、声、像等多种信息，广告形式灵活多样，观众的选择余地大，具有交互性。缺点是受计算机设备普及所限制，特别是在家庭渗透方面还有较大的局限性。

②产品的性质和特点。企业应结合其产品的性质和特点，选择最合适的广告媒体。如服装，利用电视或杂志等色彩画面做宣传，效果较好；对于技术复杂的工业产品，在电视、广播中难以说清，则适合用专业杂志或邮寄广告的宣传方式。

③顾客的媒体习惯。为了取得良好的沟通效果，国际企业必须充分了

解和掌握目标市场国家顾客的媒体习惯，以便有的放矢地进行广告宣传。例如，对青少年顾客来说，广播和电视广告效果最好。

④媒体的覆盖面和影响力。媒体覆盖面的大小主要取决于显露时间和拥有率两个因素，各个国家对各种媒体的显露时间有着不同的规定，各种媒体在各个国家的拥有率也不一样。因此，各国的广告覆盖面差别很大，企业在选择广告媒体之前应该进行深入的调查了解。媒体的影响力主要指某一种特定的媒体在消费者心目中的地位和形象。企业应尽量选择影响力较大的媒体。

⑤广告时机选择。许多产品的销售是有季节性的，不一定要在全年平均使用广告，比如电扇在每年 6 ~ 8 月的销售量最大，广告可从 5 月开始，延续到 8 月，错过这几个月，广告效果就不好。对于广播、电视广告来说，播放时段不同，则效果不同，费用也不同，也要作出选择。如电视广告的黄金时间是每晚 7 ~ 10 点，这个时间的广告费也是最高的。

（5）广告效果评估策略

良好的广告计划和控制在很大程度上取决于对广告效果的衡量。大多数广告主都想衡量一个广告的传递效果，即广告对于消费者知晓、认识和偏好的影响，以及广告对销售效果的影响。

①销售效果的评估。这是以企业销售额增加额与广告费用增加额的比率来评价广告效果，比率愈大，效果愈好。其公式为：广告销售效果 =（销售额增加额/广告费用增加额）×100%。需要说明的是：根据此公式计算出来的广告销售效果仅是一个参考数字。这是因为企业某种产品销售额的增加，除了广告这一因素外，产品的质量、价格、包装、服务等因素都在同时对销售额的增减起作用，很难将广告的促销效果单独分离出来。

②信息传递效果的评估。信息传递效果评估可采用直接评价法和回忆测验法。直接评价法是邀请部分顾客或专家，对广告的吸引力、表现手法、印象程度等逐项给予评定，然后评价该广告的总体效果；回忆测验法是要求被测试的消费者回忆广告的细节，根据其记忆程度来确定广告的效果。

专栏 11-1　　促销失误不是玩笑

在促销产品，包括使用广告时，在国外市场经营的公司常会失误并不奇怪。有时，失误是因为采用了在本国市场非常有效的概念。有一个关于美国最大的运动鞋生产公司耐克的例子（Cone，1990）。耐克公司竭尽全力在利润非常丰厚的欧洲运动鞋市场上追赶长期领先的阿迪达斯公司。

耐克公司的失误是因为它的一项耗资 2100 万美元的广告活动。这项广告是围绕炙手可热的橄榄球和棒球明星 Bo Jackson 做的。虽然广告的地点在美国，在那里 Bo Jackson 是超级明星，“Bo knows ”的时髦用语已经融入流行文化，经常被人提及，但是这个广告用到欧洲市场后，注定是一个耻辱。

道理很简单：如果笑话的精妙之处必须通过解释才能明白，那么这个笑话就没有意思了，相对来说，Jackson 在欧洲并不著名。1990 年的一个夜晚，在拥挤的巴黎影院里，在众多冷漠的法国观众中显然有一位是来自美国的观众，他看到制作精美的有关 Jackson 的广告时发笑了。海报描述了这位健美的美国运动员，还专门加了一条注解，告诉大家谁是 Jackson。2000 年 2 月，阿迪达斯公司对其主要竞争对手耐克公司在一周前发起的广告活动予以回击（Marketing，London，February 2000）。耐克公司的广告是根据描述耐克明星的电子游戏设计的，如网球明星阿加西、篮球明星乔丹、足球明星罗纳尔多等。阿迪达斯公司的广告活动则利用幽默使品牌形象对年轻人市场来说更加生动活泼。橄榄球明星 Jonah Lomu、网球明星库尔尼科娃和田径运动员 Ato Boldon 穿着阿迪达斯的产品出现在比赛场上，表现非常亮眼。阿迪达斯公司的广告活动通过电视和海报在欧洲、拉丁美洲以及亚洲同时进行。

还有一些在国内市场上成功的概念一旦用在国外市场就失败的例子。例如 Chevrolet 在墨西哥使用 Nova 这个词语。在当地语言中，“Nova”的意思就是“不行”。

资料来源：杰拉尔德·奥尔巴姆、埃德温·杜尔、杰斯珀·斯特兰斯科夫著，张新生、吴侨玲译：《国际营销和出口管理》（第 5 版），中国人民大学出版社 2007 年版。

11.4　国际营销营业推广策略

11.4.1　国际营业推广的含义与特点

(1) 国际营业推广的含义

国际营业推广是指除了人员推销、广告和公共关系等手段以外，企业在国际目标市场上，为了刺激需求、扩大销售，而采取的能迅速产生激励作用的促销措施。营业推广通过为消费者和经销商提供特殊的购买条件、额外的赠品和优惠的价格，从而吸引顾客和扩大销售。营业推广的主要目的是：诱导消费者试用或直接购买新产品，刺激现有产品销量增加或库存减少，鼓励经销商采取多种措施扩大产品销售，增强广告与人员推销的作用。在国际市场上，企业用于营业推广的费用已愈来愈多，在美国已与广告费用相当，而且有超越之势。

(2) 国际营业推广的特点

①营业推广的针对性强，效果明显。一般来说，只要能选择合理的营业推广方式，就能够有效地吸引顾客的光顾，见效较快，能够鼓励消费者试用、重复购买或转换品牌；说服经销商引进新产品，大量进货，提前订货，淡季进货；鼓励销售人员支持新产品，提高销售量。

②营业推广是一种辅助性促销方式。广告和人员推销都是常规性和连续性的促销手段，而营业推广则是非经常性的促销手段，它往往是企业为了解决营销过程中出现的具体促销问题或为了达成某种短期促销目标而临时采取的措施。营业推广只是企业整体促销活动的一个环节，它必须在与其他促销手段配合使用的情况下才能发挥作用。

③营业推广有一定的局限性和副作用。有些推广方式显示出销售者急于出售的意图，容易造成顾客的逆反心理。如果使用太多，或使用不当，顾客会怀疑此产品的品质及品牌，或产品的价格是否合理，给人以“推销的是水货”的错误感觉。

11.4.2　国际营业推广的分类

在国际市场上，企业可用的营业推广工具灵活多样，一般可分为针对消费者的营业推广、针对中间商的营业推广和针对推销人员的营业推广三大类。

（1）针对消费者的营业推广

对消费者的营业推广，大多数采取通过制造轰动效应，使一部分消费者购买欲望高涨，然后进一步带动更多消费者进行购买的办法，如免费样品、折扣、减价、有奖销售等。

①免费样品。免费样品实际上是免费提供给消费者的货样或试用品。在推出新产品时，赠送样品是一种较为有效的方法。如宝洁公司在上海推出“潘婷”洗发水之前，曾向一些居民送过小包样品，既做了广告，又使顾客了解了产品。

②折扣。折扣实际上是一种变相的降价，即产品标价不减，实际付款时允许少付一部分货款，或收款时再以某种方式退回部分货款。

③代价券。代价券又称礼券、优惠券等。它是折扣的一种方式，国外持券人可以在购买某产品时免付一定数额的钱。但它比削价更灵活、更有利。价格降低后，将来再提价不太容易；而发放代价券，就可视销售情况减少或取消代价券。

④礼品。礼品是指以极低的价格出售或免费提供某一产品，作为购买特定产品的一种奖励。如“买一送一”等方式就属于此种方式的具体运用。

⑤有奖销售。有奖销售是指消费者在购买产品时，企业发给一定数量的兑换券，当该产品销售总额达到一定数额时就公开抽奖。这种方式的目的是让消费者有某种机会去赢得一些东西，如现金、旅游或者商品，作为他们运气和努力的报答。

（2）针对中间商的营业推广

针对中间商的营业推广，主要是为了促成企业和中间商达成协议，以提高中间商经营本企业产品的效率，鼓励他们增加进货，积极推销，尽力宣传产品。对于进入国际市场不久的产品，通过中间商促销是一种重要的途径。针对中间商的营业推广有交易折扣、津贴、经销商竞赛、合作广告和联营专柜、帮助设计橱窗、举办展览会等形式。

①交易折扣。企业可规定，在一定时期内购买了本企业的某种产品，即可得到一定金额的折扣，购买量越大，折扣越多。这种方法可鼓励中间商更多地经营本企业的产品，或促使中间商经营原本不打算经营的本企业产品。

②推广津贴。推广津贴包括广告津贴和陈列津贴两种。广告津贴是对中间商出资为本企业产品作广告给予的一定资助。陈列津贴是对中间商陈列展出本企业产品给予的一定资助。

③经销商竞赛。经销商竞赛的目的在于刺激经销商在某一段时期内增加销售量，方法是谁成功谁就可以获得奖品，如免费旅游、现金、礼品或优惠券等。

④合作广告。合作广告是指与中间商合作进行广告宣传，企业提供详细的产品技术宣传资料，帮助经销商培训销售技术人员，协助店面装潢设计等。

（3）针对推销人员的营业推广

针对国际市场推销人员的营业推广主要有以下三种方式：

①红利及利润分成。企业与推销人员对产品销售数量进行协商，并根据实现销售的程度给予推销人员一定比例的利润分成。

②推销补贴。企业对推销人员开拓新的或难度较大的市场进行适当的经费补贴，以达到激励推销人员的目的。

③推销竞赛。通过现金、旅游、精神表彰等形式，鼓励推销人员提升推销的热情，达到促销的目的。

11.4.3 影响国际市场营业推广的因素

企业在国际市场采用营业推广这一促销手段时，应特别注意不同国家或地区对营业推广活动的限制、经销商的合作态度以及当地市场的竞争程度等因素。

（1）当地政府的限制

许多国家对营业推广方式在当地市场上的应用加以限制。例如，有的国家规定，企业在当地市场上进行营业推广活动要事先征得政府有关部门的同意；有的国家则限制企业营业推广活动的规模；还有的国家对营业推广的形式进行限制，规定赠送的物品必须与推销的商品有关。

(2) 经销商的合作态度

企业国际市场营业推广活动的成功，需要得到当地经销商或者中间商的支持与协助。例如，由经销商代为分发赠品或优惠券，由零售商来负责进行现场示范或者商店陈列。对于那些零售商数量多、规模小的国家或地区，企业在当地市场的营业推广活动要想得到零售商的有效支持与合作就要困难得多了。因为零售商数量多，分布散，不容易联系，商场规模小，无法提供必要的营业面积或者示范表演场地，加上营业推广经验缺乏，所以很难收到满意的促销效果。

(3) 市场的竞争程度

目标市场的竞争程度，以及竞争对手在促销方面的动向或措施，将会直接影响到企业的营业推广活动。比如，竞争对手推出新的促销举措来吸引顾客、争夺市场，企业若不采取相应的对策，就有失去顾客、丧失市场的危险。企业在海外目标市场的营业推广活动，有可能遭到当地竞争者的反对或阻挠，甚至通过当地商会或政府部门利用法律或法规的形式来加以禁止。

11.4.4 常用的营业推广策略

(1) 目标策略

一般来说，对消费者的营业推广目标应是鼓励其重复购买，对中间商的营业推广目标应是鼓励其大量购买，而对推销员的营业推广目标则应是鼓励其开拓市场。

(2) 强度策略

营业推广的强度并非愈大愈好。一般规律是随着营业推广强度的提高，其效果会递减，有时过分刺激甚至会产生相反效果。因此，一般以营业推广所产生的效益与所投入的费用之比为最大原则来确定刺激强度。

(3) 时间策略

营业推广时间太短或太长都不好。太短可能使许多顾客失去参与的机会，太长可能会自贬身价，在消费者中产生处理滞销产品的怀疑。一般认为能够将 95% 的推销商品售完的时间是最合适的时间。

（4）预算策略

预算策略有两种可以采用。

①综合分析法策略。这种策略是分别计算出营业推广各个环节需要的费用，然后计算出其总和，即为营业推广预算。

②促销预算百分比法策略。这种策略是根据企业制定的促销组合中各种促销方式所占的比率，计算营业推广所分配的预算，所得结果就是营业推广的预算。这是企业常用的策略。

11.4.5　营业推广效果的评估

（1）阶段比较法

阶段比较法，是一种最常用的方法，即将营业推广前、营业推广中、营业推广后三个阶段的营业销售额进行比较，以确定推广效果。

（2）消费者调查法

消费者调查法包括三个方面。

①营业推广期间对顾客的动态调查，调查顾客人数、购买量、重复购买率等。

②对顾客构成进行调查，调查新老顾客的比例和不同年龄层次的顾客比例等。

③对顾客的意见进行调查，调查顾客的动机、建议、要求、评价等。

（3）实验法

在正式营业推广之前，选择代表性地区的有代表性的顾客进行营业推广试点。在实验中，通过改变营业推广的强度、水平、媒介、持续时间等了解不同顾客的反应，然后分析比较不同营业推广条件下的效果，以选择效果最佳的条件作为正式营业推广的条件。

总体来看，企业使用营业推广策略的短期效果明显，但长期促销效果一般不太大。这类推广不宜频繁使用，名牌产品更应谨慎使用，否则容易产生自贬身价的副作用。

11.5 国际营销公共关系策略

11.5.1 国际营销公关关系的概念和作用

(1) 国际营销公共关系的概念

公共关系是一项重要的促销工具，它是指企业在市场活动中，为了搞好与公众的关系、树立和改善企业形象、增进公众对企业的了解、促进企业业绩而开展的各种活动。与人员推销、广告、营业推广等促销方式相比，公共关系是一种间接的促销手段，它也许不会产生立竿见影的效果，但对树立企业良好的形象和对企业未来的发展均起着十分重要的作用。

国际营销公共关系是企业搞好与国外公众关系、树立企业在国外良好形象的手段。国际企业面临变幻莫测、竞争日趋激烈的全球市场，目标市场国的政治信仰、道德准则、经济水平和文化习俗等迥然不同，这就要求企业为不同的目标市场国制定一整套适合该国情况的公共关系策略，以便与东道国市场各方面建立融洽的关系，从而有利于企业的长远发展。

(2) 公众的分类

企业要搞好公共关系，必须首先明确企业所面临的公众，即公共关系的对象。企业的公众包括与企业打交道的各个方面，如消费者、供应商、各种中间商、竞争对手、政府机构、企业的股东和职工以及一般公众等。

①内部公众。内部公众是指企业的所有成员，包括职工、管理者和股东。这类公众是企业公共关系活动的重要对象之一。

②政府公众。政府公众包括各级政府及其下属部门，诸如工商行政管理部门、税务部门、海关部门、物价部门、质量监督部门、环境监测部门等。

③消费者公众。这类公众既包括物质产品的消费者，也包括服务产品的消费者，既包括购买本企业产品的各类中间商，也包括最终消费者。

④供应者公众。供应者公众是指供应企业生产经营所需资源的各类供应者，包括：资金供应者，如银行；原材料供应者，如原材料企业；能源供应者，如发电企业、煤炭企业、自来水企业；服务产品供应者，如各种运输企业、通信企业、咨询公司、广告公司及律师事务所、会计事务所等。

⑤社会公众。社会公众包括社会上的一般公众和企业所在社区的公众。

⑥媒体公众。媒体公众是指报社、杂志社、电视台、广播电台等大众传媒。企业的公共关系活动要大量借助媒体进行传播，否则效果会微乎其微，因此此类公众也是企业进行公共关系活动的重要对象之一。

⑦同行公众。同行公众是指与本企业同行业的其他企业，包括国内和国外的同行企业。由于企业与它们既是竞争关系又是合作关系，因此也是企业公共关系活动中不可忽视的对象。

⑧事件公众。事件公众是指因企业发生偶然事件而影响或损害的有关公众。如航空公司客机坠毁在居民区，企业有毒气体泄漏到周围的居民区等偶发事件直接影响或损害到的公众。

（3）国际营销公共关系的作用

作为一种促销手段，公共关系在国际营销中一直发挥着重要的作用。尤其是在贸易保护主义盛行的时候，公共关系策略更是企业成功打入国外市场的重要手段之一。国际市场公共关系的主要作用有以下几个方面。

①宣传企业。企业可以通过自己印制或正式出版的宣传品（书面资料或音像资料），向公众介绍企业、企业的产品以及企业所做的对公众有利的事情。同时，还可以利用大众传媒，如报纸、杂志、广播、电视等，为企业进行宣传，以树立企业良好的形象。如果能争取到新闻媒体的主动报道，则这种宣传的可信度会更高。

②加强与社会各方面的沟通和联系。企业通过与当地政府、经销商、社会团体、消费者的沟通和联系，增进了解，加深感情，赢得公众对企业的支持和信任，为企业发展创造一个“人和”的环境。为此，企业可以搞一些赞助、捐赠、竞赛等活动，如赞助体育运动会，向社会团体赠送礼品，向对社会有突出贡献的组织和个人颁发奖金，为公共事业捐款，扶助残疾人事业，捐助文化、教育、卫生事业建设等。

③意见反馈。建立与公众之间的联系制度，答复他们向本企业提出的各种询问，提供有关本企业情况的材料，对任何来访、来电和来信的人，进行迅速、准确、友好的接待和处理。

④应付危机，消除不利影响。对于企业而言，与公众发生任何纠纷或出现恶性突发事件，都会影响其形象和信誉，甚至危及其生存。因此，妥

善处理危机事件是公共关系的一项重要任务。当企业的国际营销战略发生失误，或出现较大的问题时，可以利用公共关系给予补救；对不利于本企业发展的活动和社会舆论，要运用公共关系进行纠正和反驳。

国际企业应当根据不同时期、不同市场的情况，确定其公共关系的具体内容、任务和方法。值得强调的是：国际市场公共关系的作用虽然很大，但它不能弥补产品和企业本身的缺陷，更不能取代人员推销、广告、营业推广策略。

11.5.2 国际营销公共关系活动的目标

国际企业进行国际营销公共关系活动的目标主要有以下几方面。

(1) 加强与传播媒介的关系

企业应重视与传播媒介的关系。大众传媒承担着传播信息、引导舆论和提供娱乐的社会职能，因此企业必须充分利用宣传媒介来为其服务，与传媒的编辑、记者保持经常的接触，主动提供信息，尽量做到有求必应，建立合作关系。同时，企业的公共关系部门要创造具有新闻性的事件，让媒体主动来报道，让事件具有新闻价值，具有可信性，符合媒体性质的要求。

(2) 改善与消费者的关系

企业运用公共关系同社会沟通思想，增进了解，使消费者对企业形象和它的产品产生良好的感觉。企业应积极收集和听取目标市场国的公众对本企业政策、产品等方面的意见和态度，及时处理，消除公众的抱怨情绪。同时，提出改进本企业政策和产品的方案，以消除抱怨情绪产生的根源。企业还可以开展市场教育，以各种方式向顾客介绍产品的用途和性能，并帮助顾客迅速掌握产品的使用方法，对来访、来电、来函热情接待和对待、及时答复。

(3) 加强与政府的关系

企业要通过公共关系加强与东道国政府的联系，了解有关的法律、法规和政策导向。为了达到这一目标，企业可以搞一些公益活动，如为公用事业捐款、扶持残疾人事业，赞助文化、教育、卫生、环保事业等，树立为目标市场国的社会与经济发展积极作贡献的形象。

专栏 11－2　宝洁公司在中国的公关活动

宝洁公司（Procter & Gamble），简称 P&G，是美国一家消费日用品生产商，也是目前全球最大的日用品公司之一。公司总部设在美国俄亥俄州辛辛那堤，全球员工近 11 万人。2008 年，就市值而言，宝洁公司是世界第六大公司；就利润而言，是世界第十四大公司。它同时是财富 500 强中第十大最受赞誉的公司。

作为一家全球经营的跨国公司，宝洁在多个国家的经营经验使它深知，若想在目标市场国获得成功，就必须得到当地政府和人民的支持。因此，宝洁公司进入中国市场后，十分注重与当地政府和人民搞好关系。进入中国的最初 3 年里，尽管宝洁在广州投资的企业还没有盈利，却依然很慷慨地向中国一些活动捐款以建立良好的公众关系。如向广州妇女儿童发展基金募捐 5 万元；向全国第三届残疾人运动会义卖募捐 5 万元；向“亚运会”捐款 10 万元；在 1991 年 7 月，向华东特大洪涝灾区捐款 100 万元。现在，以宝洁出资资助的公关活动项目已深入到中国社会的许多重要团体。如在一些重点大学设立奖学金，成立中国科学院宝洁科教基金，向中国希望工程捐款 1250 万元。据估计，宝洁在中国的这类捐款已超过 5000 万元人民币。事实证明，宝洁所做的公关宣传活动给它在中国开展业务带来了极大的好处与方便。

专栏 11－3　华为聘请布什政府高官做顾问，意在进军华盛顿

华为聘请布什政府高官约翰·贝林格做顾问

据2010年5月31日的国外媒体报道，华为聘用了现为波特律师事务所合伙人的约翰·贝林格（John Bellinger）。约翰曾任美国国务院首席律师顾问，直接受布什的管辖。华为此举就是要说服美国国防安全局，希望其准许华为在美国进行并购活动。华为试图通过此举进军华盛顿，减轻美国对华为与中国军方背景的担忧。华为正在出价购买摩托罗拉的部分业务，希望在美国取得市场份额。

2008年，华为曾被迫放弃并购3 Com，原因是布什政府以国家安全为由阻止了该项交易。

根据美国的法律规定，美国外国投资委员会有权阻止外国企业收购美国敏感资产，特别是技术和电信资产，只要该委员会认定相关交易对美国国家安全构成了威胁。不过，美国政府方面还没有阻挠华为等企业在美国扩张业务的法律途径。

目前，华为正在就收购美国手机生产商摩托罗拉的一项业务进行游说，并为今后可能在美国开展收购行动做准备。部分专家相信，再过几年，华为定可打进美国市场。

资料来源：凤凰网科技，2010年5月31日。

11.5.3 国际营销公共关系常见策略

在国际市场营销中，企业应根据不同目标市场国的环境特点，采取相应的公共关系策略。

(1) 导入型公关策略

适用于企业初建时期或新产品投入期。这时公共关系的主要目的，是尽快提高企业和产品的知名度，形成目标市场公众对企业和产品良好的第一印象。公关工作的重点在于宣传、沟通，向公众介绍企业及其产品或服务，使公众对企业、企业的新产品或服务有所认识、产生兴趣，争取有尽可能多的公众了解、信任、支持企业和产品。导入型公关一般可借助开业庆典、开业广告、新产品展销、新服务介绍、免费试用、免费招待参观、赠送宣传品、折价酬宾、社区活动等形式来进行。

(2) 维系型公关策略

维系型公共关系策略的目的，在于与公众保持长期的、稳定的、良好的关系。具体的实施策略有：

①硬维系策略。硬维系策略是指通过优惠服务和感情联络来维系与公众的关系，通过提供各种优惠服务吸引目标公众的再合作。如企业对购买其产品超过一定数量者免费赠送一定价值的礼品或服务等。这种做法适用于已经建立了业务往来的组织和个人。

②软维系策略。软维系策略不是直接宣传企业，促销产品，而是以低姿态的宣传为主，以达到保持企业和产品一定的提及率。如定期广告、组织报道、提供新闻片等，使公众不至于淡忘企业。这种做法能够使公众在不知不觉中了解企业的情况，有利于加深公众对企业及其产品的印象。

③强化维系策略。强化维系策略是指企业通过参与或组织一些影响较大的公关宣传或活动，如捐资助学、资助文体活动和社会公益活动等，进一步强化企业的良好形象，更好地维系与公众的关系。

在实践中，企业可以单独采用一种方法，也可以将不同方法加以组合运用。如可通过某一公关活动，提高企业形象；通过宣传报道，向公众经常提示；通过优惠服务，使公众得到实惠，从自身利益需要出发去主动维持与企业的关系等。

专栏 11-4　保时捷注重公关

自 2001 年进入中国内地至 2010 年，保时捷在中国已拥有 31 家保时捷中心，取得年销售 14785 辆的骄人业绩。目前，中国已成为保时捷全球第二大市场。

保时捷十分重视公共关系策略的运用。进入中国十年来，保时捷始终致力于为中国社会提供更多的支持，承担更多的社会责任。四川地震后，保时捷中国设立了“保时捷溢彩心”，联合保时捷车主和保时捷各地经销商，汇集各方的资源和力量，为改善贫困儿童的教育和生活提供有力的帮助。同时，保时捷还与联合国儿童基金会携手合作，捐赠超过 1000 万人民币和 4 辆保时捷卡宴，用于联合国儿童基金会“移动教育资源与培训中心”项目。

(3) 冲突型公关策略

冲突型公共关系策略也称危机公关。当企业与公众、企业与环境之间发生摩擦或冲突事件，进而影响到企业经营或品牌声誉时，企业为挽回不利影响或提升自身形象，必须考虑采取一定的冲突型公关策略加以应对。

危机公关策略包括以下四种：

①创新。开拓新的领域，改变企业对环境的旧有依赖关系。如采取开发新产品、开拓新市场、组建新的合作关系等方式，吸引新的顾客群，从而摆脱不利因素的影响。

②合作。主动交朋友，加入同业协会或搞协作性的交流会议，减少与竞争者的冲突、摩擦。

③转移。为避免环境中的消极因素给企业带来不利影响，企业可以采取迂回策略，转移公众的注意力。

④矫正。当冲突或危机的出现对企业和产品形象造成损害时，应及时发现问题、纠正错误、改善不良形象。如可以用实际行动或通过自我批评或借助权威等来矫正形象。

专栏 11-5 “肯德基”紧急启动危机公关——化经营危机为商机

2004 年 4 月，禽流感闹得全国人心惶惶。号称“吃鸡专家”的洋快餐肯德基启动危机应急处理机制，在中国各区紧急召开新闻发布会，详细介绍其中国市场的鸡肉供应体系如何层层把关，通过传媒之口向消费者宣传吃肯德基的鸡是如何安全、卫生且美味。透过此次事件，人们可以看到肯德基企业内部一整套规范、娴熟的危机处理机制。

在禽流感影响之下，广东人已经从“无鸡不成宴”变成“有鸡无鸡都成宴”了，加上网上到处流传越南肯德基转卖“肯德鱼”，许多人揣测中国肯德基可能会受到影响。为此，肯德基公司也成为媒体追问的对象。

面对这一情况，肯德基的应对态度十分积极。肯德基广东区市场立即召集各大媒体，在广州维多利广场的肯德基店内举行危机公关活动，就其安全的鸡肉供应体系作了长达半个多小时的介绍，并向全社会庄严承诺：肯德基有完善的系统与措施，有信心、有能力为消费者把好安全关。现场消费者与记者们共同听取了肯德基的介绍，一位消费者说："本来就觉得没有必要太恐慌，现在听完介绍，看完幻灯片，知道其鸡肉产品是由系统把关的，并需经过 2 分 30 秒到 14 分 30 秒高温（170℃以上）烹制，所以更觉得可以放心吃炸鸡了。"

本来看似不利的一件事，现在通过与媒体积极对话并通过媒体向社会传达，许多消费者的疑虑很可能会就此消除，危机转化为商机。

据业内人士透露，在全国，肯德基每一市场每天都对各项关键信息进行跨部门的掌握、汇总、解读、讨论及处理。"9·11"事件发生后，全球肯德基都启动了反恐应急机制，两伊战争期间肯德基也有相应的应对措施。对于禽流感这种突发性的公共危机，肯德基很早就启动了每日追踪机制。

资料来源：徐阶，《大众科技报》，2004 年 2 月 17 日。

(4) 员工关系策略

任何企业的战略目标、策略及营销活动都是通过员工去完成的，因此企业与员工关系的好坏直接影响到企业的生死存亡。员工关系策略应是增加员工凝聚力和创造融洽和谐人际关系的策略。具体可采用以下几种手段：

①尊重员工的人格和个人价值。

②在企业领导层与基层群众之间，建立正规而畅通的联系渠道。

③建立员工培训制度，开发员工的潜能。

④组织各种形式的业余文体活动，如文艺演出、舞会、体育活动、旅游活动等，调节员工的精神和情绪；为员工的生活福利多做一些实事，如建宿舍、托儿所、俱乐部、健身房等。

(5) 股东关系策略

股东是企业的投资者，对企业拥有所有权及获得经济回报的权利。企业应充分保证股东应有的权利。为此，企业可采取以下手段：

①向股东通报企业的重大运营情况和发展。

②及时向股东发放股金红利。

③激励股东参加企业的经营活动。

(6) 政府关系策略

企业的政府关系策略应是“遵纪守法策略”。因此，企业在制定目标及在日常营销活动中都要遵守政府的政策和法令法规，如不能污染环境、保护员工的安全健康等，也不能逃避政府规定的义务，如按时纳税等。

(7) 消费者关系策略

在对待消费者关系上，企业应采取“满足消费者需求策略”。企业可采用以下几种手段去实现该策略:

①在企业所生产经营产品的各个方面，如性能、价格、售后服务等方面，都要努力满足消费者的需求。

②保证消费者应有的权利得到实现。如消费者的知情权、消费者的安全、健康受到保护的权利等。

③通过沟通、协调、平衡等手段在企业与消费者之间建立并保持长期的和谐关系。

(8) 中间商关系策略

在对待中间商的问题上，企业应给予充分的重视。中间商是企业营销活动中不可或缺的外部因素，企业可以通过文字材料介绍、参观访问企业、中间商会议等公共关系活动形式做好中间商的工作。

①加强中间商对企业的了解。如了解企业的历史、组织、人力资源、资金、原料来源、经营方针、生产情况、产品特点等。

②向中间商传授有关产品或服务的知识。如产品的性能、使用、维修等知识，或服务的范围、项目和程序等知识。

③了解中间商的态度、观点和存在的问题、建议等，并加以妥善处理。

(9) 社区关系策略

企业与社区的公共关系应采用“做社区好成员策略”。只有这样，企业才能搞好与左邻右舍的关系，企业的日常经营活动才能进行下去。企业具体可以采用以下两种手段来实现该策略。

①减少或避免企业对社区的不利影响，如三废治理、减少噪声等。

②以企业的人力、物力、财力去满足和支援社区的需要，如修桥铺路，将企业的文化体育设施如健身房、俱乐部等向社区开放等。

(10) 媒体关系策略

在对待媒体的问题上，企业应采取“尊重策略”。这是因为企业沟通、协调、平衡的巨大使命主要是通过大众媒体的传播渠道进行的，此渠道必须保持畅通，如若不然，企业上述使命就难以完成或完成得不好。企业与媒体关系紧张是企业公共关系的大忌，一旦出现这样的情况，后果难于预料。企业避免出现此情况的正确策略就是尊重媒体，对待媒体有关本企业的有利报道应谦虚冷静，不能忘乎所以；对于媒体有关本企业的不利报道应给予正视，加以改进，而不是抵触或敌视。

(11) 竞争对手关系策略

企业与竞争对手的关系应采取“既是伙伴关系又是竞争关系策略”。也就是说，企业与同行企业首先建立伙伴关系，然后才是竞争关系。这是因为同行企业共同面临着许多相同的问题，如原材料供应问题、新技术和新产品的开发问题、市场开发问题、信息收集问题、设备更新问题等。同行企业若能在这些共同的问题上采取互相协作、互相支援、互相交流的态度，问题就比较容易解决，大家共同受益；反之，都受其害。目前，一些大型企业特别是国际企业相互关系的趋势是互相协作配合共同将蛋糕（市场）做大，然后每家企业分得的那一份蛋糕都要比未做大前的那一份要大。

【讨论与思考】

1. 什么是促销组合策略？影响促销组合策略的因素有哪些？
2. 讨论国际广告标准化和差异化策略的各自特点。
3. 在进行国际广告决策时，应该主要考虑哪些因素？
4. 国际市场营业推广的方式有哪些？
5. 企业应如何开展国际公共关系促销活动？
6. 结合实例谈谈国际营销企业如何进行危机公关。

案例研究 11-1 “旺旺”新品营销策略弊端分析

旺旺集团自1992年进入中国内地市场以来，依靠拳头产品旺旺雪饼赢得了消费者的普遍喜爱。内地市场的成功运作，为旺旺奠定了“世界米龙”的龙头地位。如今旺旺在中国内地市场上市的产品多达100多种，远远多于在台湾上市的品种。内地市场的销售业绩已经占到集团总销售额的90%以上。由此可见，内地市场在旺旺集团占据无可替代的地位。如今旺旺在内地的业务已经由米果延伸到糖果、乳品、饮料、大米以及白酒等行业。

但是这几年，旺旺集团忙于到处开辟生产线，上马食品项目，搞多元化经营，甚至办起了医院。却不见有什么大规模的营销行动。是旺旺集团满足于已经取得的成功？还是没有了后劲？旺旺如何“旺”下去？

“旺”遍中国

旺旺集团于1992年正式拓展中国内地市场，为了提前打响品牌知名度，旺旺的反向思维采取了“未投产先营销”的经营战略。在投产前半年，公司投入1000多万元人民币在内地进行广告宣传活动，首开内地食品行业大规模广告的先河，引起轰动。

在生产线正式运作前三个月，集团特地从台湾运来了30多个集装箱的旺旺食品，把这些食品分送到长沙市及附近各地的中小学校。旺旺食品鲜美的味道、漂亮的包装立即受到孩子们的喜爱和家长们的青睐，“旺旺”名号不胫而走，引起了轰动效应。

短短一年时间，旺旺系列产品在三湘大地就已经妇孺皆知。由于产品在广大消费者心中已经提前留下好感，市场处于等待产品上市的饥饿状态。于是在旺旺投产当年，便创下了产值2.5亿元人民币的佳绩。

湖南市场取得初步成功后，旺旺开始以湖南为依托向全国发展，并先后在南京、上海、杭州、北京、沈阳、成都、广州等地开办了30多家工厂。在旺旺的市场分布图上可以清晰地看到，除了福建、江西、海南和吉林外，旺旺的旗子已经插遍全中国。

2001年下半年，旺旺集团将运营总部由台北迁往上海，显示出旺旺要进一步做强做大中国市场的雄心。

在国际舞台上，旺旺也表现不俗。结合国际知名食品集团的资金和技术，旺旺将产品推销到马来西亚、新加坡、泰国、韩国、日本等国及欧美各国，逐步实现其多元化、国际化的“世界米龙”跨国企业的宏伟目标。

产品处境危险

“世界米龙”这一称号来之不易，旺旺集团也倍感珍惜。在旺旺米果事业部就悬挂着这样一个“金龙”徽标。这条金龙代表了旺旺在创业过程中奋力追求的决心与斗志。然而，伴随着企业规模的扩大，旺旺也出现了一些令人苦恼的问题：虽然业绩每年都保持增长，但企业的利润却在下降。

随着市场的变化，旺旺曾经引以为自豪的产品优势正在逐步消失，现在的竞争环境与十多年前已不可同日而语。过去旺旺取得成功，在一定程度上并不是自身有多么强大，而是因为竞争太少。而现在，环视四周，一大批竞争对手如上好佳、乐事、达利等相继涌出。产品新技术的普及、消费者对产品需求的多样化，使得这些企业有了广阔的成长空间。

而旺旺集团仍然躺在过去的成绩上，难以迈出实质性的步伐。十多年过去了，虽然旺旺推出了不少新产品，但主打产品，还是当初创业时的那几个。接替的主打产品迟迟没有形成。一旦目前这几个主打产品进入衰退期，旺旺集团将面临产品断层的危险处境。

旺旺的促销策略

旺旺集团无疑是一个成功的企业，但是它的成功在相当程度上是由于对市场的先知先觉、先入为主。旺旺发展的初期，内地消费者接触的消费信息还很少，而且旺旺产品几乎没有竞争对手。1992 年旺旺在中国内地率先举起广告的大旗，依靠电视媒体的传播力度和多达数亿元的巨额广告投入，在消费者心中树立了很高的知名度，同时抓住批发商在内地市场的影响力迅速渗透市场，以迅雷不及掩耳之势摘得食品行业的桂冠。几年时间成就了旺旺“世界米龙”的地位。

然而，市场的发展和消费者理性化的提高使得广告的效果开始下降。如果旺旺选择减少或停止广告，市场的反应会立竿见影，销售业绩会随着广告变化而出现大的波动。显然，旺旺并没有一个有效的手段来制衡广告与销量的关系。

在非常重视电视广告的同时，旺旺却很少利用其他广告手段如杂志、户外广告等，对于广告之外的公关、促销等手段，旺旺似乎用之甚少。除了电视广告，我们几乎很少看到旺旺的新闻见诸报端，很少看到旺旺举行的各种营业推广活动。所以尽管旺旺的投入不菲，却总是给人感觉看不见。如果综合利用各种营销手段，则不仅可以少花钱，还可以相互衬托，产生综合效应。

相反竞争对手的创新产品以及其他本土品牌却后来居上，各种营业推广活动层出不穷，大大吸引了消费者的眼球。事实证明，有针对性的推广活动，尤其是对最终消费者的终端推广，对产品销量的提升有很大的促进作用。

旺旺的某些营销甚至可以说是失败的。2004 年春节临近时，旺旺推出了广告语："过年没有旺旺，新年就不会旺旺哦。"这种强行推销式的，甚至是诅咒人的口号，只会引来消费者的极度反感。

发展靠品牌活力及新产品的不断推出

旺旺的持续成功，与其不断推陈出新的产品策略密不可分。自 1992 年进入中国内地食品市场以来，旺旺集团对新产品的开发非常重视，旺旺雪饼、旺仔牛奶等产品始终引导着中国内地食品市场潮流。

今天，旺旺的产品已经涵盖米果、糖果、休闲食品、饮料、酒类、米、餐饮行业，产品种类多达 130 多种。在这个庞大的产品体系中，糖果、米果、牛奶是位居主导地位的三大支柱。至今在旺旺的产品体系中，雪饼依然占有很重要的地位，旺旺雪饼和旺旺仙贝也一直长盛不衰。与此同时，旺旺又不断开发出贝比妈妈、厚烧海苔、旺旺挑豆系列、旺仔小馒头、旺旺饼干、旺仔 QQ 糖等充满个性的产品。

旺旺 QQ 糖自 1997 年上市以来，以惊人的速度渗透到中国消费市场的每个角落，受到不同年龄阶层消费者的青睐，开创了中国软糖市场的先河。QQ 糖浓浓的巧克力香味吸引了千千万万的消费者；泡芙小巧可爱的外形注入牛奶与巧克力的内心，成为风靡日本与中国的休闲饼干系列中的佼佼者。

旺仔牛奶是旺旺集团特别针对儿童设计的保健型牛奶，为行业液态奶中唯一得到国家保健食品认证的产品。旺仔牛奶有别于一般的保鲜奶，在生产工艺和原料配方上有其独特的特点，其长达 15 个月的保质期独树一帜。旺仔牛奶和旺旺其他产品一样注重儿童的需求，其添加的 DHA（多元不饱和脂肪酸）有助于儿童大脑的发育，经常食用能改善人的记忆，其配方也专门针对儿童口味加以设计，如今已成为儿童生活中最钟爱的食品之一。

旺旺也在试图进入咖啡市场。经过多年的精心规划，在对目前国内咖啡消费市场进行了深入细致的调查后，旺旺依国人口味喜好研究开发出邦德咖啡。通过引进德国先进成套设备，采用咖啡原豆研磨萃取，配以成熟的灌装工艺，最大程度保证了咖啡的香醇，与咖啡馆的咖啡品质相差无几。

此外，旺旺还开发出旺旺果冻、旺旺大米以及神旺白酒等产品，新产品的不断开发为保持旺旺品牌的活力作出了不可磨灭的贡献。

案例研究 11-2　乐高玩具公司

1932 年，丹麦的乐高拼装玩具公司开始制造高质量的木制玩具，包括搭积木的玩具。1947 年，公司通过引进塑料玩具，包括积木玩具，丰富了生产线。今天的生产理念是在 1949 年基础上发展起来的，那时积木占主导地位。1958 年，一种在内部设有管道从而有更强依附能力和稳定性的积木获得了专利，这基本上就是今天的积木的原型。

20 世纪 90 年代，乐高公司的产品已在多达 130 个国家的 6 万家商店进行销售。在过去的 30 年中，公司已经确立了自己在玩具行业中的领袖地位。2 亿～3 亿的儿童和成人正在或曾经使用过乐高公司的积木玩具。1995 年，产品包括 378 个系列，不少于 1720 种组成部分，其中 481 种是 DUPLO 部分，968 种是乐高拼装玩具 LEGO SYSTEM 部分，174 种是乐高拼装玩具 LEGO TECHNIC 部分，97 种是乐高拼装玩具 DATCA 部分，所有这些都是不同的。乐高拼装玩具集团开始以新思维进行营销：新系列、新组成部分、新的搭法、新的玩法，而这一切都是符合儿童的基本需求的，公司首先关注的是技术、质量、产品安全性、可玩赏价值和教育价值。

联合促销和特许经营

20 世纪 90 年代，乐高拼装玩具的品牌已经充分建立。这使得公司的营业额超过 100 亿克朗。对公司一直很重要的是它的商标。它常用的商标有：DUPLO、LEGO、LEGO SYSTEM、LEGO TECHNIC、LEGO DACTA。这些标志应用于普通风格，以一种特殊的固定的形式展示出来。

20世纪90年代初，公司董事会收到了他们进行的一项消费者调查的结果。Landor联合会进行的品牌影响力调查代表了在美国、日本、欧洲许多国家（比利时、法国、意大利、荷兰、西班牙、英国、瑞典）中18~65岁的1万名成人的态度。

“品牌影响力”被定义为对商标的影响力，包括消费者对全球领先品牌的认知度及感知到的品牌质量的衡量。当调查结果汇总在一起时，他们发现在美国和日本乐高拼装玩具这个品牌并没有进入前十位，但在欧洲的结果却比较令人振奋。乐高拼装玩具在四种汽车品牌（奔驰、劳斯莱斯、保时捷和宝马）之后名列第5位，但排在雀巢、劳力士手表、捷豹和法拉利之前。

在美国，排名前五位的品牌有：IBM、迪斯尼、可口可乐、金霸王（电池）和李维斯（牛仔服）。在日本是索尼、松下、精工、佳能和本田。另外，在欧洲，美国和日本进行的调查显示，乐高拼装玩具总的说来名列第13位，而一家德国营销机构进行的类似的调查显示，乐高拼装玩具以67%的分值，被认为是德国最著名的玩具品牌。

乐高拼装玩具的董事会决定利用其强大的品牌影响力，并且雇用一名副总经理来管理新的商业活动——乐高拼装玩具特许公司。成立这家公司的目的是从合理使用乐高拼装玩具品牌名称来推销自己产品的商业合作伙伴那里抽取特许权使用费。董事会了解到可口可乐利用从品牌中赚钱的方法获得了近30亿克朗的特许权使用费，因为其品牌在某些特定的生产地点被卖给了出价最高的竞标者。

【讨论】

1. 评价乐高拼装玩具对其他不在丹麦的公司特许使用其品牌名称的行为。哪种（些）产品是比较合适的？

2. 在选择一个合适的特许经营伙伴时，应该满足什么样的条件？

3. 通过在丹麦以外的市场上进行联合促销活动，乐高拼装玩具公司能够得到什么样的好处？

4. 哪种（些）产品最适合在国外市场上进行联合促销活动？

5. 乐高拼装玩具公司为联合促销活动可以采取哪种（些）行动？

案例研究 11-3　哈根达斯冰淇淋营销中国市场

源自美国的哈根达斯冰淇淋在中国受到很多年轻消费者的追捧

冰淇淋作为即食性的时尚食品被越来越多的青少年消费者喜爱。联合利华是全球最大的雪糕制造商，以和路雪闻名，雀巢公司紧随其后。哈根达斯 1989 年从欧洲起步，以比普通冰淇淋贵 5～10 倍的价格（比同类高档次产品贵 30%～40%），通过精致、典雅的休闲小店模式销售，成为顶级冰淇淋品牌。哈根达斯进入中国市场 9 年，已分别在上海、北京、广州、深圳、杭州、大连、南京等地开设 25 家连锁分店，以“纯天然原料加工”和“价高质优”为特色成为冰淇淋市场的高端品牌。虽然从来没有大张旗鼓地做过广告，但是中国都市小资没有不知道它的大名的。“爱她就请她吃哈根达斯”的广告促成多少热恋中男男女女的消费动力，成为人们心目中幽雅、情趣、甜蜜的代表以及冰淇淋消费的圣地。哈根达斯冰淇淋究竟靠什么在中国市场取得了这么大的成功呢？

市场定位

哈根达斯在中国的策略完全沿袭了欧洲的传统，即极品的冰淇淋。产品定位在追求高贵的消费心态的群体。为了让消费者觉得物有所值，哈根达斯走的是情感路线。哈根达斯广告把自己装扮成“高贵时尚生活方式”代言人，重金礼聘不少明星，为哈根达斯捧场。在最初进入上海市场的时候，哈根达斯认真地分析了上海年轻人的心态。当时上海人认为，时尚生活的代言人是那些出入高档办公场所的公司白领、高级主管和金发碧眼的老外。哈根达斯就邀请那些人士参加特别组织的活动，吸引电视台做了一个“流行风景线”的节目，一下子把自己定义成流行的同义词，引起了一场不小的轰动。随着第一批享用过“高贵时尚生活”的人的口碑宣传，人们趋之若鹜，蜂拥而至。利用口碑的乘数效应，达到引爆点，从而领导流行。

营销策略

产品：以纯天然的原材料制造，进入中国的所有产品都是从美国空运过来的，冰淇淋的包装盒是在法国印刷制作的，所有的冰淇淋都是包装好再运到中国来的，以全球统一的新鲜、天然的口感来让中国的消费者无法抗拒。鲜美的口味、美好的寓意呈现给一贯注重精致生活品位的消费者。消费者可以透过哈根达斯全新的口味设计感受冰淇淋带来的不凡感觉：草莓冰淇淋外裹有椰丝白巧克力，曲奇香奶冰淇淋与黑巧克力完美结合，还有比利时巧克力冰淇淋外裹着含有碎杏仁粒的黑巧克力，看上去美味之极。像一切顶级产品一样，除一如既往、有目共睹地保持着最优质的选材、最科学的制作工艺和最讲究的搭配等这些傲人的产品品质之外，哈根达斯还坚持不懈地把开发更多新口味、更多新创意凝结在一系列新的产品当中，而每一个新品的问世，又无不体现着哈根达斯一贯示人的品牌形象：体贴、尊贵、亲和以及对高品质的坚持。

价格：哈根达斯冰淇淋走高端路线，作为品质较高的产品，其价格可以不成比例地提高；而定价较高的产品，又会使消费者认为产品的品质较高。一般的冰淇淋球都是30元左右，一些特色产品如“抹茶”等售价为48~68元，“冰火情缘”之类的套餐一般在120~160元。外带的消费一般人均为40~60元，餐厅消费人均为60~80元。

渠道：哈根达斯通过建立品牌旗舰店，在消费者的心目中创造品牌知名度和品牌形象。在选址的时候，哈根达斯会特别聘请专业的、熟悉当地生活形态的房产代理来挑选旗舰店的地址。譬如，上海的徐家汇、繁华的南京东路、拥有众多高档楼盘的古北新区等，南京的新街口（东方商城和金陵饭店）、山西路（苏宁银河），在这些核心商业中心或高收入人群人流量非常大的地方开店，不仅广告效果非常明显，而且非常有针对性。在广州和深圳分店的选址，也都依据房产代理的建议，选在了当地最繁华的地段。哈根达斯对所有的旗舰店都不惜重金装修，竭力营造一种轻松、悠闲、舒适、具有浓厚小资情调的氛围。旗舰店的投入可高达数百万元，而一家小小甜品屋的装修资金可能也要几十万元。哈根达斯的店面一般都不大，包括形象店都追求精致、小巧、雅观的设计，以暗红色为基调，保留了欧洲的装修风格，甚至招聘的店员看上去都有点像德国的年轻人，放着一些轻松的背景音乐。与此同时，哈根达斯还用“水银泻地”的手法，在高档的咖啡店、五星级酒店、影院、高档餐馆、购物中心和夜总会开设自己的零售点，抢占每一个可能有生意的地点。如在上海的浦东国际机场开设零售点，因为机场的人流来自全国各地，在哈根达斯的专卖店还没有进入的中国其他城市的时候，就可以让那些旅客知道哈根达斯是什么，成为未来的潜在消费者。

促销：一是创造口碑，不断保持和吸引注意力。“总是在不经意的时候，给你带来一份最细致体贴的关怀”，这样的一句话，也总是在想到哈根达斯的时候悄然浮现在心际。从“时尚生活品质”到“爱她就请她吃哈根达斯”，哈根达斯总是采取恰当的传播策略来吸引目标客户的注意力和塑造品牌形象。在情人节，哈根达斯把店里店外布置得柔情蜜意，不但特别推出供情人分享的冰淇淋产品，而且还给来此消费的情侣们免费拍合影照，让他们从此对哈根达斯“情有独钟”，把自己的产品与热恋的甜蜜联系在一起，吸引恋人们频繁光顾自己的旗舰店。其店里店外散发的浓情蜜意，更增添品牌的形象深度。二是与目标顾客零距离接触以保持品牌的亲和力。中国巨大的企业购买市场也吸引了哈根达斯的眼光。针对中秋节礼品市场，哈根达斯专门开发了价高质优的冰淇淋月饼，向所在城市的各大公司推销。很多公司都把这款月饼作为送给员工和关系户的节日礼物。哈根达斯的销售员还专门带上新鲜的冰淇淋样品跑各大公司，让那些主管当场品尝。这种近距离营销的新鲜手法也吸引了一些大客户。最近在深圳的楼市里，在售楼处里也出现了哈根达斯。许多标榜高档的项目，在举办开盘之类的活动时，都会给客户免费品尝哈根达斯，以显示自己的贵气、大气。从哈根达斯来看，营销渠道拓宽了，在卖房子的地方卖起了雪糕；从房子的开发商来看，则是借助哈根达斯的牌子营造氛围。这是双赢的局面，彼此达成合作的基础是面对共同的客户群体。

客户关系管理

相比和路雪等大众化的冰淇淋食品，哈根达斯的目标消费群体要小得多。哈根达斯几乎不做电视广告，因为电视的覆盖面太广，对哈根达斯来说，反而是一种浪费。所以大部分的哈根达斯广告都只是平面广告，在特定的一些媒体上发布有针对性的大幅面的广告。这样既节省了广告费，又使广告的视觉效果最大化。为了锁定那些金字塔尖的消费者，只要消费者累积消费了500元，填写一张小表格，就可以成为他们的会员。到目前为止，数据库里已经有了2万多名核心会员的资料。通过专门分析客户的软件系统，研究出客户消费的规律曲线。在消费哈根达斯一定时日之后，哈根达斯的软件系统就会记录客户每次消费的具体情况，比如吃了什么、吃了多少、几个人吃、消费额度、是他自己付款还是别人帮他付款等等详细资料。基于此，哈根达斯分析出客户消费冰淇淋的规律曲线。为了挖掘这些重要的消费潜力，哈根达斯会紧密“呵护”每一位重点会员，定期给他们寄直邮广告。除此之外，哈根达斯自办“酷”杂志来推销新产品，还不定期举办核心消费群体的时尚PARTY，听取他们对产品的意见，进行双向沟通。针对不同的消费季节、会员的消费额和特定的产品，哈根达斯还会发放折扣券等来留住核心客户，提升客户的满意度和忠诚度。

本土化策略

哈根达斯是一个国际化的产品，但在具体的营销运作过程中，除它原本就已保有的来自各地精髓的取材，哈根达斯也无一例外地将中国传统文化的美融于其中，进行本土化。在中秋、除夕，在每一个中国人心底渴望温情的时刻，哈根达斯也悄然走近你的身边，如哈根达斯的“团圆”系列有精选的极品冰淇淋内心，佐以香浓的风味巧克力外壳，完美组合的“团圆”系列再次秉承哈根达斯一贯的品牌和创意风格。当我们越来越多地将关注投向有西方标记的圣诞节、情人节的时候，哈根达斯这个真正来自异国的时尚品牌，却在真正属于中国人的时刻为你悄悄奉上那份古老而温馨的祝愿。

当然，哈根达斯过去在中国市场的确取得了很大程度的成功，但今年4月21日，全球第一大冰淇淋连锁品牌优芙丝将在世界最大的购物中心金源新燕莎MALL开业。优芙丝来自加拿大，其产品同样走高端路线，优芙丝冰淇淋球从 18 ~ 30 元不等，与率先进入中国的哈根达斯将形成直面竞争。优芙丝将会考虑采取加盟的方式扩张，预计今年在北京就会开 8 ~ 10 家店。今后的情形怎样，我们只有拭目以待。

资料来源：王唤明："哈根达斯冰淇淋是如何营销中国市场的"，中国管理传播网，2006 年 1 月 16 日。

第 12 章
网络营销

12.1 网络营销的产生

网络营销是人类经济、科技、文化发展的必然产物，网络营销不受时间和空间的限制，在很大程度上改变了传统营销形态和业态。对企业而言，网络营销提高了工作效率，降低了成本，扩大了市场，给企业带来社会效益和经济效益。相对于传统营销，网络营销具有国际化、信息化和无纸化的特征，并已成为各国营销发展的趋势。

12.1.1 网络营销的概念

网络营销（Online Marketing 或 E－Marketing）是以国际互联网为基础，利用数字化的信息和网络媒体的交互性来辅助实现营销目标的一种新型的市场营销方式。简言之，网络营销就是为达到一定营销目的，以互联网为主要手段进行的营销活动。网络营销有时也称作网上营销、互联网营销、在线营销等。

互联网是一个抛开了时间和地域限制的虚拟世界，作为一种信息双向交流和通信的工具，互联网把厂家、商家、消费者、产品、服务等集中在互联网这样一个名符其实的虚拟市场。在这个虚拟市场上，广告、调查、分销和购物结算都通过互联网而转变为数字化行为，不受空间限制的 24 小时网上营销，可以将产品或服务通过互联网直接、快速地传递给处于世界任何一个角落的客户。商品或服务的推销不再是面对面地与客户直接交易，而是借助互联网在网上与客户见面。客户不再是被动接受商品或服务，而是利用互联网、多媒体手段主动与企业建立双方互动式的商业关系，消费者通过互联网这个虚拟的购物空间确定自己的消费行为。因此，网络营销是以互联网为传播手段，通过对市场的循环营销传播，达到满足消费者需求和商家诉求的过程。

12.1.2　网络营销的产生

网络营销产生于 20 世纪 90 年代，发展于 20 世纪末至今。网络营销产生和发展的背景与网络信息技术发展、消费者价值观改变以及激烈的商业竞争有关。

在信息网络时代，网络技术的应用改变了信息的分配和接收方式，改变了人们的生活、工作和学习以及合作和交流的环境。企业也正在利用网络新技术的快速便车，促进企业飞速发展。网络营销以互联网为媒体，以新的方式、方法和理念实施营销活动，更有效地促进个人和组织交易活动的实现。对企业而言，如何开展网络营销、占领新兴市场，既是机遇又是挑战。网络营销的产生也与消费者价值观的变化有关。此外，在竞争激烈的市场，利用网络这一科技制高点为消费者提供各种类型的服务，满足消费者的需求，是企业取得未来竞争优势的重要途径。

12.2　网络营销的特点及优势

随着互联网技术的发展及联网成本的降低，互联网越来越像一种“万能胶”，将企业、团体、组织以及个人跨时空联结在一起，使得他们之间的信息交换变得唾手可得。市场营销中最重要的是组织和个人之间进行信息传播和交换。如果没有信息交换，那么交易也就是无本之源。正因如此，互联网具有营销所要求的某些特性，使得网络营销呈现出如下一些特点和优势。

12.2.1　网络营销的特点

（1）时域性

营销的最终目的是占有市场份额，由于互联网能够超越时间约束和空间限制进行信息交换，使得营销脱离时空限制进行交易变成可能，企业有了更多的时间和更大的空间进行营销，可每周 7 天、每天 24 小时随时随地提供全球性营销服务。

(2) 多媒体

互联网可以传输多种格式的信息，如文字、声音、图像等，使得为达成交易进行的信息交换能以多种形式存在，可以充分发挥营销人员的创造性和能动性。

(3) 交互式

互联网通过展示商品图像，查询有关的商品信息资料库，来实现供需互动与双向沟通。还可以进行产品测试与消费者满意调查等活动。互联网为产品联合设计、商品信息发布以及各项技术服务提供最佳工具。

(4) 个性化

互联网上的促销是一对一的、理性的、消费者主导的、非强迫性的、循序渐进式的，而且是一种低成本与人性化的促销，避免推销员强势推销的干扰，并通过信息提供与交互式交谈，与消费者建立长期良好的关系。

(5) 成长性

互联网使用者数量快速增长并遍及全球。使用者多属年轻、中产、受教育程度高的消费群体。由于这部分群体购买力强而且具有很强的市场影响力，因此是一项极具开发潜力的市场渠道。

(6) 整合性

互联网上的营销可由商品信息至收款、售后服务一气呵成，因此是一种全程的营销渠道。同时，企业可以借助互联网将不同的传播营销活动进行统一设计规划和协调实施，以统一的传播向消费者传达信息，避免不同传播中不一致性产生的消极影响。

(7) 超前性

互联网是一种功能强大的营销工具，它具有渠道、促销、电子交易、顾客互动服务等多种功能，同时还能分析并提供市场信息。

(8) 高效性

计算机可储存大量信息，可传送的信息数量与精确度远超其他媒体，并能应市场需求及时更新产品或调整价格，因此能及时有效地了解并满足顾客的需求。

（9）经济性

通过互联网进行信息交换，代替以前的实物交换，一方面可以减少印刷与邮递成本，可以无店面销售，免交租金，节约水电与人工成本，另一方面可以减少由于迂回多次交换带来的损耗。

（10）技术性

网络营销的基础是以高科技作为支撑的互联网络，企业实施网络营销必须有一定的技术投入和技术支持，改变传统的组织形态，提升信息管理部门的功能，引进懂营销与电脑技术的复合型人才，这样才能具备市场竞争优势。

（11）对称性

在网络营销中，互联性使信息的非对称性大大降低。消费者可以从网上搜索自己想要掌握的任何信息，并能得到有关专家的适时指导。

（12）快捷性

由于互联网使经济活动产生了快速运行的特征，人们可以迅速搜索到所需要的任何信息，对市场变化做出迅速反应。

（13）全球性

互联网超越了国界和地区的限制，使得整个世界的经济活动都紧紧联系在一起。信息、货币、商品和服务的快速流动，大大促进了世界经济一体化的进程。

12.2.2　网络营销的优势

①网络媒介具有传播范围广、速度快、无时间地域限制、无时间版面约束、内容详尽、多媒体传送、形象生动、双向交流、反馈迅速等特点，有利于提高企业营销信息传播的效率，增强企业营销信息传播的效果，降低企业营销信息传播的成本。

②网络营销无店面租金成本，且能实现产品直销功能，能帮助企业减轻库存压力，降低经营成本。

③国际互联网覆盖全球市场，通过它企业可方便快捷地进入任何一国市场。

12.3 网络营销与电子商务的区别

(1) 网络营销与电子商务的范围不同

电子商务的内涵很广，核心是电子化交易，而网络营销注重的是以互联网为主要手段的营销活动。网络营销和电子商务的这种关系也表明，发生在电子交易过程中的网上支付和交易之后的商品配送等问题并不是网络营销所包含的内容，同样，电子商务体系中涉及的安全、法律等问题也不适合全部包括在网络营销中。

(2) 网络营销与电子商务的关注重点不同

网络营销的重点在交易前阶段的宣传和推广，电子商务关注的是实现电子化交易。电子商务的交易发生之前，网络营销发挥着主要的信息传递作用。从这种意义上说，电子商务可以被视为网络营销的高级阶段。一个企业在没有完全开展电子商务之前，依然可以开展不同层次的网络营销活动。

所以说，电子商务与网络营销实际上是密切联系的。网络营销是电子商务的组成部分，实现电子商务一定是以开展网络营销为前提的。

12.4 网络营销的竞争优势和竞争原则

12.4.1 网络营销的竞争优势

(1) 成本费用控制

开展网络营销给企业带来的最直接的竞争优势是企业成本费用的控制。网络营销采取的是新的营销管理模式。它通过互联网改造传统的企业营销管理组织结构与运作模式，并通过整合其他相关部门如生产部门、采购部门，实现对企业成本费用最大限度的控制。利用互联网降低管理中交通、通讯、人工、财务和办公室租金等成本费用，可最大限度地提高管理效益。许多在网上创办的企业也正是因为网上企业的管理成本比较低廉，才有可能独自创业并得到发展机会。

（2）让顾客满意

在激烈的市场竞争中，没有比让顾客满意更重要。利用互联网，企业可以将企业的产品介绍、技术支持和订货情况等信息放到网上，顾客可以随时随地根据自己的需求有选择性地了解有关信息。这样克服了在为顾客提供服务时的时空限制。

（3）满足消费者个性化需求

网络营销是一种以消费者为导向、强调个性化的营销方式。通过企业和消费者之间的互动性，企业可以从根本上提高消费者的满意度；网络营销能满足消费者对购物方便性的需求，可以省去消费者去商场购物的距离和时间，提高消费者的购物效率；网络营销能为企业节约巨额的促销和流通费用，使产品成本的降低成为可能，可以实现消费者以更低的价格购买的需求。

12.4.2　网络营销的竞争原则

在网络营销中，企业必须顺应环境的变化，采用新的竞争原则，才能在激烈的竞争中取胜。

（1）个人市场原则

在网络营销中，可以借助计算机和网络，适应个人的需要，有针对性地提供低成本、高质量的产品或服务。

（2）适应性原则

由于互联性的存在，市场竞争在全球范围内进行，市场呈现出瞬息万变之势。企业产品应能适应消费者不断变化的个人需要，企业行为要适应市场的急剧变化，企业组织要富于弹性，能适应市场的变化而伸缩自如。

（3）价值链原则

一种产品的生产经营会有多个环节，每个环节都有可能增值。我们将其整体称作价值链。公司不应只着眼于价值链中某个环节的增值，而应着眼于价值链的整合，着眼于整个价值链的增值。

(4) 特定化原则

首先找出具有代表性的个人习惯、偏好和品位，据此生产出符合个人需要的产品。然后，公司找出同类型的大量潜在客户，把他们视作一个独立的群体，向他们出售产品。

12.4.3 网络营销竞争战略

从事网络营销的企业必须加强自身能力，改变企业与其他竞争者之间的竞争力量对比，具体应该做到以下几点。

(1) 巩固公司现有竞争优势

利用网络进行营销的公司应深入了解顾客现在和潜在的需求，对公司潜在顾客的需求也要有一定了解，由此制定的营销策略和营销计划应具有一定的针对性和科学性，便于实施和控制，顺利完成营销目标。公司在数据库帮助下，营销策略应具有很强针对性，在营销费用减少的同时还应提高销售收入。

(2) 加强与顾客的沟通

网络营销以顾客为中心，其中数据库存储了大量现在顾客和潜在顾客的相关数据资料。公司可以根据顾客需求提供特定的产品和服务，具有很强的针对性和时效性，可大大地满足顾客需求。顾客的理性和知识性，要求对产品的设计和生产进行参与，从而最大限度地满足自己需求。通过互联网和大型数据库，公司可以以低廉的成本为顾客提供个性化服务。

(3) 为入侵者设置障碍

设计和建立一个有效和完善的网络营销系统是一个长期的系统性工程，需要大量人力、物力和财力。一旦某个企业已经实现有效的网络营销，竞争者就很难进入该企业的目标市场。因为竞争者要投入相当高的成本建立一个类似的数据库，而且几乎是不可能的。

12.5　网络营销步骤、实施与控制

12.5.1　网络营销步骤

第一步，将自己的企业全面快速地搬到互联网。企业在建立自己的网络营销方案时，首先要考虑到自己的网站属于营销型的网站。

第二步，通过多种网络营销工具和方法来推广和维护自己的企业网站。在互联网做的任何宣传和推广活动，都必须以企业的网站为核心。

第三步，网站流量监控与管理。通常采用流量监控分析系统和在线客服系统来实现。

12.5.2　网络营销实施与控制

企业在实施网络营销时必须考虑企业的目标、企业的规模、顾客的数量和购买频率、产品的类型、产品的周期以及竞争地位等。此外，企业还要考虑自己是否能支持技术投资、技术发展状况和应用情况等。网络营销战略的制订要经历三个阶段：一是确定目标优势，分析实施网络营销能否促进本企业的市场增长，通过改进实施策略实现收入增长和营销成本的降低；二是分析计算收益时要考虑战略性需求和未来收益；三是综合评价网络营销战略。

在决定采取网络营销战略后，要组织战略的规划和执行。网络营销是通过新技术来改造和改进目前的营销渠道和方法，它涉及公司的组织、文化和管理各个方面。如果不进行有效的规划和执行，该战略可能只是一种附加的营销方法。为了提出改进的目标和方法，必须制定技术规划、组织规划和管理规划。

①技术规划。网络营销很重要的一点是要有强大的技术投入和支持，因此资金投入和系统购买、安装以及人员培训都应统筹安排。

②组织规划。实现数据库营销后，公司的组织需要进行调整以配合该策略的实施，如增加技术支持部门、数据采集处理部门，同时调整原有的

推销部门等。

③管理规划。组织变化后必然要求管理的变化，公司的管理必须适应网络营销需要。网络营销在规划执行后，一是应注意控制，以评估是否充分发挥该战略竞争优势，评估是否有改进余地；二是要对执行规划时出现的问题及时识别和加以改进；三是对技术的评估和采用。

12.6 网络营销策略

网络营销的促销策略有以下几种方式。

(1) 网上折价促销

折价亦称打折、折扣，是目前网上最常用的一种促销方式。因为目前网民在网上购物的热情远低于商场、超市等传统购物场所，因此网上商品的价格一般都比传统方式销售时要低，以吸引人们购买。由于网上销售商品不能给人以全面、直观的印象，也不可试用、触摸，再加上配送成本和付款方式的复杂性，造成网上购物和订货的积极性下降。而幅度比较大的折扣可以促使消费者进行网上购物的尝试并做出购买决定。目前大部分网上销售商品都有不同程度的价格折扣。

(2) 网上赠品促销

赠品促销目前在网上的应用不算太多。一般情况下，在新产品推出试用、产品更新、对抗竞争品牌、开辟新市场等情况下利用赠品促销可以达到比较好的促销效果。赠品促销的优点包括：提升品牌和网站的知名度；鼓励人们经常访问网站以获取更多的优惠信息；能根据消费者索取赠品的热情程度来总结分析营销效果。

(3) 网上抽奖促销

抽奖促销网上应用较广泛的促销形式之一，是大部分网站乐意采用的促销方式。抽奖促销以一个人或数人获得超出参加活动成本的奖品为手段进行商品或服务的促销。网上抽奖活动主要附加于调查、产品销售、扩大用户群、庆典、推广某项活动等。消费者或访问者通过填写问卷、注册、购买产品或参加网上活动等方式获得抽奖机会。

(4) 积分促销

积分促销在网络上的应用比起传统营销方式要简单和易操作。网上积分活动很容易通过编程和数据库等方式实现，并且结果可信度很高，操作起来比较简便。积分促销一般设置价值较高的奖品，消费者通过多次购买或多次参加某项活动来增加积分以获得奖品。积分促销可以增加上网者访问网站和参加某项活动的次数；可以增加上网者对网站的忠诚度；可以提高活动的知名度等。

专栏 12-1　雅诗兰黛的网络体验式营销

如今的化妆品市场已经演变成一个充满刀光剑影的江湖。各种化妆品常常让消费者眼花缭乱。许多女性或多或少都曾有过这样的经历：面对梳妆台上摆放着的自己一时冲动买回来的瓶瓶罐罐感到无可奈何，因为这些化妆品不适合自己因此根本就没有用过几次。

对于爱美的人来说，今年的夏季令人兴奋。你只要登录人人网，进入雅诗兰黛“鲜活惊喜一触即发”的活动主页，就能邀请你的好姐妹们一同参与抽奖，赢取雅诗兰黛明星产品“红石榴”系列的试用装和人人礼券；如果你运气好的话，还能赢取“石榴水”的大瓶正装，并能在第一时间与朋友们分享使用心得。

简单的参与方式、实实在在的礼品赠送让爱美的女性消费者乐此不疲。在一个月内，雅诗兰黛在人人网上掀起的体验风潮就吸引了超过131万人的参与，好友邀请数高达1086万人次，成功邀请好友10万多人，近5000份试用装在一天内被消费者一抢而空。在消费者享受夏季惊喜的同时，雅诗兰黛也在悄无声息中成功实现了一次别出心裁的网络体验式营销。

雅诗兰黛化妆品一直是众多高端化妆品使用者的首选。其主要消费者是大中城市里的高收入白领女性，这些时尚的白领女性在化妆品的选择上日趋理性，为了能买到真正实用和适合自己的化妆品，她们会在网络上做足功课。时尚网站编辑的推荐和各个 BBS、blog 上时尚达人的使用心得固然必不可少，但身边朋友和姐妹们之间更亲近的互动交流和讨论更为重要。雅诗兰黛意识到网络已成为各种化妆品信息的重要来源，为了顺应这一趋势，它选择了国内最大的SNS网站人人网作为自己的营销平台，利用人人网独有的社会化广告形式和实名制的SNS社会化媒体特性，不但提高了活动参与度、分享度，还成功地将每个目标用户转化为品牌口碑的传播者，在用户间形成反复强化的信息传播循环，从而实现口碑转播效果最大化。在选择好的平台的同时，雅诗兰黛不忘推出最适合的产品。针对年轻白领工作压力巨大、肌肤因整天面对电脑变得黯淡的困惑，雅诗兰黛及时推出红石榴鲜活营养系列产品并使其成为活动的主打产品，在活动主页上隆重展示，给女性消费者带来巨大的诱惑。4500份样装和15万份人人礼券的成功发放，也让雅诗兰黛尝到了与SNS结合进行体验式营销的甜头。

当大多数高端化妆品还主要依靠专柜进行销售并以大面积平面广告笼络高端消费者时，雅诗兰黛突破了传统销售和广告的模式，创造性地使用SNS社交网站的最新技术，进行邀请式体验营销，充分发挥了消费者的自主传播能力，形成线上了解品牌、体验产品、分享意见，线下产生购买的成功联动。

资料来源：刘东明：《中国网络营销年鉴（案例卷）》，辽宁科技出版社2011年版，第146~149页。

12.7 国际营销中的网络营销

从市场和产品的角度看，国际市场营销中特殊的地理因素，使得企业的产品到达国际目标市场路途遥远，造成营销成本大幅增加，而网络营销则可利用虚拟空间将市场距离大大缩短。此外，市场的距离还表现为由各国文化差异所导致的不同国家消费需求和消费习惯的不同。而网络营销则可以通过定制营销的方式，将企业的刚性生产和柔性生产结合起来，一方面通过刚性生产对产品需求几乎相同的部分做好准备，另一方面对于各国的不同消费需求部分，通过归类进行柔性生产，这样就将大众化的营销转变为个性营销，从而更好地满足各国消费者的需求。

从定价的角度看，网络营销使得国际市场上信息的传播速度加快。不同国家的企业可以便利地从网上获取需求，掌握其他竞争企业的信息，从而对产品价格的理性制定起到较好的约束作用，一定程度上防止了恶性价格竞争的发生。

从分销渠道的角度看，在跨国营销活动中，从企业到中间商再到消费者，产品转移经历了一个十分复杂的过程，这无形中增加了营销成本。而网络营销可大大弱化中间商的职能，通过网上交易平台使生产者和消费者实现一对一的交易模式，减少了中间环节，极大地节省了国际营销成本。而且在产品向目标市场转移的过程中，还存在着大量的票据交易，涉及金融、保险等许多方面的风险问题，网络营销通过电子数据的处理减少了这方面的许多损失，便利了国际营销的顺利进行。

从促销的角度看，网络营销利用先进的信息技术提高了促销活动的效率，与大范围的广告促销相比，网络营销可以把促销对象集中在有购买意愿的目标市场群体上，节省了促销费用，并且可避开许多国家政府对广告等促销方式的限制，提高了促销工具的利用效率。

【讨论与思考】

1. 网络营销产生的背景是什么？
2. 网络营销有哪些特点？
3. 试讨论网络营销与电子商务的区别。
4. 网络营销的竞争优势和竞争原则是什么？
5. 试讨论实施网络营销的策略。

案例研究 12-1　强生公司的网络营销

1886 年，强生和他的两个兄弟在美国新布鲁斯威克正式创建命名了强生公司。目前，强生公司在全球 60 个国家建立了 250 多家分公司，是目前世界上最具综合性、业务分布范围最广的卫生保健产品制造商和相关服务提供商，拥有 11.5 万多名员工，产品销往 175 个国家和地区。强生的产品涉及婴儿护理、医疗用品、家庭保健产品、皮肤护理用品、隐形眼镜和女性卫生等系列产品，其生产的“邦迪”牌创可贴是著名品牌，早已成为居家或外出的必备品。

1985 年，强生公司在中国建立了第一家合资企业——西安杨森制药有限公司。此后，强生公司又于1988 年、1992 年、1994 年、1995 年及 1998 年分别建立了多家子公司，包括上海强生有限公司、强生（中国）有限公司、强生（中国）医疗器材有限公司、上海强生制药有限公司及强生（中国）投资有限公司等。2006 年，强生又分别成立了强生视力健（上海）商贸有限公司和强生（苏州）医疗器材有限公司。2008 年，强生公司收购了北京大宝化妆品有限公司。随着业务的不断发展，如今强生在中国已有约7000 名员工，生产领域广泛，包括个人护理产品、医药产品、医疗器材及诊断产品。

强生公司重视网络营销对公司业务发展的重要作用。面对旗下众多企业、产品和品牌，强生在建设网站时采取了“有所为，有所不为”的原则，以企业“受欢迎的文化”为设计宗旨，明确主线，找准切入点后便“咬住青山不放松”，将主题做深做透，避免网站落入“医疗保健品大全”的俗套，从而取得极大的成功。

站点主题及创意

强生的企业文化内涵体现在公司信条中。这是自其成立之初就奉行的一种将商业活动与社会责任相结合的经营理念：第一，公司对使用其产品和服务的用户负责；第二，对公司员工负责。明确这些边界条件后，强生就选择其婴儿护理品为其网站的形象产品，选择“您的宝宝”为站点主题，使整个站点成为年轻网民的一部“宝宝成长日记”，而所有的营销流程就自然而然地沿着这本日记悄然展开。

或许人们会问：一家拥有百年历史，被列入《财富》500 强的企业将自己的网站建成“您的宝宝”网站，变成一部“个人化记录孩子出生与成长历程的电子手册”是否太离谱？而实际情况是，任何人只要客观地浏览一遍该网站，就会发现这的确是个“受欢迎”和充满“育儿文化”气息的地方。

在这里，强生就像一位体贴入微、絮絮叨叨的老保姆，无时无刻不提醒着年轻父母们该关注宝宝的睡眠、饮食、哭闹、体温以及如何为宝宝洗澡等事宜。年轻父母们会突然发现，在这奔波劳顿、纷乱繁杂的世界中，身边确实需要这样一个角色不断指点。伴随着孩子的一天天成长，这位老保姆会时时递来"强生沐浴露"、"强生安全棉"、"强生尿片"、"强生围嘴"、"强生二合一爽身粉"、"强生Ve保湿蜜"以及其他几十种强生产品。这份育儿宝典会告诉年轻的父母这些用品正是孩子现在所必需的。这时的网站又成了科学与权威的代言人，每种产品都是研究成果的结晶，还有各项最新研究报告为证，而您所需要的就是按提示去做。一个站点能做到这样，还不成功吗？

内容与功能

进入强生网站，左上角著名的公司logo下是显眼的"您的宝宝"站名。每页可见的是各种肤色婴儿们的盈盈笑脸和其乐融融的年轻父母，这种亲情是化解人们对商业站点敌意的利器。首页上"如您的宝宝××时，应怎样处理""如何使您的宝宝××"两项下拉菜单告诉来访者，这是帮人们育儿答疑解难的地方。整个网站色调清新淡雅、明亮简洁，设有"宝宝的书"、"宝宝与您及小儿科研究院"、"强生婴儿用品"、"咨询与帮助中心"、"母亲交流圈"、"本站导航"、"意见反馈"等栏目。

"宝宝的书"由电子版的"婴儿成长日记"和育儿文献交织组成。前者是强生在网上开设的日记式育儿宝典，任何用户登录后，站点就会生成一套记录册，并可得到强生"为您的宝宝专门提供的个性化信息服务"。具体如下：

- 育儿日记（网上电子版）
- 记事及提醒服务（重要数据与预约项目）
- 可打印的格式化婴儿保健记录
- 成长热线（提供与年龄相关的成长信息）
- 研究文献（输入婴儿的周数、月数，站点就会提供相应内容的育儿文章，也可按主题查询）

事实上，育儿宝典的服务是从孕期开始的，其中有孕期保健、孕期胎儿发育、娱乐与情绪控制、旅行与工作、产前准备、婴儿出生、母婴保健等内容，然后是初生婴儿的周数、月数，使用者按时间顺序记录婴儿发育进展时，站点就会不断提供各类参考文章，涉及婴儿的知觉、视觉、触觉、听力系统，对光线的反应、如何晒太阳、疾病症状等。各项操作指导，可谓细致周全。如教人如何为婴儿量体温，居然分解出六个步骤进行。至于如何为孩子洗澡，则是先论证一番海绵浴和盆浴不同的道理，然后再要求调节室内温湿度，再分解出浴前准备六步骤和浴后处理六步骤。一个网站认真到了如此地步，着实让人叹服其“对服务负责”信条的威力，相信其进入《财富》500强企业绝非偶然。

网站还为年轻父母提供了心理指导，这对某些婴儿的父母来说具有特别重要的意义。如“我的宝宝学得有多快”栏目就开导人们，不要将自己的孩子与别人的孩子作比较：“将一个婴儿与其兄弟姐妹或其他婴儿比较是很困难的，而将他的现在和他的过去作比较才是有意义的。只有你们的爱对婴儿来说才是至关重要的。因此，无条件地接受他、爱他，就会培养出一个幸福、自信的孩子来。”

促进人们的交流是互联网的主导功能，强生公司积极参与了一个“全美母亲中心协会”虚拟社区的运作。“全美母亲中心”是分布于美国各州的妇女自由组织，该组织的目的是“使参加者不再感到孤立无助，能展示其为人之母的价值，切磋夫妇在育儿方面的经验，共同营造出一个适合孩子生长的友善环境”。如今，强生公司已帮助其上网并归入自己站中，除保留原来交流作用外，还从相关科研动态与信息方面来帮助她们解决问题。

强生网站提供服务时，客户输入的数据也进入其网站服务器。这是一笔巨大的资产，将对企业经营起着不可估量的作用，这也是对其认真服务的回报。网站对登录的客户数据均有保密的承诺，但这些信息对该公司却是公开的。它需要登录者提供自己与婴儿的基本信息，并说明其与婴儿的关系（母亲、父亲、祖父、祖母等）。愿意提供“婴儿皮肤类型”、“是否患尿布疹”、“如何喂养（母乳、牛乳、混合、固体食品）”者，就可获得皮肤保健、治疗尿布疹和喂养方面的专项信息服务。当然，对于顾客主动从“反馈”栏发来的求助与咨询，网站的在线服务自然会给予相应解答。同样，凡参加“母亲中心”论坛的妇女在被正式接纳前，也需按“极感兴趣”、“有兴趣”、“不太感兴趣”、“不感兴趣”的选项对各种讨论题进行回答，如“母亲工作”、“残疾儿童”、“抚养婴儿”、“取名字”、“孩子出生前后家庭关系变化”、“孕期保健”、“婴儿用品”、“我的宝宝做得如何”、“趣闻轶事”等。

上述这些客户登记及回答信息到了公司营销专家、心理学家、市场分析家的手中，很快就会变成一份份产品促销方案，这些信息至少会对企业与顾客保持联系起到相当重要的作用。由于这些方案具有极强的家庭服务需求针对性，故促销成功率相当可观。

网站点评

面对庞大的企业群和无数产品，强生公司网站若按一般模式设计，可能就会陷入“前屏页面查询 + 后台数据库”的检索型网站俗套。从网络营销角度上看，这类企业站点已呈鸡肋之颓势。这就如同各种典籍类工具历来都有，但任何时候都不会形成阅读热潮和建立起忠实的顾客群体一样。对强生来说，那样做丝毫无助于将其底蕴深厚的企业文化传统发挥出来。

如今，强生站点在设计上做了大胆取舍，毅然放弃了所有品牌百花齐放的方案——当然，强生为旗下每家公司注册了独立域名，并能从网站“Websites”目录中方便地查到，只以婴儿护理用品为营销主轴线。选择“您的宝宝”为站点主题，精心构思出“宝宝的书”作为其与客户交流及开展个性服务的场所。力求从护理层、知识层、操作层、交流层、情感层、产品层上全面关心顾客痛痒，深入挖掘每户家庭的需求，实时跟踪服务。

借助于互联网络，强生开辟了丰富多彩的婴儿服务项目；借助于婴儿服务项目，强生建立了与网民家庭的长期联系；借助于这种联系，强生巩固了与这一代消费者之间的关系，同时又培养出新一代的消费者。

强生这个名字，必然成为最先占据新生幼儿脑海的第一品牌，该品牌可能将从其记事起，伴随其度过一生。强生公司的网络营销做到这一境界，其发展前景确实不可限量。

案例研究 12-2　李宁公司的网络营销渠道

李宁公司简介

1990 年，李宁有限公司从广东三水（佛山市三水区）起步。1995 年，李宁公司成为中国体育用品行业的领跑者。1998 年，李宁公司建立了本土公司第一家服装与鞋的产品设计开发中心，成为自主开发的中国体育用品公司。

李宁公司拥有中国最大的体育用品分销网络。据李宁公司的财务报表显示，截至2008年底，李宁品牌店铺共计6245家。同时，李宁公司的国际网络也在不断拓展，目前已进入23个国家和地区。

目前，李宁公司正在全国范围内建立以ERP为起点的信息系统，全面整合产品设计、供应链、渠道、零售等资源以发展电子商务，进一步提高运作效率和品牌形象。2004年，李宁公司在香港联交主板成功上市，成为第一家在香港上市的国内体育用品企业。2008年，李宁公司营业额同比增长53.8%，达到66.90亿元人民币。

促使李宁公司开展网络营销的环境

虽然李宁这一运动品牌是运动服装市场上的巨头，但它受到国际品牌耐克和阿迪达斯的压制；在销售量方面，又有安踏这样的民族企业紧随其后。随着市场的发展，竞争日趋激烈，李宁公司面临前堵后追的尴尬境地。此外，受2008年金融危机的影响，运动服装市场的竞争变得越来越"血雨腥风"。

数据显示，服装是网络消费金额最高的商品，接近六成的网上购物者在网上买过服装，同时，服装占到了全部网络采购金额的约1/4。庞大的交易额得益于中国网民数量的攀升及网络购物群体的增加。中国互联网络信息中心（CNNIC）的一份报告显示：截至2008年底，中国网民数量已达到2.98亿人，网络购物的用户达到7400万人，占全部网民的24.8%。一项调查还发现，在淘宝网上销售李宁公司产品的网店有上千家，一年的销售额超过5000多万元人民币。由此可见，李宁公司开展网络营销实为当时的环境使然。

李宁公司网络营销渠道调研分析

一、李宁牌产品的特征

李宁公司目前旗下拥有的品牌包括：李宁、艾高（AIGLE）、红双喜以及倡导快时尚的大卖场品牌——ZDO新动。李宁服装追求的是流行、时尚的元素，李宁的服装产品受到很多年轻人的喜爱。李宁产品以运动产品为主，每年的新产品多达8000多个，其中运动装、鞋类非常适合在网上销售。

二、李宁产品的目标群体

李宁公司实际消费群的特征是：24~35岁为主，二级城市，中等收入，大众化而非专业运动消费。而李宁公司目标消费群的特征是：14～28岁，学生为主，大中城市，喜爱运动，崇尚新潮时尚和国际流行趋势。这部分人正是网民的主体，对李宁公司开展网络营销十分有利。

三、李宁公司网络营销渠道选择

2008 年 4 月 10 日，李宁公司在淘宝商城开设的第一家直营网店上线。接着李宁公司又相继在新浪商城、逛街网、拍拍网、易趣网上通过直营和授权的形式开设了网店。由此可见，李宁公司刚开始选择的渠道是网络商城模式。

2008 年 6 月，李宁公司推出了自己的官方商城——李宁官方商城。

刚开始在对网络营销渠道不甚了解的情况下，李宁公司的网络营销主要通过利用现有的网络营销渠道资源，对一些网络店铺进行授权、整合，并纳入自己的渠道范畴内，同时积极在各大网络商城上开设自己的网络直营店铺；而后，在此基础上，推出了自己的网络直销平台。可见，李宁公司在网络营销渠道模式的选择上，刚开始是网络商城的模式，接着才是网络直销的模式。

李宁公司网络营销渠道实施

一、网络商城模式实施

2008 年初，李宁公司在涉足电子商务之前做过的一项调研结果显示：淘宝网上销售李宁牌产品的网店已达 700 余家，而 2007 年李宁牌产品在淘宝网上的销售已达 5000 万元。在此环境下，李宁公司开始于 2008 年 4 月在淘宝商城上开设了自己的直营店铺，接着通过直营和授权的形式又开设了多家网络店铺。

1. 李宁官方直营店铺

李宁官方直营店铺包括李宁官方商城、李宁淘宝官方网店、李宁淘宝官方折扣店、李宁官方拍拍店。

2. 李宁官方授权店

李宁淘宝五洲商城、李宁淘宝古星专卖店、李宁淘宝古星折扣店、李宁易趣古星专卖店、逛街网李宁专卖店、新浪李宁专卖店等授权店。

二、网络直接营销渠道的实施

随着我国服装行业网络直销的兴起，在网络经济环境下，网络消费者对服装的个性化需求快速提升。李宁公司于 2008 年 6 月推出了官方商城。

1. 网站建设

网站是服装企业通向互联网的大门，网络消费者在网络购买服装时通过网络来了解服装企业的信息，通过文字、图片和视频来了解服装产品的相关特性。网站建设者一般都比较重视消费者在观赏网站时的视觉和心理感受，服装产品图片的色彩、搭配等。

进入李宁官方商城后，人们可以看到，在用色上主要是黑白红的组合，给人以购买的冲动。顶部导航条依次是首页、我的李宁、主题活动、产品地带、兑换礼品、特价区、企业 VIP，其网站结构按功能系统来划分。

2. 功能系统的实现

(1) 信息系统

信息系统主要传递李宁公司和服装产品的信息发布、活动公告、消费者信息采集等。通过网站的信息系统，网站获得了网络消费者的个人注册信息，并在线向消费者推广了企业开展的各种优惠活动内容等，从而在美化网站前台系统的基础上，完成了信息的流通和对消费者信息的采集。信息系统的建立有利于实现网络营销中产品与服务的营销整合。

(2) 购物系统

购物系统是服装企业实施网络直接营销渠道的核心部分，网络消费者在进入购物系统后，吸引消费者的首先是其服装产品的色彩和款式，所以此时服装的图片布局和效果都非常重要。

(3) 数据库系统

主要记录系统传递的信息，并与外部接口（银行系统、认证机构、物流配送中心）连接，同时将实时数据传送至企业内部各个系统，供企业实施相应的内部管理、客户资源管理等。

李宁公司网络营销渠道支付和配送方式

一、支付方式

李宁公司官方网店的支付方式有三种：网银在线、快钱、支付宝。可以看出，齐全的支付方式方便了消费者的购买，节约了消费的时间成本，这也是人们之所以选择网上购物的一个重要原因。

二、配送方式

配送方式主要有申通快递、顺丰快递、EMS。快递的选择由李宁公司与快递公司签订的线路为依据来做安排，申通优先，如遇前者无法到达区域时则由 EMS 送达。就网上购物而言，送货速度是网购者所要考虑的一个重要方面。如果送货迅速，人们往往会觉得它的效率高，自然而然也会觉得它的服务也好。李宁公司选择的配送方式考虑很周到，尽量做到方便快捷，为消费者节约成本，迎合了消费者的需要。

李宁公司营销渠道管理

一、网络渠道推广

1. 和门户网站的合作

李宁公司在网易首页上投放的广告能直接连接到官方网店以及与新浪网合作开设的李宁俱乐部板块。

2. 通过搜索引擎推广

李宁公司购买了 Google 的相关关键字广告。例如在 Google 搜索李宁，李宁公司的官方直营店被排在第一位。

3. 通过主题活动方式

李宁公司的官方网店设有主题活动的栏目，该栏目会不定期举办一些活动，例如对注册会员送 500 积分、购买奥尼尔的战靴赠送“大鲨鱼”玩偶等。

一个品牌要想取得良好的销售成绩，品牌推广必不可少。在网络上做广告，相对而言，成本较低，活动方式也较为新颖、灵活，而且有很强的互动性，这些都是传统媒介无法比拟的。李宁公司的这些措施，不仅方式多样、灵活多变，而且符合年轻人的喜好，对其目标群体有很大的吸引力，因而效果也很理想。

二、渠道协调

为了更好地协调网络营销渠道和传统渠道之间的关系，李宁公司主要做了以下几件事情。

1. 在销售的商品上进行区分

李宁公司在线下各专卖店的销售以正价新产品为主，而在专门的打折店中则主要销售库存产品。网上商城以正价新产品和限量商品为主，包括明星签名的商品，这些商品瞄准的是少数消费者。而淘宝商城的网店则销售一部分库存商品。

2. 网络渠道和传统渠道产品价格一致

李宁公司把各种网店纳入自己的价格体系中。在 B2C 方面，李宁沿用地面渠道与经销商的合作方式，与网上的B2C平台签约授权销售李宁品牌的产品；对于C2C，李宁虽没有与之签订正式的授权协议，但通过供货、产品服务以及培训的优惠条件，将其纳入自己的价格体系中。据李宁公司的介绍，目前已有400余家C2C网店纳入了公司的管理体系。

3. 整顿网络渠道和传统渠道

为了协调网络营销渠道和传统渠道之间的关系，李宁公司对很多网店及传统渠道进行了一次整顿，目的是杜绝线下经销商和制造商违规出货。这项举措有利于保障消费者的权益。

李宁公司网络营销渠道建设总结

李宁公司是一家以传统渠道为主的企业，有自己的品牌，在进行网络营销渠道建设的时候，网络上已经有一些自发形成的网上商城渠道，李宁公司采取的策略主要是整合现有的渠道资源，通过授权的形式收编现有的网络渠道资源，同时也在各大平台上开设自己的网络直营店铺，这可以看成是李宁公司对网络营销渠道的试水。紧接着，李宁公司以自建平台的形式开通了自己的官方商城。在渠道协调上，李宁公司主要采取的策略是区分出线上和线下产品销售的种类以及统一产品的价格。在网络营销渠道的推广上，主要采取在一些综合型门户网站上做广告以及通过搜索引擎营销的方式。所以，在这套B2C体系构建过程中，李宁公司敏锐地捕捉到了用户网络购物的关键节点，并有针对性地对终端消费者关注的问题逐一进行解决。

总体来看，李宁公司采取的网络营销渠道策略是成功的。但不可否认的是，其所采取的策略仍然存在一些问题，比如没能很好地协调两种渠道，依然存在渠道冲突的问题；在网站的建设方面还有一些需要改进的地方，比如网站打开速度较慢，官方商城的建设没能很好地体现和用户之间的互动。但无论如何，李宁公司的网络营销渠道建设对于服装企业具有极高的参考价值。

案例研究 12-3 海尔与众不同的网络营销

网络营销是海尔的必由之路

面对网络经济时代的到来，企业该如何发展，这是一个崭新而迫切的问题。1999 年达沃斯“世界经济论坛”提出了“企业内部组织适应外部变化、全球知名品牌的建立、网上销售体系的建立”三条原则。面对这种新趋势，海尔从 1999 年 4 月就开始了“三个方向的转移”。第一是管理方向的转移（从直线职能性组织结构向业务流程再造的市场链转移）；第二是市场方向的转移（从国内市场向国外市场转移）；第三是产业的转移（从制造业向服务业转移）。这些都为海尔开展网络营销奠定了必要的基础。

进军网络营销是海尔国际化战略的必由之路。国际化是海尔目前一个重要发展战略，而网络营销是全球经济一体化的产物，所以海尔必须要进入，而且要进去就得做好，没有回头路。

中国企业如果不开拓网上业务，就会出现传统业务与网络接不上的局面，在网络经济时代就没有生存权。在由网络搭建的全球市场竞争平台上，企业的劣势会被无情地放大。在新经济时代下，企业就是在信息高速公路上行驶的车辆，车况好的车，能够在信息高速公路上发挥优势，而破旧的车，即使在高速公路上，也只能被远远抛在后面。

新经济下的海尔

海尔的网络营销特色可以“两个加速”来概括。首先是加速信息的增值，即无论何时何地，只要用户点击 www. ehaier. com，海尔就可以在瞬间提供一个 E + T > T 的惊喜。E 代表电子手段，T 代表传统业务，而 E + T > T，就是传统业务优势加上电子技术手段大于传统业务、强于传统业务。其次是加速与全球用户的零距离，即无论何时何地，www. ehaier. com 都会给你提供在线设计的平台，用户可以实现自我设计的梦想。

海尔与众不同的网络营销模式

1. 三个月增长 10 倍的海尔网络营销，做有鲜明个性和特点的垂直门户网站

通过网络营销手段更进一步增强海尔在家电领域的竞争优势，不靠提高服务费来取得赢利，而是靠提高 B2B 的交易额和不断满足 B2C 个性化需求的方式来赢利。

2000 年 3 月 10 日，海尔投资成立网络营销有限公司。4 月 18 日海尔网络营销平台开始试运行，6 月份正式运营。截止到 12 月 31 日，B2B 的采

购额已达到77.8亿元，B2C的销售额已达到608万元。海尔的网络营销何以如此富有魅力？以下几个例子会给出答案。

例1：我要一台自己的冰箱

青岛用户徐先生是一位艺术家，家里的摆设都非常富有艺术气息。徐先生一直想买台冰箱，他想，要是有一台表面看起来像一件艺术品但又实用的冰箱就好了。徐先生从海尔的网站上看到“用户定制”模块，随即设计了一款自己的冰箱。他的杰作很快得到了海尔的回音，并在一周内拿到了货。

例2：从网上给亲人送台冰箱

北京吴先生的弟弟马上就要结婚了，吴先生打算送弟弟一台冰箱，以表达当哥哥的情意。可是弟弟住在市郊，要买大件送上门还真不太方便。海尔在国内同行业中第一家做起网络营销的信息传来后，吴先生兴冲冲地上网下了一张订单，于是弟弟在当天就收到了冰箱。弟弟高兴地打来电话说：“我家住6楼，又没有电梯，但送货人员却把这么大的冰箱送到了家里，真是太方便了！今后买家电也不用跑商场了，就在海尔网站上买。”

2. 优化供应链取代本公司的部分制造业务，变推动销售模式为拉动销售模式，提高企业的核心竞争力

海尔网络营销从两个重要方面促进了新经济模式运作的变化。就B2B的网络营销来说，它促使外部供应链取代自己的部分制造业务；通过B2B业务，因成本降低就增加8%～12%的收益。从B2C的网络营销角度看，它促进了企业与消费者的交流继续深化，这种交流全方位提升了企业的品牌价值。

一位供应商在通过互联网与海尔做成了交易后给海尔来了一封信：“我是一家跨国公司的中国业务代表。以前我每周都要到海尔，既要落实订单，又要每天向总部汇报工作进展，非常忙碌，几乎顾不上拓展新的业务。自从海尔启用网络营销采购系统后，可以在网上参加招投标、查订单、跟踪订单等工作，大大节省了人力、物力和财力。海尔的网络营销采购系统真是一个公开、公平、高效的平台。而且我也有更多的时间来了解海尔的需求，并为公司又谈下了一笔大生意，得到了公司的表扬。更重要的是，我作为中国人也为海尔感到自豪。我们总部也是刚刚采用类似的系统，而中国海尔已经运作起来了，与海尔合作体现了国际的先进手段和效率。”

3. 把商家也变成设计师，"个性化"不会增加成本

海尔网络营销最大的特点就是个性化。去年海尔在内部提出了与客户之间零距离，而此前客户的选择余地是有限的，这对厂家有利。现在一上网，用户就可以定制他自己的产品，这并不是所有企业都能提供的。

要做到与客户之间零距离，不能忽视商家的作用。商家最了解客户需要什么样的商品，要与客户之间零距离，就要与商家之间零距离，让商家代替客户来定制产品。B2B2C 的模式符合实际情况，也帮我们培养了一大批海尔产品的用户设计师。

海尔提出的商家、消费者设计商品的理念是有选择的，我们不可能让一个普通的商家或消费者代替专家纯粹从零开始搞设计，这样他们不知从何下手，我们也难以生产。我们现共有冰箱、空调、洗衣机等 58 个门类的 9200 多个基本产品类型这些基本产品类型，就相当于 9200 多种"素材"，再加上提供的上千种"佐料"——2 万多个基本功能模块，这样我们的经销商和消费者就可在我们提供的平台上，有针对性地自由地将这些"素材"和"佐料"进行组合，并产出独具个性的产品。

当然，海尔这种 B2B 的模式若只定位在某一地方就会因为成本太大而难以实现。而实际上海尔是着眼于全球市场，这样需求就会大大增加，成本就会大大降低。一般来讲，每一种个性化产品如产量能达到 3 万台，一个企业就能保证盈亏平衡，而事实上海尔的每一种个性化产品的产量都能达到 3 万台以上。如果平摊成本，对商家和消费者而言，产品价格的增长是很微小的。

海尔实施网络营销的优势

张瑞敏首席执行官提出海尔实施网络营销靠"一名两网"的优势。"一名"是名牌，品牌的知名度和顾客的忠诚度是海尔的显著优势。"两网"是指海尔的销售网络和支付网络。海尔遍布全球的销售、配送、服务网络以及与银行之间的支付网络，是解决网络营销两个难题的答案。

在产业方向转移方面，海尔已实现了网络化管理、网络化营销、网络化服务和网络化采购，并且依靠海尔品牌影响力和已有的市场配送、服务网络，为向网络营销过渡奠定了坚实的基础。在管理转移方面，传统企业的金字塔式管理体制绝不适应市场发展的需要，所以在管理机制上海尔把"金字塔"推倒，建立了以市场为目标的全新流程，企业的主要目标由过

去的利润最大化转向以顾客为中心、以市场为中心。在企业内部，每个人要由过去的“对上级负责”转变为“对市场负责”。海尔集团还成立了物流、商流、资金流三个流。物流作为“第三利润源泉”，直接从国际大公司采购，降低了成本，提高了产品的竞争力；商流通过整合资源降低费用提高了效益；资金流则保证资金流转顺畅。

海尔拥有比较完备的营销系统，在全国大城市有40多个电话服务中心，1万多个营销网点，甚至延伸到6万多个村庄。这就是为什么有些网站对订货的区域有限制而海尔可以在全国范围内实现配送的原因。

海尔网络营销平台的搭建

海尔是国内大型企业中第一家进入网络营销业务的公司，率先推出网络营销业务平台。海尔不是为了概念和题材的炒作，而是要进入一体化的世界经济，为此海尔累计投资1亿多元建立了自己的IT支持平台，为网络营销服务。

目前，在集团内部有内部网，有ERP的后台支持体系。现在海尔有7个工业园区，各地还有工贸公司和工厂，相互之间的信息传递，没有内部网络的支持是不可想象的。各种信息系统，比如物料管理系统、分销管理系统、电话中心、C3P系统等的应用也日益深入。海尔以企业内部网络和企业内部信息系统为基础，以互联网（海尔从1996年底就建立了自己的网站）为窗口，搭建起了真正的网络营销平台。

当然，进行网络营销并不是一厢情愿的事，不仅要有各方面的基础准备，还要让经销商和消费者接受，这样才能顺利实现。海尔为经销商、供应商和消费者提供了一个简单、操作性强的网络营销平台，而且进行了循序渐进式的培训，特别是在平台设计的时候就考虑到如何为应用者提供方便和帮助，就连网络营销平台的设计也遵循了以客户为中心的原则，这样才可以让海尔的业务伙伴和海尔一同发展和成长。

参考文献

中文版

[1] 菲利普·科特勒，凯文·莱恩·凯勒. 营销管理. 梅清豪译. 上海：格致出版社，2006

[2] 郭国庆. 国际营销学. 北京：中国人民大学大出版社，2008

[3] 甘碧群. 市场营销学（第3版）. 武汉：武汉大学出版社，2002

[4] 秦波. 国际市场营销学教程. 北京：清华大学出版社、北京交通大学出版社，2007

[5] 袁晓莉，雷银生. 国际市场营销学. 北京：清华大学出版社，2007

[6] 徐剑明. 国际营销. 北京：机械工业出版社，2004

[7] 涂永式，江若尘，李颖灏. 国际市场营销. 北京：科学出版社，2010

[8] 胡德华，夏风. 国际市场营销实务. 北京：清华大学出版社，2009

[9] 张景智. 国际营销教程（第2版）. 北京：对外经济贸易大学出版社，2003

[10] 万成林，佟家栋. 国际市场营销理论与实务. 天津：天津大学出版社，1995

[11] 戴维·乔布尔，约翰·费伊. 市场营销学. 孟韬译. 大连：东北财经大学出版社，2010

[12] 杰拉尔德·奥尔巴姆，埃德温·杜尔，杰斯珀·斯特兰斯科夫. 国际营销和出口管理（第5版）. 张新生，吴侨玲译. 北京：中国人民大学出版社，2007

[13] 王晓东. 国际市场营销（第2版）. 北京：中国人民大学出版社，2007

[14] 苏亚民，傅惠芬. 现代营销学（第3版）. 北京：对外经济贸易大学出版社、首都经济贸易大学出版社，1997

[15] 甘碧群. 国际市场营销学. 北京：高等教育出版社，2003

[16] 吴晓云. 国际市场营销学教程. 天津：天津大学出版社，2004

[17] 徐剑明. 国际营销——实务与案例. 北京：机械工业出版社，2004

[18] 陈启杰. 现代国际市场营销学. 上海：上海财经大学出版社，2000

[19] 林祖华. 市场营销案例分析. 北京：高等教育出版社，2003

[20] 李尔华. 国际营销实务. 北京：中国人民大学出版社，2004

[21] 李农勤. 市场营销学. 北京：清华大学出版社，2006

[22] 崔日明，徐春祥. 跨国公司经营与管理. 北京：机械工业出版社，2005

[23] 方青云，袁蔚，孙慧. 现代市场营销学. 上海：复旦大学出版社，2005

[24] 蔡新春，何永琪. 国际市场营销学（第2版）. 广州：暨南大学出版社，2004

[25] 戴贤礼. 市场营销原理. 北京：北京大学出版社，2006

[26] 孙国辉，崔新建. 国际市场营销. 北京：中国人民大学出版社，2007

[27] 李威，王大超. 国际市场营销学. 北京：机械工业出版社，2008

［28］庞鸿藻．国际市场营销学．北京：对外经济贸易大学出版社，2003

［30］闫国庆．国际市场营销学．北京：清华大学出版社，2004

英文版

［31］Michael R. Czinkota，Ilkka A. Ronkainen. International Marketing. 北京：北京大学出版社，2010

［32］Warren Keegan. Global Marketing Management. 6th ed. 北京：清华大学出版社，2003

［33］Vern Trepstra. International Marketing. 6th ed. Hinsdale：The Dryden Press，2000

［34］Michael Czinkota. International Marketing. 4th ed. 北京：机械工业出版社，1998

［35］Philip Kotler. Marketing Management. 8th ed. New York：Prentice Hall，1994

［36］Roger Bennett，Jim Blythe. International Marketing. 北京：高等教育出版社，2003

后　记

此书的编写目的是为了给学生、相关从业人员提供一本通俗易懂的有关国际营销理论与实践的教材和参考书。这些年，大量的原版教材和中译本的国际营销类教材被介绍引入到国内。然而，由于作者和我们身处不同国度，经济文化和政法环境不同，这些教材的内容，特别是案例部分，对我们的学生来讲有陌生感或隔膜感。为了使同学们能够更好地掌握国际营销理论，我们在教材中力求通过对大家熟悉的国际企业和品牌进行实际案例分析，了解其国际营销理念的实践活动，探讨相关案例成功的经验与失败的教训。

我们生活中熟悉的国际著名企业宜家，其经营理念在全球市场上强调的是为人们提供种类繁多、美观实用、老百姓买得起的家居用品。与此同时，它专门针对中国市场的营销举措，成为我们分析和强调国际营销策略应时刻与国际营销环境相适应的实际案例。此外，高档冰淇淋品牌哈根达斯在我国市场上推出的中秋节冰淇淋月饼和冬季冰淇淋火锅，著名的瑞士斯沃琪手表在我国农历新年推出的生肖手表，这些营销活动就是充分利用中国市场上的消费时机，通过有效的产品策略和促销策略赢得市场上的消费者。2011 年，世界袖珍国之一的列支敦士登对外宣布整体出租国家的新闻，瞬时引起全球瞩目和热议。这一新闻同样可以用国际营销的理论予以分析。

继我国倡导中国企业“走出去”战略之后，现在我们也开始实施文化“走出去”战略。在此背景下，希望这本国际营销教材可以对学生和相关人员获取有益的国际营销理念有所裨益。历史的经验证明：世界上从来就没有一种放之四海皆准的理论。而成功企业的经验也一次次地证明：任何理论都必须与客观实际环境相适应、相匹配，这样企业才能够在市场竞争中脱颖而出，成为同行中的佼佼者。

在本书的编写过程中，参考并引用了中外学者的相关著作、文章及网络资源等，我们在此深表谢意。感谢北大国际经贸丛书的主编王跃生教授。作为系主任，王老师鼓励我们在认真对待教学科研工作的同时，要为学生的教材建设服务，为学生编写合适的教材。由于水平所限，本书所存错漏之处，敬请读者批评指正。

今年适逢北京大学经济学院百年院庆。作为北大经院的一名教师，有幸庆祝这百年一遇的喜事，倍感荣幸和欣喜。回首在北大经院度过的20多个春秋，那一幕幕美好难忘的情景常常在脑海中萦绕。感谢命运的眷顾，感谢燕园的培养，更感谢北大经院百年光荣历史给予我们的滋养和激励。衷心祝福北大经院的明天更加美好和辉煌！

真诚希望本书的理论与案例能够为读者带来有益的启示和借鉴意义。

吴侨玲　张新生

2012年春于北京大学燕北园